鶴見俊輔

評伝 高野長英

1804-50

藤原書店

高野長英肖像（椿椿山筆）（重要文化財・天保年間）

高野長英肖像（坂内青嵐筆。1927年）

高野長英肖像
（渡辺崋山筆・鷹巣英峰模写。原画1836年）

シーボルト（1796-1866）

渡辺崋山（1793-1841）

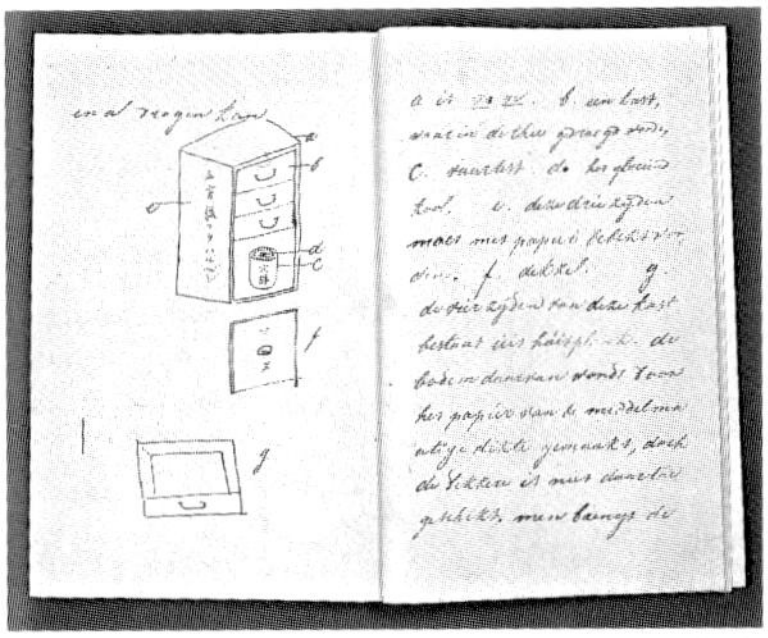

長英筆「日本に於ける茶樹の栽培及び茶の製法について」（日独友好協会蔵）

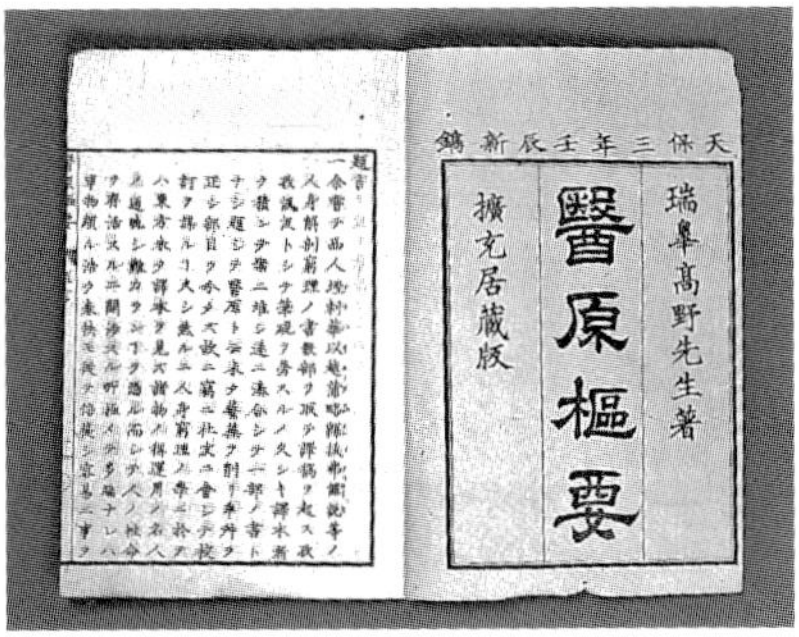

長英著『医原枢要』（1832年）

長英筆「サカマタ鯨の図」（年代不詳）

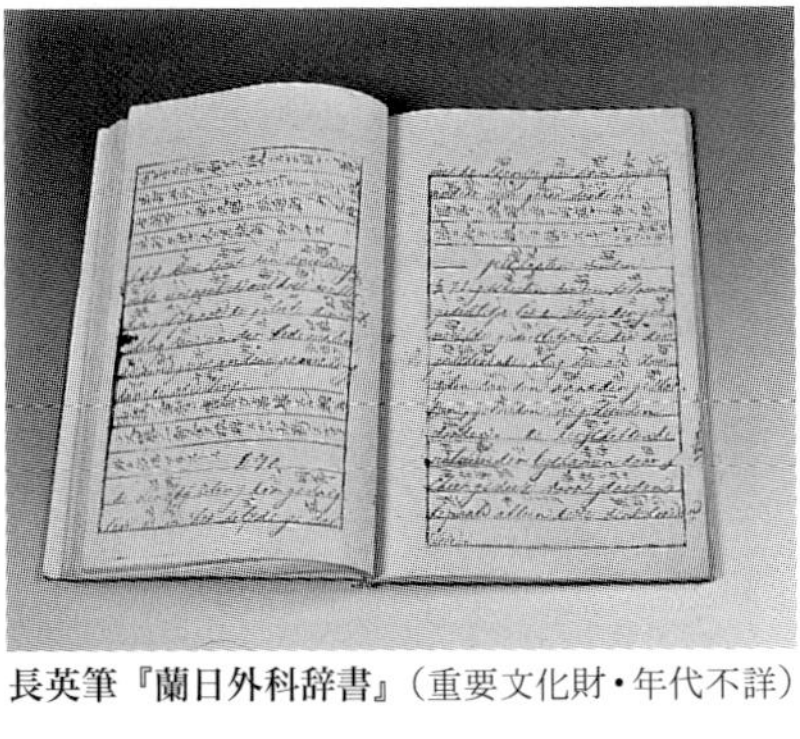

長英筆『蘭日外科辞書』（重要文化財・年代不詳）

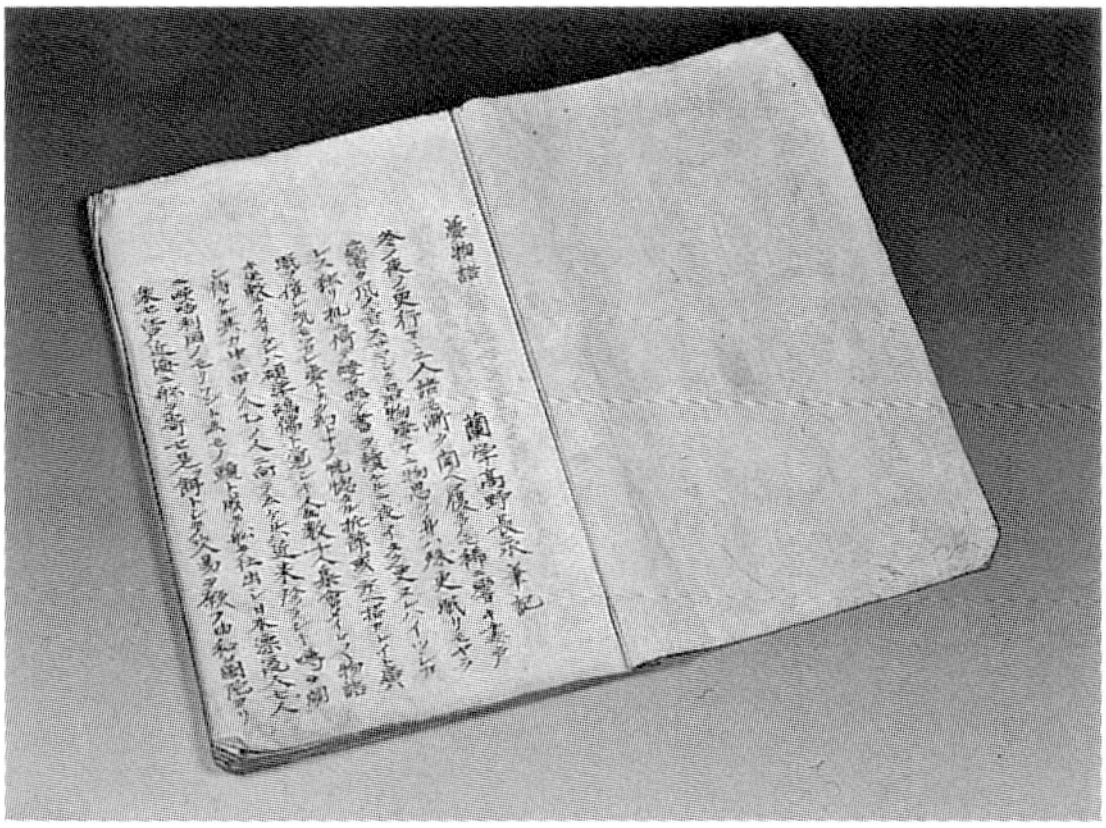

『夢物語』（1838年）

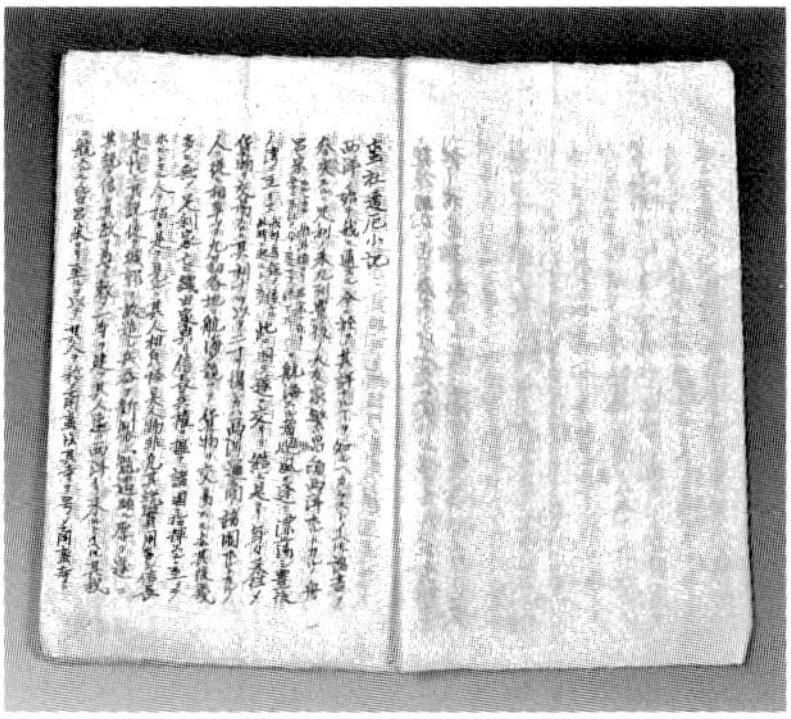

『蛮社遭厄小記』（1841年）

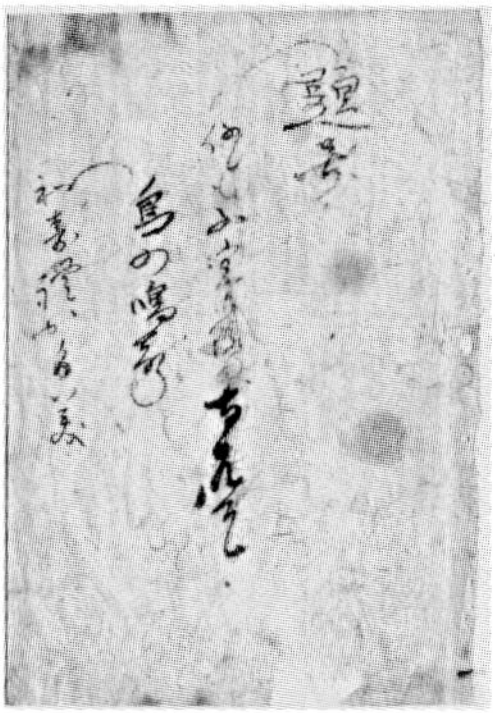

『鳥の鳴聲』（1839年）

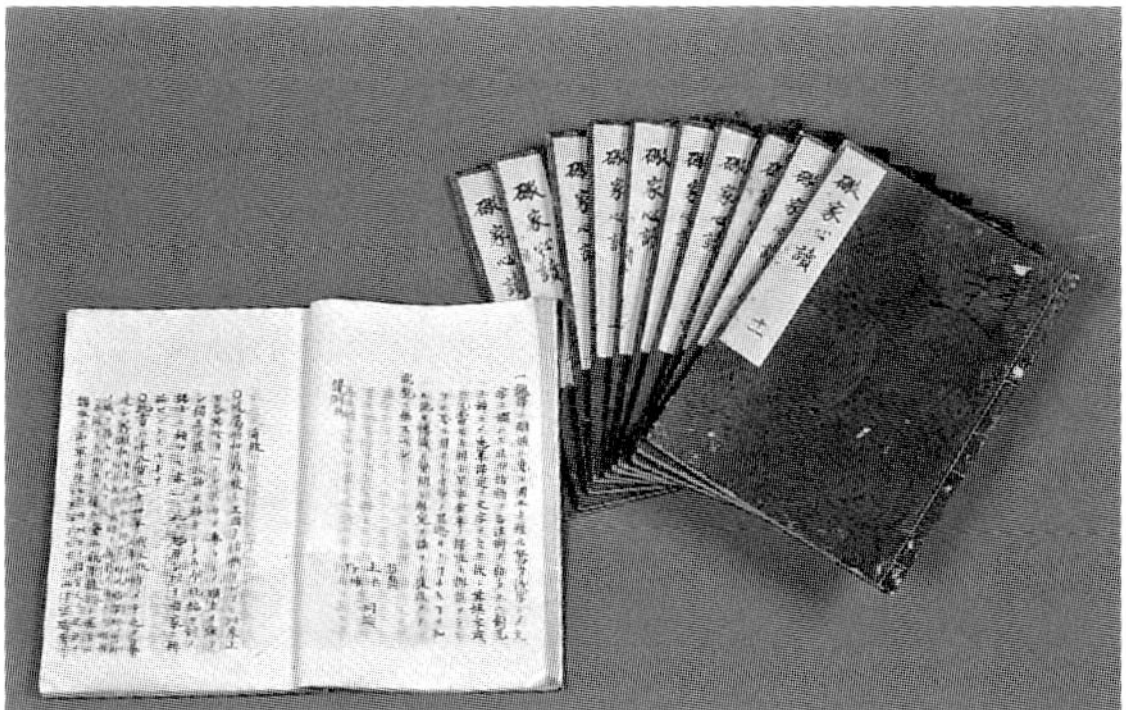

『砲家必読』全11巻（1848年）

隠れ家（六合村・湯本家）

隠れ家（浦和・高野隆仙宅）

隠れ家（宇和島・家老桜田佐渡別荘）

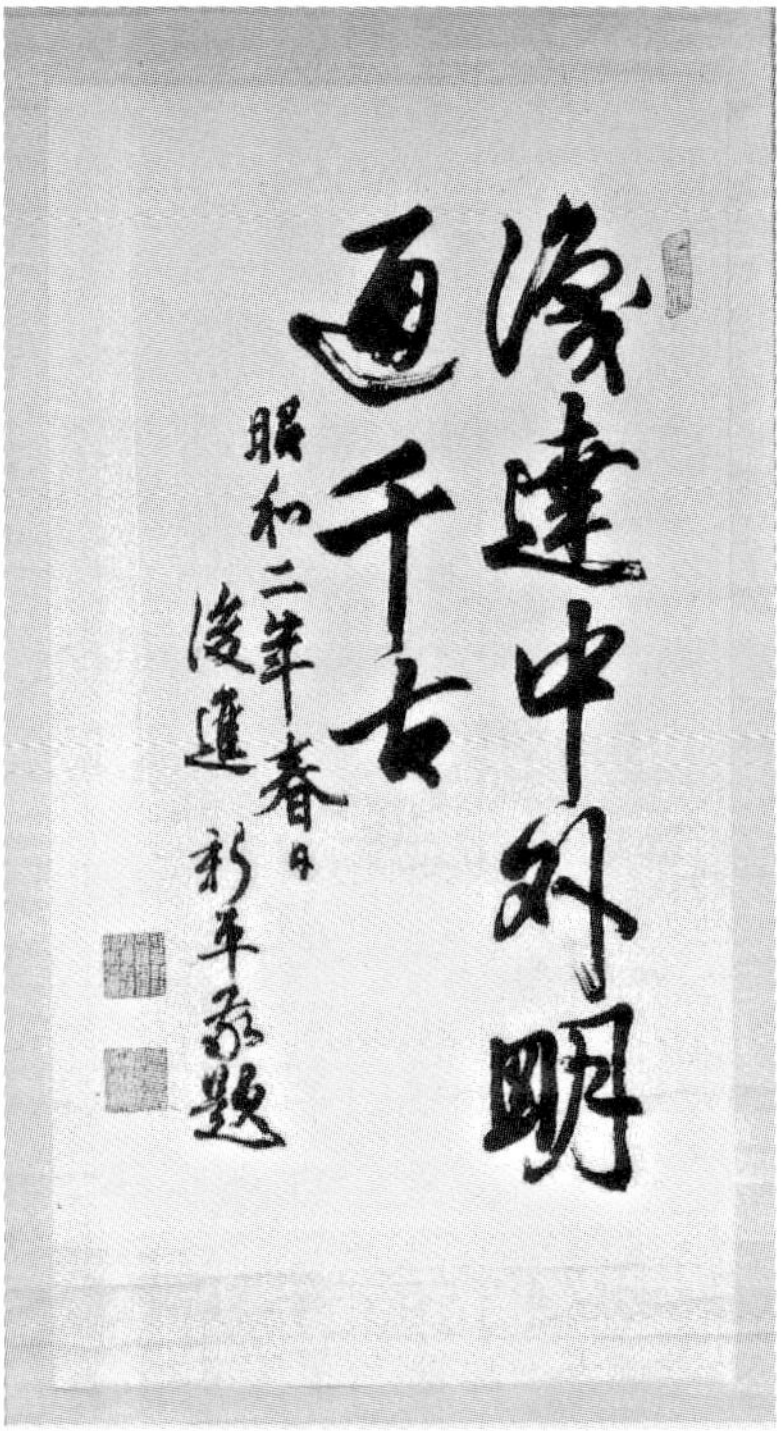

後藤新平による高野長英を讃える書

隠れ家（卯之町・二宮敬作宅離れ）

（別途示したものを除き高野長英記念館提供）

新版への序

この本を書いているころ、詩人谷川雁にあった。なにをしているか、ときくので、高野長英の伝記を書いていると答えると、「それは私が先生と呼びたいと思うわずかの人の一人だ」と言う。彼は、いつもいばっている男だったので、おどろいた。そう言えば、彼の生き方には最後のラボの指揮と外国語教育をふくめて、高野長英の生き方と響きあうところがある。

伝記を書くには、資料だけでなく、動機が必要だ。

私の場合、長いあいだその仕事にかかわっていた脱走兵援助が、一段落ついたことが、この伝記を書く動機となった。

ベトナム戦争から離れた米国人脱走兵をかくまい、日本の各地を移動し、日本人の宗教者がついて「良心的兵役拒否」の証明書つきで米軍基地に戻ることを助けたり、国境を越えて日本の外の国に行くのを助けたりしていた。このあいだに動いた私たちの仲間も多くいたし、かくまう手助けをした人も多くいた。その人たちのあいだに脱走兵の姿はさまざまな形で残っている。

高野長英もまた、幕末における脱走者だった。

彼の動いたあとをまわってみると、かつて長英をかくまったことに誇りをもつ子孫がいる。そのことにおどろいた。それは、長英の血縁につらなることとはちがう、誇りのもちかただった。

こうして重ねた聞き書きが、この本を支える。

私の母は後藤新平の娘であり、水沢の後藤から出ている。そのこととは別に、ベトナム戦争に反対して米軍から離れた青年たちと共にした一九六七年から一九七二年までの年月が、この本の動機をつくった。

もっとさかのぼると、大東亜戦争の中で、海軍軍属としてジャワのバタビア在勤海軍武官府にいて、この戦争から離れたいという願いが強く自分の中にあったこととつながる。

私に与えられた仕事は、敵の読む新聞とおなじものをつくるということで、深夜、ひとりおきて、アメリカ、イギリス、中国、オーストラリア、インドの短波放送をきいてメモをとり、翌朝、海軍事務所に行って、メモをもとに、その日の新聞をつくることだった。私ひとりで書き、私の悪筆を筆生二人がタイプ印刷し、南太平洋各地の海軍部隊に送られた。司令官と参謀だけが読む新聞だった。日本の新聞とラジオの大本営発表によって、艦船の移動をはかることが不利な戦況下で、海軍はそのことを理解していた。

その仕事のあいまに、深夜、部屋の外に出ると、近くの村々からガムランがきこえ、村のざわめきが伝わってきた。戦争からへだたった村の暮らしがうかがえた。軍隊から脱走したいという強い思いが私の中におこった。

とげられなかった夢は、二十年後に、アメリカのはじめたアジアへの、根拠の薄い戦争の中で、その戦争の手助けをする日本国政府の下で、私たちのベ平連（ベトナムに平和を！市民連合）となった。

その間に私を支えた夢が、高野長英伝のもとにある。

この本は、はじめ、朝日新聞社から一九七五年に出版された。そのとき朝日新聞社の川橋啓一氏にお世話になった。小学校卒業の私が、文献と資料をこなすことができたのは、川橋氏のおかげである。

長いあいだ絶版になっていたのを、藤原書店にひろっていただいた。今度は、藤原良雄氏、刈屋琢氏のお世話になった。御礼を申し上げる。

二〇〇七年一〇月九日

鶴見俊輔

評伝　高野長英　1804-50

目次

新版への序　**鶴見俊輔**　001

八　無籍者の死　1849-50 …………………………………… 354
人相を変えて、江戸に帰る　長英最後の日に、妻子を助けた内田弥太郎・松下寿酔　青山百人町の家で、捕方におそわれる　事件への幕府の正式発表　妻わきと三人の子への処置　長英の遺骨は不明

九　よみがえる長英 …………………………………… 368
明治初年、蘭学者たちが長英資料を収集　自由民権運動の活動家・藤田茂吉の長英像　河竹黙阿弥の芝居『夢物語蘆生容画』　長英像を理想化する黙阿弥脚本　抗議をうけて、芝居興行打ち切り　内務省官吏・後藤新平からの抗議　高野長運、長英事蹟研究を決意する　講談世界で語りつがれる長英伝説　真山青果の戯曲『玄朴と長英』に託されたもの　記録の辺境にある人物

高野長英主要著作………… 404
高野長英年譜 ………… 407
初版あとがき ………… 409
人名索引 ……………… 422

評伝 高野長英 1804-50

付記

本書は『高野長英』(〈朝日評伝選〉、朝日新聞社、一九七五年)を底本とする。読者の便宜をはかるため、新規に活字を組み直して作成した。その際、著者と相談の上、底本の誤字脱字は修正し、図版の再現困難なものは割愛した。また、底本にない「小見出し」を付し、高野長英記念館の協力を得て「口絵」を巻頭に付し、「人名索引」も新たに作成した。

編集部

一　水沢の人

安倍・清原両氏と水沢の地

高野長英の生れた水沢のことからはじめよう。

岩手県水沢に生れて育った美術評論家森口多里（たり）（一八九二〜一九八四）は、水沢の町の人影のない旧街道を歩きながら、農家出身の伯父から、こんな話をきいた。それは、平安朝の末期に源頼義（九八八〜一〇七五）が、その子義家（一〇三九〜一一〇六）とともに康平五年（一〇六二）にこの地方の豪族安倍貞任（あべのさだとう）を攻めた時のことである。

安倍貞任の衣川の城は、鶴をいきうめにしてその上に築いたものだったので、八幡太郎義家の軍勢が矢を射かけると、城はまるで鶴が空に舞いあがるように巻きあがって、どうにもしようがなかった。ところが貞任の娘が義家と通じて、城の秘密をもらしたので、攻め手は土中の鶴の首を切って魔術の力を消し、そのために城は落ちた。

貞任が死んだ日は、真夏だったのに、紫の雪がふった。

鶴の仕掛けのほかにも、貞任の軍には、さまざまの工夫があった。貞任は、たくさんの竹田を使って、生きた人間とおなじように自由自在にはたらかせて、義家の軍勢をさんざんに悩ませた。

「竹田とは何ですか」

と森口がたずねると、伯父は、

「人形のことだ」

と教えた。（森口多里『黄金の馬』三弥井書店、一九七一年刊。初版は二見書房から一九四二年に発行され、発売禁止となった）

水沢の西に駒ヶ岳が見え、その頂上に延喜式にも記されている駒形神社がある。この山の残雪は駒の形に見える。だから駒形神社というのだそうだ。岩手は馬を飼うことで暮らしをたててきた地方だから、馬を大切にする気性が際だっているのだろう。

農家では、山の残雪でそれぞれの季節の気候を予想するので、その形について敏感である。駒ヶ岳にあらわれる残雪の形には三とおりある。旧の五月に普通に見られるものは馬の形であり、その南に鮒の形があり、そのもっと南に畚の形の残雪があらわれる。この一番南の残雪を「たねまきもっこ」と呼び、水沢の町から見て、この「もっこ」の形の中に苗三本うえるのによいほどの空き地ができれば、それが種まきにちょうどよいころだと言われていた。

こんなふうにして毎年見る駒ヶ岳の残雪の形の中に、水沢の農家は、消えていった先人の残した宝ものについての空想をめぐらし、それに自分たちのひそかな願いをむすびつけたりした。

水底の女神からさずかった馬が、その飼主の農夫に不思議な富をもたらしたが、飼主の兄弟からむごいしうちを受けたために逃げだして駒ヶ岳の山中にかくれたという。この時からこの山の残雪は馬の形となったと伝えられる。水沢の西、駒ヶ岳のふもとに住む農夫から、森口多里は、この話を聞いて、『黄金の馬』という童話をつくった(『町の民俗』ジープ社、一九五〇年刊)。安倍貞任が朝廷の軍勢に攻め滅ぼされた時に紫の雪がふったとか、駒ヶ岳に宝の馬が逃げこんだとか、そういう伝説は、亡びた人びとへの哀惜を感じさせる。

もともと安倍一族が京都の軍勢に反抗して前九年の役と言われる戦いをはじめたのは、この地方を治めていた安倍頼時が自分の子の貞任の嫁に、京都軍の武将藤原光貞の娘をもらいたいと申しいれたところ、蝦夷(えみし)(彼らがアイヌかどうかは論争のわかれるところだが)にはやれないと断られたからだという。何かというと藤原氏が出てくるところに、この地方のぬきがたい劣等感があらわれている。事実はどうであれ、異民族として見られていたのであり、それが戦争の原因となった。

安倍氏が滅んだあとで、やはり地方の豪族の清原氏がおこり、その支配が続いたが、清原氏も自分たちの一族が京都から低く見られていることをいやがって、自分たちの文化が京都の文化とならぶほどのものであることを見せようとして平泉に中尊寺を建てた。

戦後の一九五〇年の長谷部言人らの調査によって、平泉の中尊寺に残る清原氏の四体のミイラがアイヌよりも「日本人」の特長を具えるものとされたけれども、清原氏は京都くだりの人びとと血縁を結んだのちにも自分たちを大和とは別のものと考えていた。清原清衡が中尊寺にささげた供養願文によれば、彼らは「俘囚之上頭」「東夷之遠酋（あずまえびすの昔からのかしら）」とみずからを呼び、長くさげすまれてきた自分たちの仲間のうちで、罪なくして殺されたものの霊を慰めるためにこの寺を建てたという。

この清原氏は、京都の人びととの血縁を求めて藤原氏と称し、中尊寺を建てて京都の文化を学習する力があることを証明したが、やがて中央政府を主宰する源頼朝にそむいた義経をかくまったという言いがかりをつけられて、鎌倉幕府の軍勢に滅ぼされた。その後、この地方は幕府支配下の豪族の領地とされる。徳川時代に入ってからは、岩手県の北は南部氏に、南は伊達氏の支配下におかれる。ただし水沢は伊達の支配下でも、その支族留守（るす）氏の領地とされ、別格の扱いをうけていた。

水沢人の気位の高さ

岩手県水沢市は、北上山脈と奥羽山脈とにはさまれた北上盆地にある古い城下町で、今（一九七五年）は人口五万。仙台から一二〇キロほどのところにある。

一九五二年、耕地整理のさいに壷型の弥生式土器が発見され、二〇〇〇年ほど前この地方にすでに農耕文化が栄えていたことがわかった。

書かれた歴史の上にこの地方が登場するのは八世紀のはじめくらいからである。延暦七年（七八八）、京都の朝廷が紀古佐美（きのこさみ）を将軍として、胆沢（いざわ）の賊を討つこととなったとある。五万二八〇〇の兵をもってした、この討伐はうまくゆかず、衣川の戦闘後、戦線は膠着し、かえって、そのころこの地方が京都の政府にとって一つの敵国としてたっていたことをあきらかにした。

延暦一三年（七九四）には中央政府軍は一〇万の兵をもって攻めたが戦線に大きな変化はなかった。やがて延暦二一年（八〇二）、大伴弟麻呂が征夷大将軍となって、坂上田村麻呂とともにこの国にむかい、ついに敵をくだした。坂上田村麻呂は水沢の近くに胆沢城を築いた。

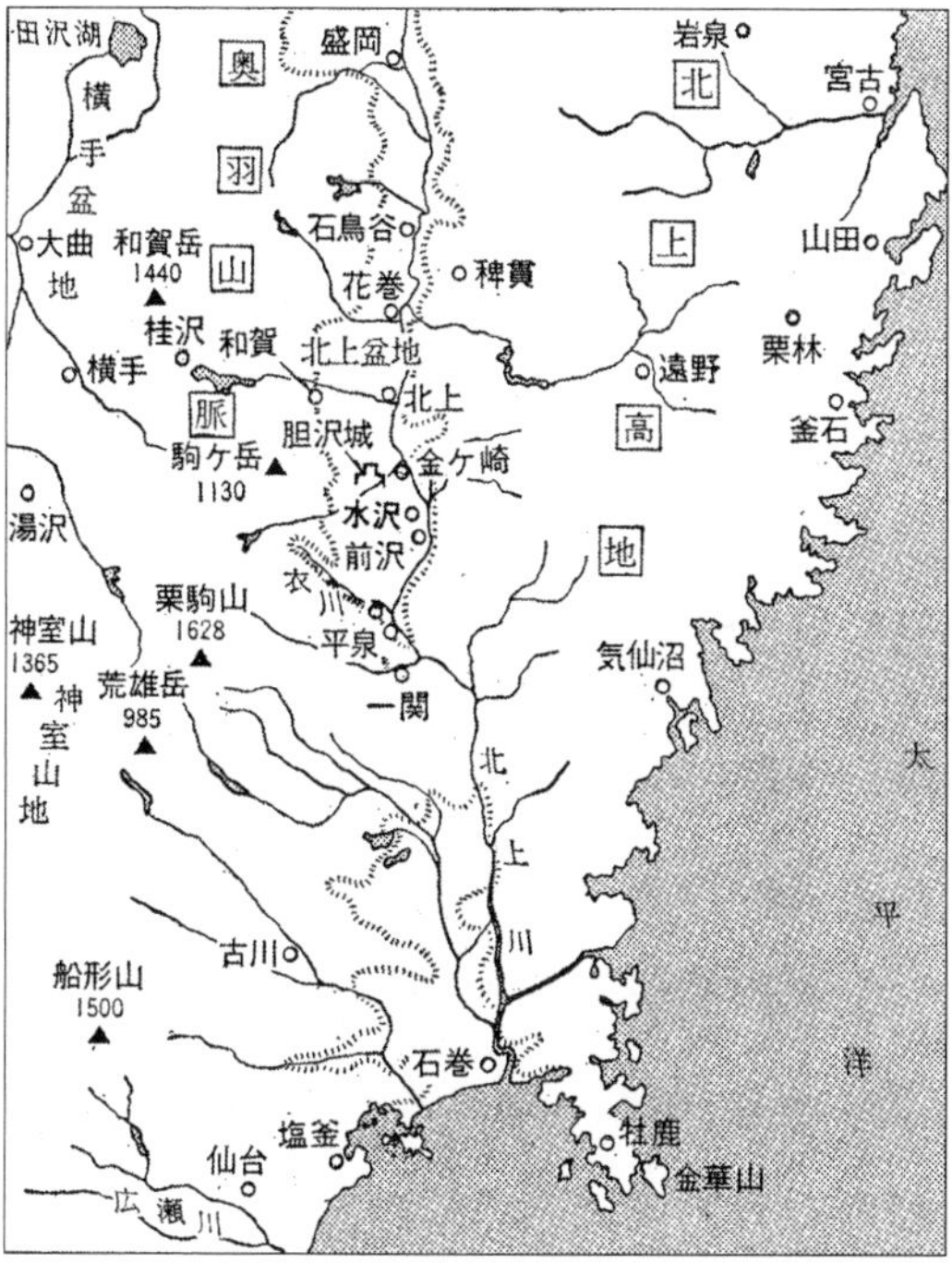

先史時代からこのころまで、どのような人びとがここに住んでいたかは、今後の研究にまつほかない。アイヌ人であるという説もあり、アイヌ人と雑婚した「日本人」であるという説もある。岩手県では九戸郡軽米（かるまい）町や盛岡市米内（よない）から、北海道のアイヌ人の使ったものとおなじ型の土器が出ているのだから、岩手県にアイヌ人が住ん

でいたことはあきらかである。大きな石を放射状に組みあわせて輪の形にしたストーン・サークルも、岩手県内一四ヵ所に見出されており、ここに、大和を中心とする文化とはちがう文化をもつ人びとが、かつて住んでいたことを示している。

先史時代から中世にかけて、大和の支配とは別にここに暮らしていた人びとについて、その人たちがどういう人たちだったかは、わからないままに、水沢人は、東京人や京都人とおのずからことなる親しみをいだいている。このことは、美術評論家森口多里の故郷回想にうかがわれるとおりである。

「水沢人の通ったあとには、草もはえない」

そういわれるそうである。

去年の秋、私が水沢をたずねた時、水沢市史編纂委員小林晋一は、水沢人の気質についてこんなことを語った。

「それは、商いにしても、仙台のような大きな町の人のように店に座ってやるわけにはゆかないからで、ここでは歩きまわって売り歩くのだから、その下にはぺんぺん草もはえるゆとりもないというわけです」

水沢の人は、それだけ勤勉だというふうに、見られているのだという。

「もう一つ。水沢人が来ると、むこうから侍が来たようだ、とも言いますね」

それは、水沢人が気位が高いという意味だという。

「このあたりの他の町の人たちと議論なんかするときには、たしかに、水沢の人は議論の仕方は鋭いですよ。それに、たしかに教育を大切にしますね」

旧藩士の住んでいたあたりを案内してもらいながら、世界全図をいちはやく書いた佐々木高之助（養子になって箕作省吾）、日本で最初の社会学概説を訳述した山崎為徳などの生家を前にして聞くと、この話は説得力をもつ。この小さい町には、独特の知的勤勉さを養い育てる力がはたらいていたようだ。

もう一度、森口多里の著作にかえろう。森口は明治二五年生れであるが、彼には明治維新より前の文久二年（一八六二）に生れた母がいて、その母からの聞き書きをもとにして『町の民俗』という本を書いた。

水沢人の気位の高さなどについても、この本は、それを養い育てた伝説を記している。

伝説によれば、水沢の城主は伊達支藩の留守家ということになっているけれども、水沢人にとっては、自分の藩は伊達家の家風にたつものとは考えられない。留守家はもともと大化改新のころの大織冠藤原鎌足を遠祖とする名家であり、武家政治に入ってからは陸奥国の留守職に補され、それ故に留守と名のるようになったものである。

そういう家柄だから、正月の門松はまず留守家が立てなければ仙台の伊達家では立てられないという習わしがあり、ときには留守家が伊達家を困らせるためにわざと門松を立てるのをおくらせ、そうすると伊達家のほうでは、早く立ててくれと催促の使者を何度も留守家に送ったものだという。

実際の禄高は一万石そこそこにすぎず、城といっても堀のついた邸程度のものをもつにすぎないのだから、留守家は伊達の六二万石に及びもつかないのだが、伊達の配下となってから三〇〇年近くもこのように、いくらか負けおしみめいた言い伝えによって、みずからの優位を保とうとし続けたところに水沢人の特色がある。

それに、水沢町の西裏にある日高神社という郷社の神様はメッコ（片目）であらせられるので、この神様を産土の神とする水沢人は、誰でも一方の目が少し小さいと言い伝えられているそうだ。このように顔かたちまで近所の人びととちがうように言われているのは、水沢人が近くの人びとにたいして、いくらかちがう性格をもつものとしてみずからを印象させていたからであろう。

日本人神学生ペデロ・スカイ岐部

一五四三年（天文一二）、ポルトガル人が種子島に来て鉄砲を伝えた。この時にはじまる日本人とヨーロッパ人との出会いは、種子島から遠くはなれた東北の水沢にまで影響をもたらした。水沢の人びとは、安倍氏や清原氏ともちがう異民族の姿に接することになる。ヨーロッパの文化は九州から山口、さらに大阪、京都を経て、関東を通って東北に達するのだから、日本の中ではいくらか遅れてこの地方に伝えられたのだが、いったんこの地につくと、中央政府がヨーロッパとの交通を禁じたり、キリスト教を禁じたりしても、その命令がすぐにはここで行われないということもあって、鎖国後もしばらくこの土地に影響を残していた。

H・チースリク神父の『キリシタン人物の研究』（吉川弘文館、一九六三年刊）にえがかれたペドロ・カスイ岐部の伝記を読むと、すでに鎖国時代に入ったあとの日本で、水沢がキリスト教の活動の中心の一つとなっていたことがわかる。

岐部神父は、東北の生れではなく、天正一五年（一五八七）に、九州豊後地方の浦辺に武士の子として生れた。

熱心なキリシタンを父母にもった彼は、有馬のセミナリヨで勉強して、そこでポルトガル語とラテン語を自由に使いこなせるまでにいたった。その語学力は、彼の手紙によくあらわれている。

慶長一九年（一六一四）、彼が二七歳の年に、徳川幕府はキリシタン禁令を発し、教会のとりこわしと宣教師の追放を命じた。一一月六日と七日の両日、宣教師たちは五隻のジャンクにおしこめられ、その二隻はマニラに、他の三隻はマカオに送られた。岐部神父はマカオに行く組の中にあった。

それからさらに三年たった元和三年（一六一七）、何人かの日本人神学生は（岐部もその一人だったが）、独力でローマに行って勉強を続けようと考えた。日本人にたいして信頼をもっていないヨーロッパ人の神父にとって、この決意は反抗と見なされた。

巡察師フランシスコ・ヴィエイラ神父はローマに手紙を送って、これらの日本人を信用しないようにとすすめた。

その中の何人かは、そこ〔インド〕からさらにヨーロッパへ、ローマへ行こうと考えている。しかもその信仰のゆえに日本から追放された人々だということを口実にして、初めは、そうであったが、今はしかしこの若者たちはただ司祭となり、それからその身分で日本に帰るつもりでいる。司祭であることは、日本では名誉と思われ利益でもあるからである。しかし彼らは新信者であり、生れつき自負心が強く、新しがり屋であるから、もし司祭として日本に帰り、会の司祭たちと分離し、異教徒である親族や知人に近づき、離教や異端に陥るような状態になれば、日本の信徒に大きな害を与えることも起こるであろう。既にこのようなことは、修道士であった者、あるいは伝道士または神父たちの助手として教会に属していた者で会を離れた数人の人々において起こったのである。この事情のもとでは、ローマやその他ヨーロッパの各地に行く者は、たとえラテン語が少しできたり、そのほか善い素質を備えていても、絶対に司祭になるための援助をしてはならないことが肝要であろう。

ここには、あるいは青年時代の岐部たちの性格がうつされているかもしれないが、おそらくはそれ以上に、日本人を見る時の当時のヨーロッパ人の見方があらわれており、ヨーロッパ人のみずからの優越性についてのかたい信念がうかがえる。

かれらが転向するであろうというヴィエイラ神父の予言は、はずれた。小西マンショについては、日本帰国後の活動についてはわからないが、その他の松田神父と岐部神父とはともに鎖国の中で最後の一息まで働きつづけたからである。

岐部はマカオからインドに行き、ポルトガル領インドのゴアから船でペルシャ湾口のオルムズに行き、ペルシャをへてパレスティナにむかう隊商の群にくわわったらしい。岐部は、イエルサレムとパレスティナを訪れた、おそらくは最初の日本人である。

一六二〇年（元和六）、彼がローマに着き、イエズス会への入会を許された。

私は自分の召命に満足している。そして自分の救いと同胞の救いのため進歩しようという大きな望みを抱いている。

と、岐部は、入会にさいして書いた。

徒歩でヨーロッパまでやってきた彼は、三四歳の大学生としてグレゴリアン大学（当時のコレジョ・ロマーノ）で倫理神学をまなんだ。二年の修練期を終えないうちに、岐部は日本に帰る許しを総会長に求め、一六二二年（元和八）六月六日、ローマをはなれて、スペイン、ポルトガル、アフリカ、インド、マカオ、マラッカ、タイ、マニラと苦しい旅をつづけたあと、寛永七年（一六三〇）、一六年間の海外放浪を終えて薩摩半島の南端、坊ノ津に上陸した。この時、四三歳だった。

早くもポルトガルにいた時、岐部は日本について的確な状況判断をもっていた。一六二三年二月一日、リスボンで書かれた手紙に彼はこう書いている。

日本ではまだ迫害が荒れ狂っている。いや、むしろ悪化の傾向にあるらしい――私がマドリードで一六二一年度の日本からの諸神父の書簡で読み取ったところでは――とりわけ一軒一軒が捜索され、そのため神父たちは絶対に隠れることができない。このようなことは以前なかったことである。フランシスコ会士が教皇パウルス五世時代にローマへ使節〔支倉常長〕をおくり出した奥州では、新しい迫害が勃発した。それは、使節が帰国したとき、領主であり使節の主君である伊達政宗が、いかなる理由からかは知らないが、命令を発して、領内のすべてのキリスト教徒は、武士であれ商人であれ、或いはその他のものであれ、信仰を捨てないかぎり、すべて追放することとしたからである。このためフランシスコ会員もわれらの会〔イエズス会〕の人も、この地方で説教することが不可能になった。にもかかわらず、私は神の御助けと殉教者の功徳に信頼し、ローマの初代教会でもそうであり、他の国々でも証明されたようなことが、彼らの血によって日本でも起ることを希望し、またキリストを知る人がふえることを願っている。

岐部神父の東北布教

説教することが不可能になったと見ているこの地方に、進んで岐部は出かけてゆき、寛永一〇年(一六三三)ごろから寛永一六年にかけて、六年にわたって活動した。岐部神父が東北地方についたころには、ここには二人のイエズス会員(ジョアン・バプティスタ・ポルロ神父とマルチノ式見神父)、四人のフランシスコ会員(フランシスコ・デ・バラハス神父、フランシスコ・デ・サン・アンドレス神父、ベルナルド・デ・サン・ホセ神父、ディエゴ・デ・ラ・クルス神父)がまだはたらいていた。七年前の寛永三年には、奥州と出羽の信徒数は二万六〇〇〇人に達したと教会に報告されている。

岐部神父が最後に水沢を根城にしてはたらいたことは、長三郎という密告者のとどけでにのこっている。

仙台藩水沢と申所に三宅藤右衛門と申者、夫婦きりしたんにて御座候。年五十年許に罷成候。男子一人三十許に罷成候、木部宿を致候故宗門之儀に存候。

二月十三日

寛永一四年（一六三七）に島原の乱がおこり、これが鎮圧されてからも武力蜂起におびえた幕府はキリスト教徒への警戒をきびしくし、密告者に賞金をあたえるようになった。こうして岐部神父についても、密告がおこなわれ、彼は寛永一四年春、式見神父とともに捕らえられて江戸に送られた。江戸では、評定所で何度も取り調べを受け、信仰をかえるように言われたが屈せず、ついに「穴吊し」の刑にかけられた。それは囚人がひとりで、あるいは何人かまとめて足を棒にくくりつけられ、頭を下にして穴の中につりさげられる刑罰である。血行をさまたげるために全身を縄でぐるぐる巻きにし、時としては血の圧力を低めるために、こめかみを切り開くなどすることもあった。刑をなるべく長びかせるために、毎日少しずつ食事をあたえた。九日間にわたって、この刑罰にたえ、死によって終った人もいたし、ついに、なにもいわずにただ念仏を唱えたと奉行所側に書かれたものもいる。式見神父は念仏を唱えたと言われるが、その後も釈放されることなく、数年生きながえたのちに病死した。

岐部神父については、キリシタン奉行井上筑後守は「契利斯督記」にその最後を次のように書いた。

キベヘイトロは転び申さず候。吊し殺され候。是は其時分までは不功者にて、同宿二人キベと一つ穴に吊し申し候故、同宿ども勧め、キベを殺し申し候由。キベ相果て候てより後、両人の同宿ども転び申し候に付、つるし場より上げ、牢屋へ遣し、久しく存命にて罷在り候。

地獄からの報告のように聞える話である。この知らせは、大目付太田備中守をとおして長崎でポルトガル人に伝えられ、かれらはそれをマカオにもたらした。マカオには、転向を伝えられた同宿二人のうちの一人ポルロ神父の学友であったアントニヨ・ルビノ神父がいて、この知らせをさらにローマのイエズス会総会長に書き送っている。

ポルロ神父についてそのようなことを、私は信じることができない。私は彼と一緒にミラノの学院で育ったからである。その頃の彼は学院でもっとも熱心な人々のひとりであった。そしてペドロ・カスイ神父〔岐部神父〕の不屈の信仰に慰めを覚えるだけに、知らせが真実であるとすれば、他の二人の弱さが私を悲しませる。

ルビノ神父はこの手紙を書いたあと、日本に潜入し、捕らえられて、長い間の拷問にたえ、寛永二〇年（一六四三）に刑死した。

岐部神父の最後の活動の根城となった水沢の近くの見分（みわけ）というところには、その少し前まで後藤寿庵の領地があった。

今では水沢市内に組みいれられた見分までゆくと、ひろびろとした畠の中に低い塀でかこった遊園地があり、こどもが来て弁当を使ったり、遊んだり、便所に行ったりできるようになっている。公園の正面奥に瓦屋根をいただいた一枚の壁があり、近づいて見ると、十字架の下に「贈従五位

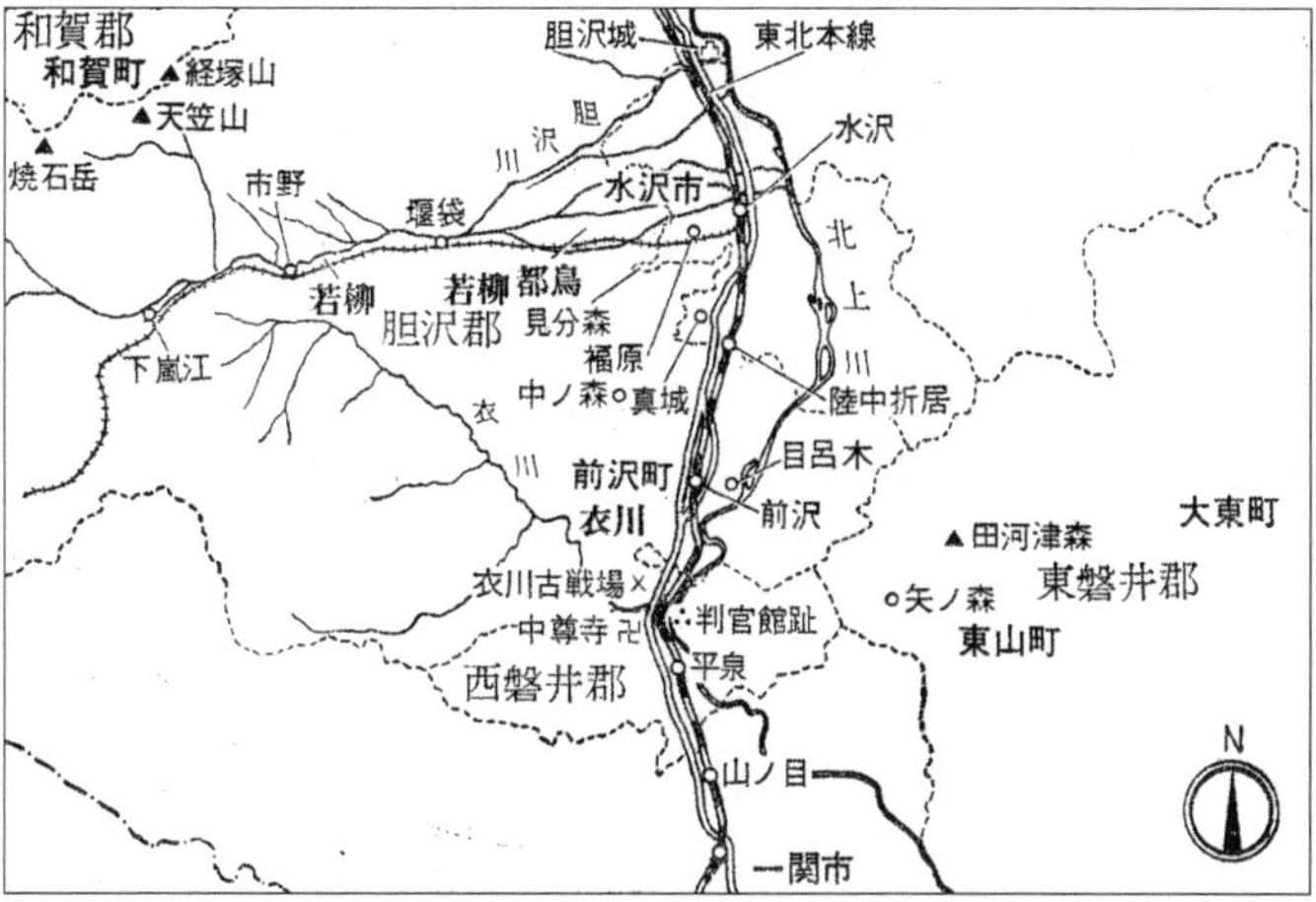

後藤寿庵先生之碑」とあり、その両側に、日本語とラテン語とで経歴を刻んだ石板がはってある。ラテン文はカンドウ神父による。日本文は、『奥羽切支丹史』の著者菅野義之助によるもので、昭和六年（一九三一）九月という日付である。この碑文にも、朝廷から従五位が贈られたことが書いてある。それは、当時の皇太子（今の天皇）の成婚の式典に際して各地の功労者になされた叙勲の一部だった。

寿庵は、姿を消してから三〇〇年余りの間、水沢の人びとの間に語り伝えられて生きていた。大正一三年（一九二四）に朝廷からの贈位があった時にはじめて、彼は水沢という一地方をこえて注目された。その後、キリシタン史研究家の菅野義之助らの努力で、昭和六年（一九三一）一一月五日に寿庵廟が完成し、それから寿庵祭が、神道の儀式に従っておこなわれるようになった。この儀式が神道の式典からカトリックの式典にかわったのは、敗戦後六年をへた昭和二六年五月一二日のことで、その前年にスイスのベトレヘム宣教会が水沢市にカトリック教会をたててからのことである。

寿庵祭は今では、五月中旬の日曜日に「後藤寿庵大祈願式典」と呼ばれて、農民のゆたかな収穫を祈る祭りとして毎年おこなわれている。秋には九月一一日に、その年の収穫をささげて感謝祭をおこなう。これらの祭りをつかさどるカトリック教会は水沢市横町にあり、その教会の正面玄関の上に、裃袴（はおりはかま）に両刀をたばさんだ、かっぷくのいい中年の武士として後藤寿庵の大きな像がかざられている。

今では寿庵は、中央政府公認の偉人であり、国鉄の観光資源の一部になっているのだが、そうなるまでの三百数十年にわたって、彼は水沢市郊外の農民の伝説の中に生きていた。

高野長英が生れて育ったころの水沢には、おそらくは地名にふれて、寿庵のことは、話題にのぼっただろう。胆沢川は、寿庵が堰をつくって水をひきこの地方の水不足を解決したところ、福原は、ヨーロッパ人の神父を呼んでカトリック教会を建てたところ、見分森の近くは、十字架場（クルスば）と呼ばれて、クルス（十字架）を建てて信者をうめた墓地として、長英の耳にとどいたものと思う。

H・チースリクの「後藤寿庵」（『奥羽史談』第六巻第三号から第七巻第一号）によって、寿庵について残っている資料を見ると、彼の生涯のあらましは、こういうものだったらしい。

後藤寿庵は、水沢で菅野義之助の発見した「平姓葛西之後裔五島氏 改（あらため） 後藤家之家譜」の示すところでは、もとは相模の藤沢の城主葛西家につかえる岩淵近江守秀信の三男で、又五郎という。

主家の葛西氏は、藤沢のあたりを四〇〇年にわたって領有した名家であったが、天正一八年（一五九〇）豊臣秀吉の軍勢と戦って破れた。その幕下の岩淵家もこの時に領地を失い、又五郎（のちの寿庵）は浪人となって長崎にわたり、しばらく五島に住んだ。彼はここから五島と名のることになる。キリスト教と接したのは長崎においてであり、キリスト教迫害を、五島に潜伏して逃れたという。その後一四、五年の間、外人神父との交際をとおして海外の知識をたくわえ、幕府の依託によってメキシコにわたった。帰国して支倉常長に会い、支倉に海外の事情を伝え、支倉の推挙によって伊達政宗に召し抱えられ、水沢に近い福原に領地を与えられ、政宗のきもいりで後藤孫兵衛の娘を妻とし、みずからの姓をこの時、五島から後藤に改めたという。

チースリクの考証によれば、寿庵が二六聖人殉教のころ、長崎での迫害を逃れて五島に潜伏したというのは、この二六人はじめ、京都からつれてこられた人びとのことで、当時長崎在住の信者に迫害が及んだということはないから、おそらく事実ではない。また、支倉常長のメキシコ行きのために助言したということも、寿庵が伊達家臣としてこの使節派遣に反対したというデ・アンジェリス神父の書簡が残っているので、これも事実ではなかろうという。

明治初年につくられた「後藤家之家譜」は、チースリクによると信用できないものだと言われるけれども、江戸時代後期から明治にかけて、水沢近辺に残っていたうわさ話の合成記録としては信用できるものではないか。歴史文書などとつきあわせて年代を確かめることのない人びとの口伝えのあいだに、支倉一行のメキシコ行きと寿庵のメキシコ行きとが結びつけられたり、五島と後藤とが結びつけられたりするのも、あり得ることと考えられる。

当時の文献によって見ると、伊達藩には後藤という家名をもつ藩士が多く、寿庵はおそらくその中の一人で、水沢に近い見分（三分とも書き、のちに福原とも呼ばれる）に六五貫三一五文の所禄をもつ館をもっていた。

キリシタンの迫害

東北地方に来た最初の宣教師はフランシスコ会のルイス・ソテロで、彼は伊達政宗に従って慶長一六年（一六一一）に仙台に来た。幕府によるキリシタン禁止はあくる年の慶長一七年のことであり、伊達藩ではなおも布教は大目に見ており、そのまたあくる年の慶長一八年に支倉常長一行一二〇人を、メキシコを経てローマに遣わすくらいだから、伊達家臣の間にキリスト教を奉じるものが多くこの数年にあらわれた。デ・アンジェリス神父の手紙によれば、慶長一六年にすでに寿庵はキリスト教の信者だった。

慶長一九年に、徳川家康の軍勢が豊臣秀頼を大阪城に攻めた時、後藤寿庵は伊達家の鉄砲隊長として、この大阪冬の陣に参加して徳川勢を応援した。横山弥次右衛門とともに鉄砲六〇丁の一隊をひきいて戦ったという。

あくる年、元和一年（一六一五）の大阪夏の陣には、横山弥次右衛門、馬場蔵人とともに鉄砲一〇〇丁の一隊をひきいて戦ったという。

大阪の役から帰ってから、寿庵は堰をつくって胆沢川の水を荒地にひくことを思いたった。おそらくは元和四年に堰の工事に着工したものと言われている。この工事は、何度も洪水にあって失敗したが、寿庵は外国人の神父に学んだ方法で、機械を使って大きな石を動かし堅固な石垣をきずいた。堰が三分の一ほどできたころに、キリシタンの迫害がはじまり、やがて寿庵は領地から追放されることになった。工事は、遠藤大学にひきつがれて完成し、その後、歴代の修理をへて今日に至り、今では胆沢郡の大半にあたる約二六〇〇町歩をうるおしている。その影響は、地域の人口六万人以上に及び、米の年産額は三〇万石であるという。

元和七年（一六二一）、伊達政宗はキリシタン禁制のおふれを領内に出して、家臣にキリスト教をすてることを命じた。

ヒエロニムス・マヨリカが一六二二年（元和八）一〇月六日にマカオで書いた「一六二一年度年報」では、伊達政宗と後藤寿庵（ヨハネス・ゴトー）の間にこんなふうなやりとりがあったという。政宗はヨハネスに好意をもっていたので、強い圧迫をくわえず、次のように要求した。

「三つのことを誓うならば、ヨハネス自身はキリスト信徒としてとどまってもよろしい。第一には、わずか一時間でも、自分の屋敷の中に、宣教師を立ち入らすことを許さない。第二には、他の誰かにキリスト教の信仰を勧めたりしないし、その信仰を続けてゆくように勧めたりしない。第三には、ヨハネス自身が政宗からキリスト信者としてとどまる許しを得たということを秘密にする」

ヨハネスは神父たちと相談した上で、次のように政宗に答えた。

「そういう誓いをたてることは、私の信仰から言って、とてもできません。もし、こういう誓いをたてないと信仰を許していただけないのなら、殿のおひきたてをうけることができなくなって、私の生命も財産も投げださなければならないようになったとしても、悔いることはありません」

この答をきいて、政宗は腹をたてたが、それでも、この時には、寿庵の言うままにまかせた。しかし伊達領内のキリシタン迫害はすすみ、ついに水沢におよんだ。ヨハキンとアンナと名のる夫婦が水沢で殉教した。二人が死刑になる前に、寿庵の骨折りで、アンジェリス神父が彼らをたずねて告解をきいた。

ローマ法王あての奥羽信徒の手紙

そのころ、東北の信者たちのもとに、ローマ法王パウロ五世から一通の手紙が届けられた。日本語とラテン語でそれぞれ書かれた手紙は、ローマ法王が数百年来の大工事だったサンピエトロ大聖堂の完成にあたってこれを祝して贖宥（しょくゆう）をあたえ、その教書にそえて、迫害下の日本の信徒へのはげましを書きおくったものである。

手紙は、一六一七年（元和三）に発信され、三年かかって一六二〇年（元和六）に日本についた。その到着は、昭和はじめに国際共産党のテーゼが日本にもたらされたとおなじように、秘密の大事件だったにちがいない。イエズス会管区長クーロス神父は、手紙を日本語に翻訳させ、その写しを神父をとおして各地方に届けた。手紙が東北地方に届いたのは、あくる年、一六二一年の春か夏かであったという。

法王の手紙を東北に届けたジョアン・バプティスタ・ポルロ神父は、水沢まで来て、後藤寿庵の館のある見分に滞在したものと考えられる。伊達政宗の命令にさからって、寿庵は外国人神父に宿をかしつづけていたのであろう。

ここでポルロ神父と話しあって、おなじ年、一六二一年九月二九日（陰暦・元和七年八月一四日）の日付で、奥羽地方のキリスト信徒はローマ法王にあてて手紙を書き送った。その手紙は、日本の各地方の代表者がそれぞれ書いたもので、五通がヴァチカンに保存されている。奥羽地方の信者の筆頭に後藤寿庵が署名し、花押（かおう）をおしている。

寿庵たちの起草したパウロ五世への奉答文は、当時の日本のキリスト者の側から見た宗教裁判の様子をつたえる。

> 貴き御書（おふみ）、奥州のキリシタン中頂戴せしめ、謹て（つつしみ）拝読仕（つかまつり）候。誠に忝き（かたじけな）儀、感涙肝（きも）に銘し、有がたく存じ奉り候。尊意の如く、日本のエケレジヤ〔教会〕、数年相つゞき、ヘレセキサン〔迫害〕きびしきやうすにて御座候。然りと雖（いえ）どもヒイデス〔信仰〕にたいして身命を惜まずDs〔神〕の御名誉をかゝげられ候。毎年こゝかしこにマルチレス〔殉教〕御座候をもて御照覧成さるべく候。
>
> 偖（さて）、我らが国奥州と申は、日本国の内東（うち）のはてにて御座候。此出羽奥州両国の内、大名あま

た御座候。景勝（上杉）三十万石、松平下野守（蒲生秀行）六十万石、伊達政宗六十万石、最上義秋廿二万石、秋田仙北にて義宣（佐竹）十八万石、南部信濃十二万石、津軽越中守四万五千石、右大名衆の領内在々所々におゐてエワンゼリヨ〔福音〕ひろまり、大に繁昌仕候。然る処に、去歳上旬の比、伊達政宗、天下（徳川将軍）を恐れ、私の領内におゐてヘレセキサン〔迫害〕ををこし、あまたマルチレス〔殉教〕御座候。御出世〔イエス誕生〕以来千六百廿年（元和六年）セテンホロ〔陽暦九月〕の四日より穿鑿仕りはじめ候。ころばざるをころびたるとそばより謀判など仕り候へども、次第に聞付け、奉行の前へ出で、曽て以てころばざる由申ひらき、ヒイデス〔信仰〕堅固に之ある儀に候。此節に貴き御親、御哀憐の御内証より、尊翰并にジュビレヨ〔聖年〕の御ゆるしを下され候儀、諸キリシタン、大なる力を得、ヒイデス〔信仰〕の勇気、ヘレセキサン〔迫害〕のために鉾楯と罷りなり候御厚恩、筆紙に申し尽しかたく候。

当国にキリシタン出来申すことは、此七ケ年以前ゼスヽのコンパニア〔イエズス会〕のパアテレ〔神父〕、ゼロニモ・アンゼリス下向候て、種々才覚をもて、諸方を廻り、エワンゼリヨ〔福音〕を弘通せられ候。近き比のキリシタン、乳房をふくむ童子のごとくに御座候へども、Ds〔神〕のガラサ〔恩寵〕をもて、数度のヘレセキサン〔迫害〕にも勇猛精進の心ざしをあらはし、Ds〔神〕の御名をゼンチョ〔未信者〕の前にかゞやかされ候。誠Dsの御恩忝く存し奉り候。当時はコンパニア〔イエズス会〕のPr〔宣教師〕三人、其外ゼンチョ〔未信者〕をヒイデス〔信仰〕の道にひき入るゝ教化者あまた相添ひ、諸キリシタンのヒイデス〔信仰〕をかゝへそだてられ候。政宗へレセキサン〔迫害〕の砌も、彼Pr〔宣教師〕アンヂリス、政宗の居城をはなれず、難儀におよぶキリシタン衆をすくひたて、ヒイデス〔信仰〕よわりたる者どもを、ヒイデスに立かへされ候。さまをかへ、在々所々をかけまはり、しのびしのびの合力あさからず候。誠に大事の節、粉骨を尽され候コンパニアの衆の芳志、出羽奥州のキリシタンダデの為、深重に存じ奉り候。今より以後Ds〔神〕の御奉公に相届き申し候やうい御ふびんを加へ給ひ、恐ながら、御ベンサン〔祝福〕を仰ぎ奉るべき為に、此のごとく言上仕候。

誠に功力なき者どもに御座候へども、御憐みの貴き御親御無事安全、サンタエケレジヤ御繁昌、并にエレジヤ〔異端〕退転の為に、朝暮、日本のコンタ〔じゅず〕をもてオラシヨ〔祈祷〕申上げたてまつり候。誠惶誠恐敬白。

この長い手紙をうつしたのは、まぼろしの人物のようにさえ見える後藤寿庵が、このように明白な痕跡を歴史の上に残していることを示したかったからである。

寿庵とカルヴァリョ神父

後藤寿庵の晩年についておしはかる手がかりをあたえるものは、彼とディエゴ・カルヴァリョ神父（一五七八～一六二四）のつきあいである。

カルヴァリョ神父は、一五七八年にポルトガル王国のコインブラで生れた。一六歳の時にイエズス会に入って僧となり、一六〇〇年、二二歳の時に故郷を離れてポルトガル領インドのゴアに達し、マカオを経て、一六〇九年に日本に達した。一六一四年にマカオに追放されたが、元和二年（一六一六）には、ひそかに日本に帰り、長崎で一年ほどはたらいたのち、翌年には東北地方にむかった。この時、カルヴァリョ神父は三九歳だった。彼は長崎五郎右衛門となのり、商人となったり、坑夫となったりして旅をした。元和六年には、三ヵ月ほどの旅行をして北海道にまでわたっている。北海道行は、津軽領を困難なく旅をしてまわるために必要だったらしい。津軽の関のような難所を外人神父が通うことになると、らくに津軽の関所をとおれたものらしい。北海道から帰ってくるとりぬけたということは、当時のキリスト信徒を大いに力づけたものらしく、弁慶が富樫の前でにせの勧進帳を読んで安宅の関を通りすぎたという古典的な舞と踊りとは、カルヴァリョ神父の今回の壮挙によって新しい舞と踊りに改められる必要があるという冗談を言う人が出たくらいだった。

津軽と北海道で、カルヴァリョ神父は、日本の各地から追放されてきたキリスト信徒に会って、力づけている。信徒たちは、鉱山の近くに移民部落をつくっていた。砂金を求めて来る渡り者の数は多く、その人びとにまじって山の中に住んでいれば、幕府と寺の手先も面倒なのでそこまで入ってくることはなかった。鉱山の部落には、キリスト教の祭壇がもうけられ、そこで公然と礼拝がおこなわれた。

伊達領にもどってからカルヴァリョ神父は、水沢の後藤寿庵の領地を中心に活動をつづけた。一六二三年のクリスマスを、カルヴァリョ神父は寿庵とともに見分で祝っている。それは見分キリシタンの最後のクリスマスとなった。あくる年の一六二四年二月六日（陰暦・元和九年一二月一八日）

あるいはその翌日に、捕方は後藤寿庵の館を占領し、キリシタンの家々を襲った。

カルヴァリョ神父は胆沢川をさかのぼって山中に入り、一村あげてキリスト信徒となっていた下嵐江(おろせ)の部落に隠れたが、捕方がこの村に達し村人を苦しめるのを見て、みずからすすんで捕らえられた。彼は同信の人びとともに水沢にひいてゆかれ、そこで老齢のためについてゆけなくなった二人が首をきられた。カルヴァリョ神父は、一六二四年二月二二日(陰暦・寛永一年一月四日)、雪のふりしきる仙台の広瀬川で水責めに会い、仲間とともに殉教した(H・チースリク「仙台の殉教者カルヴァリョ神父」『奥羽史談』)。下嵐江の部落は戦後一九四九年ダムをつくるために移され、ここにはいま家ひとつない。

鋼鉄のくずに刻まれた十字架

同時代の神父たちの報告に見えるように、禁教の下で、伝道者は、信者の家の二重壁の間に隠れ、癩病患者のたまりに隠れ、金山の坑夫の群れに隠れ、津軽から北海道への商人となって隠れた。その伊達領の国境を北にこえて、これらの隠れ場所がどのように分布しているかを、カルヴァリョ神父、デ・アンジェリス神父(この人も北海道に渡ったことがある)などから後藤寿庵は聞いて知っていた。寿庵が数十名の家臣とともに伊達領をこえて北にむかった時、かつて鉄砲隊の隊長、寿庵堰の設計者だった彼は、一行の行手にあるものについてひととおりの見とり図をもっていたはずである。その後の寿庵一行の足どりについては、一〇年ほどして彼らの影響でキリスト教に入信したものがあったという記録の他には、何もわからない。南部領に入ってから引き返してもう一度伊達領にもどって隠れ住んだという説も種々あるようだが、確実な証拠はない。

鎖国は寛永一六年(一六三九)に完成するが、日本全国いたるところで同時に鎖国が成立したわけではあるまい。歴史家は、鎖国時代をつらぬいて明治まで残存したキリスト教信仰として五島の隠れキリシタンに主に眼をむけるが、そのように現代とのつながりをつくりだすことのできなかったさまざまな場所で、キリスト教の信仰とヨーロッパ渡来の科学思想はしばらく保たれ、終りをむかえたのだろう。東北地方の金山、銀山、銅山、鉛山、鉄山、癩患者の宿、山間の部落には、鎖国の時代に、禁制の思想が、しばらく生きていたということを、それが今日まで生きつづけなかったにもかかわらず大切に考える視点もまたあり得る。

水沢から南部領にこえた岩手県和賀郡の桂沢金山坑道内にあったという、鉱石のくずに刻んだ十字架の写真を見たことがある(『風土記日本』第五巻、平凡社、一九五八年刊)。そこにへこんだ十字架のしるしとなっているところには、おなじところでとれた金をはめこんであったというけれども、それは、その後の月日にいつしか盗まれ、くぼみをもつ鉱滓(かなくず)だけがうち捨てられて今日まで残った。人類の文明そのものが、このように無機物上のくぼみとして残る日がやがては来るであろう。

今日まで残って伝えられている遺産だけを大切に思うという考え方に私は与（くみ）することができない。

後藤寿庵が自分を消した仕方には、老子出関を思わせるところがある。老子が税関吏の求めに応じて道徳経を残して関所をこえていったように、寿庵は寿庵堰を残して国境をこえて北にむかった。彼が姿を消したあと、その友人であり、しばらく前までは同信の仲間でもあった横沢将監が、寿庵の財産整理にあたったが、そこにおびただしい負債を見つけた。横沢の報告書によると、寿庵の負債はすべて村のためにしたことで自分自身には一両もとっていないという。

寿庵は困っている領民のために年に四割までの免税をしたり、租税を待つことにしたり、補助金や貸金で助けたりした。胆沢川の堰をつくる工事でも多額の負債をつくった。横沢は友人のために二ヵ月ほどで決算報告を出した。その後、見分領は留守家の領地に編入された。寿庵の家臣のうち八七家族が、キリスト信仰から離れて見分に残ったと言われ、その子孫は今日もおなじ見分に暮らしている。日本の歴史上の人物の中で、後藤寿庵ほどに退場のあざやかな人を知らない。

当地に数多い隠れキリシタン

チースリクがローマで見つけたもう一つの後藤寿庵の手紙は、元和三年一〇月九日（一六一七）の日付をもち、その中に、三つの村のキリスト信徒四五〇人を代表してこの手紙を送るとある。この三つの村とは、水沢近辺の見分村（福原）、矢森村（田河津）、志津村（花泉の清水）であることが、見分村の後藤寿庵につづく署名によってわかる。四五〇人の信徒が交流できる場所として、水沢近辺は、キリスト教の一つの中心となっていた。寛永一六年（一六三九）の幕府によるキリスト教の厳重禁止と鎖国令の発布以後、当時の信仰はどうなってゆくのか。

のちに殉教したカルヴァリョ神父は、弾圧下の東北地方をまわる間に、元和六年に津軽藩の横手地方で、大眼宗（だいがんしゅう）という迷信に出あったことを記している。民衆の間には、これは覆面したキリシタンだというわさが広がっており、黒い十字架を見たものがいるという（H・チースリク「仙台の殉教者カルヴァリョ神父」『奥羽史談』）。

カルヴァリョ神父は、これをにせのキリスト教として否定しているのだが、この種のキリスト教の亜種は、その後も東北地方に、たとえば黒い十字架が黒仏にかわって形をかえて、くりかえしあらわれる。

紫桃正隆『仙台領キリシタン秘話（衰滅篇）』（至文堂、一九六八年刊）によると、後藤寿庵が水沢を離れてから二〇年後の寛永二〇年（一六四三）に、左兵衛という人が書いた訴状が残っているそうである。この訴状で見ると、このころ水沢にはまだまだキリスト信者が残っていたようである。三次という四〇歳余りの男、これは寿庵ゆかりのもので、主人退教後二〇年にわたって信仰を守っていた。その三次を二、三年前までやとっていた善九郎というものもキリスト教徒である。また水沢大町で医者をしている甚右衛門も、その妻子もいずれもキリシタンである。五郎左衛門という五〇余りの男とその妻とも、そうである。もと寿庵のいた見分に住む小伝次という男は、三五、六歳で、銭吹きを商売としていたが、この男もキリシタンで、その女房もそうである。この左兵衛の訴状だけで九人が名ざしにされている。

岩手県史の研究者司東真雄によると、寛永一七年（一六四〇）に、上胆沢で、都鳥の五郎作ら七人がキリシタンとして処刑されており、他の一六人がおなじ時にキリスト教を捨てている。下胆沢では一九人がキリシタンとして仙台につれてゆかれ、一一人が処刑された。

寿庵堰のあった胆沢郡若柳村のキリスト教指導者蜂谷内記は、一ノ関近くの市野々村に身をくらまして百姓として暮らしているところをつかまった。

おなじ若柳村の百姓小右衛門は正保一年（一六四四）に江戸で捕らえられて吊り殺しにされた。おなじ村の百姓太左衛門も正保一年、仙台で捕らえられて、キリスト教を捨てた。

こうして、「寿庵なきあと、胆沢郡、水沢市方面には、表面転宗を装って、秘かに〃隠れキリシタン〃となった者がかなり沢山存在していたようである」と、紫桃正隆は推定する。

日本人としては、おおっぴらなキリスト教の信仰が許されないとなると、隠れた信仰を、何か別の象徴におきかえて守ってゆくということになる。それほどに、見たての方法が、江戸時代にはひろく日本人の間に根をはっていた。

司東真雄の伝えるところでは、水沢のとなり町にあたる前沢の目呂木の太子像は、あかずの厨子となっており、胸の衣紋様は十文字になっているという。これもまた見たての一種と解することができる。

菅野義之助の『奥羽切支丹史』（岩手県学校生活協同組合出版部、一九五〇年刊）によると、後藤寿庵の領地内の福原小路に毘沙門堂と観音堂がそれぞれ一宇ずつあった。毘沙門堂は、もと天主堂のあったところに、キリシタンの禁令が厳しくなってから銅像の毘沙門をもってきて建てたものである。観音堂の仏体は、もとはマリア像だった。キリシタン禁制ののち、現在の菊池八三郎の先祖が、ひそかにこのマリア像を自分の邸内に移し、そこに小さな堂を建てて「子安観音」と称して近所の人びとの参詣を三月と九月の一七日に許していた。ところが宝暦年間（一七五〇年代）になって、霊山和尚という名高い坊さんが、観音に参拝に来て、その像を見るなり、

「この観音はほんものの観音とは思わぬ。そもそも子安などと称して、赤ん坊を抱いている仏像など世間にはあることはありますが、これは本来あるべきものではありません。それに、この像は、ひどい虫くいになっていますから、新しい如意輪観音をつくってお祭りなさるがよろしい」

和尚は、この仏像が実はキリスト教の聖母像であることを見破ったのであって、それでも、そのことを言いたてて役所に訴えなどしないところは、菊池という素封家への思いやりであったろうか。菊池家では、これまで聖母像と知って礼拝していたのかどうかわからないけれども、この和尚の言葉に大いに驚き（あるいは驚いたふりをし）、さっそく如意輪観音を注文して、堂内に置いたそうである。

もとのマリア像はどこに行ったか。ひそかに信仰を保つ人が、自宅の奥でそれを守り続けたのかどうか。昭和の今となってはマリア像も、そのかわりに置かれた如意輪観音も、ともに行方が知れず、観音堂には、キリシタン使用のメダイ（メダル）が二個、木箱にいれて安置してある。キリシ

タンが使ったメダイもこの見分のあたりから出たもので、どうして三〇〇年余り保存されて来たのか。やはり敬意をもって扱われて来たのでなければ、保存されることはなかったであろう。

かくし念仏とキリスト教の交流する場

霊山和尚が観音像の真相を見破って菊池家に忠告したのは宝暦年間と伝えられているが、このおなじ宝暦年間には、留守家の家臣の間から山崎杢（もく）左衛門一味が、「犬切利支丹」として捕らえられ、杢左衛門は水沢郊外の小山崎（現在の水沢市真城）ではりつけにされた。

高橋梵仙『かくし念仏考、第一』（日本学術振興会、一九五六年刊）によると、かくし念仏は親鸞の浄土真宗の流れをくむ宗教であって、宝暦年間から水沢に信者を得た。その源をたずねて、留守家小姓組の山崎杢左衛門他二人が京都にのぼって鍵屋五兵衛から「御執揚（おとりあげ）」の秘伝をさずかった。山崎杢左衛門、大町の長吉、久保の勘兵衛の三人は京都で「善師」の資格をうけ、かくし念仏の指導者として、宝暦三年（一七五三）に水沢に帰ってきた。杢左衛門が徳望のあつい人だったので、わずか一年の間に、水沢近辺にこのかくし念仏は大いにひろまり、やがて幕府公許の浄土真宗の寺の憎むところとなり、指導者は捕らえられた。判決文には次のように書いてある。

伊達主水殿
家中小姓
山崎杢左衛門

其方儀、浄土真宗ニ有之、一念帰命之法之由ニ而、通リ之六十六部ゟ授リ、人にも教候処、真宗ニ而、文章ト称し候書冊之説法に出合、全く邪法ならさる旨申紛スト雖も、浄土真宗称念寺・正楽寺被申候ニハ、其教方皆一流ニ無之事共ニ而、却而本山之制禁タル由申出合両僧申口ニハ悉ク相違之上ハ、邪法ニ決定シ候、其方事、俗ノ身分トして仏間ヲ作リ、文章ヲ語リ聞カセ、第一在々所々翔ケ行キ、一念帰命之信心決定之法ニ事寄セ、諸人ヲ進メ、他ノ疑ヲ避クヘキ為メ、真宗之出家江帰依セシメ、一応之同行と言ふ、追而其方へ帰依スルニ及ビ、真之同行と称シ、脇へ洩レ聞へ候ヲ恐レ、其法蓮如聖人ゟ初而俗江伝リ候条、同流ノ出家にも聞カス間敷由、約束セシメ、帰依スル者ヲ山中江引入、或ハ土蔵ニ会シ、如来絵像ヲ掛ケ並ニ蝋燭ヲ立て、息ヲ加（か）へさず、助ケ給ヒト教ヒ、甚ダ精神ヲ疲シメ、既ニ無症ニ成リ候節、手ツカラ蝋燭ヲ取、口中ヲ見、成仏疑ヒなき由称シ、大ニ人ノ信ヲ起シ、邪法ヲ以テ数郡ノ百姓大勢ヲ誣ヒ惑シ御政事ヲ害シ、非道ノ重科ニ仍而、其所ニ於て、磔ニ被行候事、

山の中とか土蔵の中で如来絵像をかけ蝋燭をたてて、ひと息に「助けたまえ」と言い、口の中を見て「成仏うたがいなし」と言うなど、この判決文にあらわれているかぎり、かくし念仏の儀式はキリスト教の系譜に属するものとは言いにくい。しかし、このように浄土真宗の教えを説く宗教がどうして禁止され、指導者がはりつけになったのだろうか。それは、「かくし念仏」が、権力と一体化した仏教への批判をになう宗教運動だったからであろう。そして、まさにその故に、かつてキリスト教の信徒の多かった水沢周辺に、かくし念仏は、わずか一年ほどの間に急激にのびていった。

現在のかくし念仏の大導師樋口正文は、今日でもくりかえしもちだされる疑問に答えて、「キリシタン宗とは無関係の念仏であることをはっきりと断言できる」と言う（紫桃正隆『仙台領キリシタン秘話（衰滅篇）』）。

しかし、かくし念仏の信徒の間には、これとは別の感想をもつものもいる。

伊豆下田に住む外村佑は『潜伏切支丹私考』（言魚庵、一九七〇年刊）という本を書いて、日本全国に散在する鎖国時代の日本人のキリスト教信仰の象徴をたどった。ほとんど半世紀にわたるその関心に灯をともしたのは、小学生から中学生になったばかりのころ、東北地方から来た老人の物語である。

「自分は基督教の洗礼（バプチスモ）を受けふと禁制の切支丹の『お水』、つまり洗礼（バプチスモ）を受けさせられていたことに気がついた」

と、この老人は語ったそうだ。

かくし念仏のこの老信徒が、自分の属する伝統についてくわえた解釈は、考慮にあたいするように私には思える。

宗教を、文書にあらわれた教理として固定してとらえるならば、仏教の教理を説くかくし念仏は、キリスト教の教理を説く切支丹とは別のものである。

しかし、これらの教理をにない、日常の生活の中で育てる人びとにとって、両者が交流する場所があるのではないか。学者にとっての宗教史とはちがって、民衆にとっての民衆の思想史においては、地下水がたがいに会うところが用意されていると思う。

日本最初の社会学原論を書いたキリスト者・山崎為徳

私は水沢で、刑死した山崎杢左衛門為教の本家旧宅（為教の兄の家）あとに行った。それは、川原小路二番地にあり、明治に入ってから山崎為徳（一八五七〜八一）を出した家系でもあるということで、両者をともに記念する表示が出ていた。

山崎為徳は、わずか二四歳でなくなったが、日本人としておそらくは最初の社会学原論を書いた人であり、熊本洋学校でジェーンズについて学び、東京の開成学校（東大）をへて、京都の同志社を卒業した。草創期の同志社の教授として新島襄を助け、一個の光源として大西祝、徳冨蘆花ら当時の同志社学生に印象をのこした。学者として、キリスト者として当時の偉大な存在だった。その墓は京都の若生寺山頂に、新島襄の墓の側におかれている。故郷の水沢には遺髪が送られ、大林寺の山崎家墓地には、山崎杢左衛門の墓のすぐ隣に山崎為徳の墓もある。山崎杢左衛門は、山崎為徳から数えて七代前の山崎十左衛門の弟であるという。せっかく入学した東大をはなれて京都の同志社に行く決意をした時、山崎為徳の心中には、犬切支丹として処刑された先祖のことが何かのはたらきをしたであろう。水沢の人びとの記憶の中では、二人の印象は一つになっている。

長英の生涯をたどる手法

民衆に影響をあたえる思想的伝統は、盤根錯節して相互作用をはっきりえがくことはむずかしい。誤伝、虚伝をとおして、さまざまの考え方と感じ方が複合され、うけつがれてゆくものだろう。それらを、信じ得る少数の史的事実に復元することによってでは、人間をうごかす思想の力は計り得ない。

水沢に住む人にとって、伊達藩あるいは留守藩内部の歴史、日本の岩手県内部の歴史におしこめることのできない国際的な地平があったと思われる。古代中世に近畿地方を根城にして活動した中央政府から見れば、みちのくは、派遣軍の行く道の奥であり、ゆきどまりであったけれども、そのみちのくに代々住むものにとっては、そこは道の奥でもゆきどまりでもなく、そこから中央政府を見る眼は自然に民族文化のさかいをこえる視野をそなえるものとなった。のちになって水沢から遠くない岩手県花巻生れの宮沢賢治が『銀河鉄道の夜』のように登場人物全員がヨーロッパ名前をもつ童話や、また岩手をイーハトーヴォとしてユートピア的な物語を書いたのは、黒仏や切支丹伝説をこの土地のものとしてきいて育ったことに根をもつものと思われる。

古くは安倍貞任、清原清衡、もっとくだっては岐部ペトロ、カルヴァリョ、後藤寿庵、山崎杢左衛門は、この土地にまつわる伝説として、ここにそだった高野長英の記憶にとどまったであろう。長英の生涯と仕事もまた、後藤寿庵や山崎杢左衛門とおなじく、そのおおかたがうずもれてしまい、そのはたらきは推しはかる他ない。以下、資料にのこっている同時代人の記録は記録として復刻し、それにもとづく推量は推量として、両者の区別を許りつつ、高野長英の生涯をたどることを試みる。奉行所の出した人相書の他に信頼すべき肖像画もなく、顔形のさだかでないこの人について考えるには、この方法がふさわしいと思う。

二　留守家臣団　1804-20

気候の変異と不作

地球の気候の歴史には、長い眼で見ると変動があって、紀元前四〇〇〇年から紀元前二〇〇〇年の間に人間にとっての快適な気候の時期があり、その後寒い時期をとおって、紀元四〇〇年から一〇〇〇年の間にふたたび快適な気候の時期があったとされている。一三世紀から一四世紀にかけて寒い時期があり、一六世紀はじめに暖かくなったが、それは一六世紀半ばごろでおわり、一六世紀後半には温度がさがって、一五六五年、一六〇八年、一七〇九年、一八三〇年はとくに寒い年だったそうである。日本では、この寒い時期が江戸時代にあたり、江戸時代末のもっとも寒い時期をこえて、今日ふたたび暖かくなっているという（和達清夫監修『日本の気候』東京堂、一九五八年刊）。

このもっとも寒い「小氷期」に、凶作と飢饉とが何回も東北地方におこった。記録にのこっているものでは、貞享一年から元禄をへて宝永六年（一六八四〜一七〇九）まで、宝暦三年から明和四年（一七五三〜六七）まで、明和七年から安永と天明をへて寛政七年（一七七〇〜九五）まで、文政七年から天保一二年（一八二四〜四一）までの、それぞれの時期に各々一五年以上にわたって毎年のように凶作と飢饉が東北地方を見まった。

なかでも、岩手県にあたる南部藩と伊達藩に住む人びとの間に四大飢饉として知られているのが、元禄八年（一六九五）、宝暦五年（一七五五）、天明三年（一七八三）、天保九年（一八三八）である。

二宮三郎編『岩手県災害年表』（一九三八年刊）には、貞観七年（八六五）以来の凶作、飢饉、地震、洪水、津波、暴風、長雨、夏冷、降霜、大旱などが古い文献からひろわれて記されている。これらは、この地方に生きるものにとっては大切な知識だったにちがいない。

高野長英は、天明の大飢饉と天保の大飢饉との間に生れた。国家的規模の歴史で見るとたしかにそうと言えるのだが、岩手という地域に住むものの視野から見た歴史においては、長英の誕生前後にも気候の異変と不作とはたえずあって、この時期にも不安がここに住む人びとの心をかすめてとおった。

寛政　二年（一七九〇）	中作	
寛政　三年（一七九一）	凶作	大風雨
寛政　四年（一七九二）	下作	大山火事
寛政　五年（一七九三）	凶作	夏冷・降霜・強震・津浪・洪水・大雨
寛政　六年（一七九四）	旱魃	

寛政　七年（一七九五）　飢饉　洪水（両度）
寛政　八年（一七九六）　凶作
寛政　九年（一七九七）　中作
寛政一〇年（一七九八）　不作
寛政一一年（一七九九）　上々作　大雷雨・大風
寛政一二年（一八〇〇）　中作
享和　一年（一八〇一）　凶作　大洪水
享和　二年（一八〇二）　下作　洪水
享和　三年（一八〇三）　下作　福岡大火、麻疹流行
文化　一年（一八〇四）　中作　蚊出でず、《長英出生》
文化　二年（一八〇五）　中作　五月八日（陽暦・六月五日）寒露降る
文化　三年（一八〇六）　中作の上　盛岡大火
文化　四年（一八〇七）　下作　大風。八月下旬（陽暦・九月下旬）不時の開花。彗星
文化　五年（一八〇八）　不作か　大雨・洪水
文化　六年（一八〇九）　上作　米、麦、小豆のようなるもの降る。大風雨。黍、小豆のようなるもの降る
文化　七年（一八一〇）　上作　旗雲。宮古、鍬ヶ崎大火

文化　八年（一八一一）　中の下作　狼害。彗星
文化　九年（一八一二）　半作　旱魃
文化一〇年（一八一三）　飢饉　宮古町大火。霖雨、夏冷。八月二三日（陽暦・九月一六日）に降霜。八月二七日に岩手山初雪。九月六、七、八日（陽暦九月二九日、三〇日、一〇月一日）に大降雪。疱瘡流行。大雪
文化一一年（一八一四）　凶作　大雪・洪水。八月二九日に初雪
文化一二年（一八一五）　凶作　霜雨。低温。豪雨、洪水。米騒動勃発。光り物
文化一三年（一八一六）　七分作　花巻、土沢大火。四月一九日（陽暦・五月一五日）に降霰。四月二七日に晩雪
文化一四年（一八一七）　凶作　六月一三、四日（陽暦・七月二六、七日）に降雪（霜か）
文政　一年（一八一八）　宮古町大火。疱瘡流行
文政　二年（一八一九）　上作
文政　三年（一八二〇）　上作　《長英、水沢をたち江戸に向う》

夏に霜がおりたり、春に雪が降ったりして、そのことが収穫への悪い前ぶれとして常に念頭におかれている。それらは異変ではあったが、当時としてはよくおこる異変だった。

一九三一年から一九六〇年にかけての水沢の気候の平均値は盛岡地方気象台編『岩手県気候誌』

	平均気温 (℃)	最高気温 (℃)	最低気温 (℃)	湿度 (%)	降水日数 ≧0.1㎜	雪日数	積雪日数	降雪の日数 10㎝＞
1月	-2.7	1.4	-7.2	81	21.8	22.6	27.8	5.9
2月	-2.0	2.3	-6.5	79	19.8	20.2	25.3	4.5
3月	1.8	6.6	-2.5	76	17.5	14.0	12.6	5.0
4月	8.0	14.1	2.3	73	14.6	3.0	0.6	0.5
5月	13.6	20.0	7.6	75	13.1	—	—	—
6月	17.6	22.9	13.5	81	15.0	—	—	—
7月	22.0	26.6	18.5	86	17.2	—	—	—
8月	23.5	28.5	19.8	86	15.9	—	—	—
9月	18.7	23.9	14.6	85	16.2	—	—	—
10月	12.2	17.9	7.2	83	15.4	0.0	—	—
11月	6.1	11.2	1.5	81	16.5	3.5	1.1	0.6
12月	0.4	4.2	-3.3	82	20.7	16.3	14.1	6.9
平均	10.0	15.0	5.5	81	203.5	79.6	81.6	23.3

（一九六六年刊）によると、上図のごとくである。

今日の気象学者が推定するところでは、江戸時代の日本は今よりも寒かったそうである。長英が、どういうふうな幼年期の毎日をすごしたかはわからないが、寒さだけは今日の水沢の気候から推しはかることができる。気候の変異と不作は、人間としての長英の最初の体験であった。

凶作・飢饉の原因としての冷害

盛岡地方気象台長梅田三郎は、凶作や飢饉には風水害や旱魃など、いろいろの原因があるものだが、岩手県の場合には、その主な原因は冷害であるとしている。梅田三郎の監修による盛岡地方気象台編『岩手県気候誌』には二宮三郎編『岩手県災害年表』をもととして、一六六〇年から一九六〇年にかけての岩手県の凶作飢饉発現年別を次のように記している。

大飢饉	飢饉	大凶作	凶作	不作	計
5	26	2	57	46	136

この表によると、三〇〇年間に一三六の凶作・飢饉年が記録されており、その出現確率は三八％である。冷害による凶作・飢饉の例をひろいあげると、年数にして八六年にのぼり、その出現確率は六三％で、風水害や旱魃にくらべて断然多い。

冷害はある年にだけあらわれるのでなく、東北地方の凶冷年七四例を分析すると、凶冷の半数は一年だけで終っているけれども、三年くらい続くものもあり、なかでも五年以上続くものが七群（左図）あって、それが大凶作と大飢饉をつくりだした。岩手県の四大飢饉と呼ばれる元禄八年、宝暦五年、天明三年、天保九年は、すべて長期間連続の冷害によっておこった。

凶作・飢饉の周期には八〇年くらいのものと、三〇年くらいのものとがあるとされ、八〇年周期

長期連続の凶冷年

年	年号	期間
1691	**元禄 4**	
1692	**5**	
1693	6	
1694	**7**	
＊**1695**	**8**	5年間
1699	**元禄12**	
1700	13	
1701	**14**	
1702	**15**	
1703	**16**	
1704	宝永 1	
1705	**2**	
1706	3	
1707	**4**	9年間
1753	**宝暦 3**	
1754	4	
＊**1755**	**5**	
1756	**6**	
1757	**7**	5年間
1772	**安永 1**	
1773	2	
1774	**3**	
1775	4	
1776	**5**	
1777	6	
1778	**7**	7年間
1782	**天明 2**	
＊**1783**	**3**	
1784	4	
1785	**5**	
1786	**6**	5年間
1811	**文化 8**	
1812	9	
1813	**10**	
1814	11	
1815	**12**	
1816	13	
1817	**14**	7年間
1832	**天保 3**	
1833	**4**	
1834	5	
1835	**6**	
1836	**7**	
1837	**8**	
＊**1838**	**9**	
1839	**10**	8年間

ゴチックは凶冷年。
＊印は大飢饉の年。

は太陽黒点の周期の振幅に見られる八〇年くらいの周期と関係をもつと言われ、三〇年周期は梅雨の長年変化の三〇年内外の変化と関係をもつと言われる。

盛岡地方気象台長として梅田三郎は、凶作と飢饉の原因を冷害のみに求めたが、それはその職業から見て当然のことだったろう。しかし冷害からはじまる凶作と飢饉とは、当然に地方政府(さかのぼっては中央政府)の行政如何によって深刻なものとなってゆく。

南部藩の政策失敗と飢饉

凶作という事実にたいして、どのような対策をもって臨むかに関して、それぞれの藩の体質がわかれた。八戸藩の町医者だった安藤昌益は、宝暦の飢饉に米の作り手である百姓が飢え死に、米を作らぬ武士が米を施すという矛盾を見すえて『自然真営道』を書いた。凶作の原因が東北の気候(とくに冷害)にあったとしても、そのために農民が飢えて死ぬという飢饉の直接の原因は、気候よりも武士支配の政治にあった。

武家の支配はかえないにしても、おなじ東北地方の米沢藩では、天明三年(一七八三)の飢饉にさいして、藩医に命じて救荒食物の製法を印刷して領民にくばったし、一ノ関藩では、宝暦の飢饉にさいして、藩医建部清庵が『民間備荒録』をあらわして飢饉をふせぐための貯蔵計画や野草・果実の調理法を教えた。

これにひきかえて、南部藩では、政治の失敗がすさまじい飢饉をつくりだした。黒正巖の『百姓一揆年表』(一九三七年刊)によると、彼の調べることのできた近世七四年の期間に、日本全国で一二四〇件の百姓一揆がおこっており、そのうちの二九%にあたる三六一件が北陸・東北地方でおこったものであり、とくに南部藩では八六件をかぞえ、藩としての最大の発生率を示している。

南部藩の領地は水稲生産の北の果てにあたり、米を作るには難しい土地だった。関西のように近世のなかごろから水田の裏作もできるようになっていたところと、今日でもそれができないところとでは、収穫の条件はおおいにちがう。ところがそのちがいを見ぬふりをして画一的な税のとりかたを中央からわりあてられたのでは、南部藩としてははじめから天災にくわえて人災をおしつけられていたと言う他ない。

元禄八年(一六九五)の飢饉の時には、南部藩にはそれと取り組むだけの政治力があったらしく、飢えている人が一万五〇〇〇人いたと記録されているが、あくる年の二月九日現在で飢え死した人は一人もいないという報道がのこっている。それから六〇年たった宝暦五年(一七五五)になると、南部藩の政治をあずかる人はすでにかわっており、飢饉対策も真剣でない。凶作の前に、江戸の米の高いのをあてこんで藩の貯蔵米のおおかたを江戸に送って、大もうけをしたところに、それにつけこんで幕府から日光の東照宮の修理を命じられて約六万両をつかった。そこに五年つづきの大凶作で、すでに藩の貯蔵庫の米の八〇・五%を失っていたので、救済も思うにまかせなかった。寺の中に救貧小屋をもうけて収容し、よそ目には救済したように見せたが、その施しは一人あたり一升の水に米八勺しかなく、しかもその頭をはねる役人がいて収容者のおおかたが死んだ。

さらに二八年後の天明三年（一七八三）になると、前回の見せかけ程度の救済施設さえつくれず、領内に放火、強盗がおこり、飢え死した老母の死体を六百文で売ったり、赤児を食う母親が出たりした。南部藩の全人口三五万七八九六人中の一八％にあたる六万四六九八人が死んだと言われるので、このような無政府状態が生じたのも当然であろう。

さらに四九年後の天保三年（一八三二）にはじまった飢饉になると、南部藩の武士たちは公然と飢饉救済用の寄付を自分たちで使うようになる。天保五年一月、岩泉町の豪商佐々木彦七が飢人救済用の米を五〇匹の馬につんで野田代官所に送りとどけた。ところがその後ひと月たっても飢人救済のはじまる様子がないので問いあわせたところ、その米を武士の給料に使ったときかされて、佐々木はあきれはてたという。（森嘉兵衛『岩手県の歴史』山川出版社、一九七二年刊）

このような役人の失策は、民衆の側からの反撃をうみだした。南部藩の百姓一揆は、大飢饉をとおるごとに、生き残ったものたちの間により強いつながりをつくっていった。

寛政七年（一七九五）には、南部藩の和賀、稗貫二郡の農民数千人が新税廃止を要求して盛岡城下におしよせた。和賀は、水沢から山一つへだてた隣村であり、伊達藩留守領の水沢を追われたかくし念仏の指導者が宝暦年間に国境をこえて逃げたところであり、この山間の部落にかくまわれてかくし念仏が明治の国家主義、昭和の軍国主義をへて今日まで生きのびている。権力を批判し得るような信仰を必要とする人びとが、南部藩には伊達藩以上にいたということを示す一つの事実であろう。

この寛政七年（一七九五）の一揆に応じて、盛岡城下には「樽鯛（たるたい）の落書」というものが貼りだされたという。

先日乱れ樽　礼儀を直し鯛
日比（ひび）すたれ樽　武道を磨き鯛
近年長じ樽　奢（おごり）を止め鯛
殿中さび樽　式法を直し鯛
年々取上げ樽　寸志金を止め鯛
下の詰り樽　様子を告げ鯛
御入部遊ばされ樽　印有り鯛
盗人に似樽　役人を押え鯛
恥を知り樽　役人を付け鯛

ここには、抵抗運動としての政治思想がはっきりとあらわれている。

このように幾世代かをへて積み重ねられた抵抗と失敗の体験はやがて、嘉永六年（一八五三）になって、南部藩三閉伊の百姓一揆という自律的な政治運動としてあらわれる。この年の五月、三閉伊の農民一万六〇〇〇人が家財道具をかますにいれて背負い、女子どもまでつれて南部領内から伊達領にむかって逃げだしたのである。一揆が釜石に到着した時には一万六二五〇人いたという。これが平田村のきもいりの説得にあって、国境をこえた時には八五六五人となっている。半数にへったことは脱落と考えられると同時に、一揆の目的達成のための政治的判断によるものとも考えられる。明白な要求をかかげた大衆の越境によって、一揆は一つの国際（正確に言えば藩際）問題となり、かれらの領主南部侯は、幕府と伊達藩の手前ゆずらざるを得なくなった。

一揆ははじめていくばくかの政治目標を達成した。この運動の成熟については、庄司吉之助・林基・安丸良夫編『民衆運動の思想』（日本思想大系58、岩波書店、一九七〇年刊）、菅孝行『騒乱のフォークロア』（大和書房、一九七三年刊）などによる分析と評価があるけれども、この事件はこの伝記の主人公である高野長英の死後三年たってからのことなので、くわしくはふれない。ただ、この一揆の指導者の一人で、やがて獄死する三浦命助（一八二〇〜六四）が、高野長英の同時代人であったことを記しておくにとどめる。三浦命助が距離としては水沢から六五キロほどしか離れていない南部藩上閉伊郡栗林村のきもいりの子に生れて見聞したことは、高野長英が少年時代に見聞したこととそれほどへだたってはいないと思われる。凶作と飢饉についての判断には、両者の間に近しいものがあったのではなかろうか。もし高野長英が武士としての未来に大きな期待をかけていたとするならば、彼は水沢から離れてあいまいな身分の蘭学者となる道をえらばなかったであろう。偶然と言えるけれども、長英が水沢を離れて江戸にむかった文政三年（一八二〇）は、三浦命助が上閉伊郡栗林村に生れた年である。

凶作・飢饉・流民

凶作は気候によるとしても、それが多数の死の原因となるのは、藩による課税、米貯蔵計画の不備、救済施設の不備などにくわえて、疫病対策の不備によってである。

青木大輔は第二次世界大戦のころから東北地方の寺をまわって過去帳を調べ、『宮城県疫病志』、『岩手県の飢饉』などの著書をあらわした。

青木が宝暦六年（一七五六）、天明四年（一七八四）、天保五年（一八三四）、天保八年（一八三七）、天保九年（一八三八）の死者の数を過去帳をもとにして推定したところ、地域別にしてもっとも死者が多いと推定されたところは、花巻、遠野、葛巻、福岡などの内陸グループ、宮古、山田などの海岸グループであり、次は沢内で、旧仙台領や盛岡は少なかった。

宮古、山田などは海岸であり、海のものがたやすく手に入るから飢え死などしないはずだけれども、ここに死者が多いのは、凶作と不漁にくわえて疫病の流行がはげしかったためと考えられる。凶作はつねに地勢上一定の地域をおそうけれども、死者はかならずしも、そこに多く発生するということはなく、結局、流行病のはげしさによって死者の多少がきまる。

その流行病とは次のような種類にわけることができるという。

一　漆瘡　疥癬

二　はしか　天然痘　痢病
三　風邪ひき　悪風　時疫まざりの風邪
四　傷寒
五　ホエド傷寒　かとれのわずらい
六　熱病　疫癘　時疫

痢病とは主に赤痢だったろう。「かとれのわずらい」とは、「かとれ」はかつえ、つまり飢渇の病を言い、栄養失調の症状。傷寒は症状の記録によって見ると、腸チフス、インフルエンザ、発疹チフスなどを指す。

過去帳では、早春にほとんど一斉に爆発的に死者が集中しているので、普通の腸チフスよりも、インフルエンザあるいは発疹チフスが主だったと考えられる。このような大流行が、たがいに藩境をかため交通を制限した時代に、どうしておこったか。大飢饉のさいには、警備もゆるむので流民が藩境をこえ、熱病をひろめる役割を果したと考えられる。

山形県の記録に、天保の飢饉にさいして「ホエトの傷寒」がはやったとあり、この「ホエト」は、「ホエド」「ホイト」「布衣人」「乞食」などとも呼ばれ流民を指す言葉である。各地に餓死者の供養塔が見られ、たとえば葛巻町鳩岡の旧岩泉街道の三界万霊塔には「宝暦八戌寅歳餓死供養」とあり、他郷からの流民がここまで来てつかれはてて倒れたのを、村人があわれみと自責の念をもって建てたものと言い伝えられている（青木大輔『岩手県の飢饉』、一九六七年刊）。

三〇年ほどを周期として波のようにおそってくる凶作と、他郷から来る流民とは、今日の日本人に毎日テレビや新聞でもたらされる知識とはちがって、内臓にくいいる記憶として当時の東北地方の人びとの中にたくわえられていったであろう。長英の幼年時代の教育を復元しようと考える時にも、凶作と飢饉と流民が、漢文の素読など以上に彼の内部にくいいったことは、当然と考えられる。黒正巌や森嘉兵衛によってあきらかにされた百姓一揆研究によれば、南部領は一揆のもっとも多くおこった地帯であり、伊達領はもっとも少なくおこった地帯だということで、そこに藩政の差があると言われるが、おなじ冷害気候にさらされ、おなじ凶作にとりくむものとして東北地方の人びとはつねに風土と食糧生産のきびしい相互関係が念頭をはなれることがなかった。安藤昌益や後藤寿庵にはじまり宮沢賢治にいたる技術的構想力の展開は、東北地方出身の思想家を特長づけるもので、高野長英は、この系譜に一つの位置を占める。

高野長英誕生と留守家臣団

文化一年（一八〇四）五月五日、高野長英は水沢で生れた。父は後藤摠介実慶、五〇歳。母は美也、二四歳。長英（幼名、悦三郎）は実慶の三男である。長兄は後藤惣助実元で、その母は猪狩七左衛門の娘であった。この長兄は嘉永六年（一八五三）まで生きており、六六歳でなくなった。次兄は直之進湛斎、この人は文政六年（一八二三）に江戸でなくなった。その次が長英である。弟は慶蔵と言い、天保八年（一八三七）に江戸でなくなった。四人の子のうち、長兄の惣助実元だけが、先妻の子であり、湛斎、長英、慶蔵の三人は、後妻美也の子である。

長英たちの母美也は、美代、幾代などとも呼ばれ、後藤とおなじ留守家臣高野元端の娘である。長英は後藤の家に生れ、のちに高野の養子となったので、後藤・高野の両方の家をつつみこむ、留守家家臣の集団について書くことからはじめたい。

水沢町の景色を森口多里はこんなふうにえがく。

往還に沿うて長たらしく続く一本の道筋だけが町らしいので、所謂「ふんどし町」であった。この町筋の東裏は家並が少く、裏門から出れば稲田の向うを限る鉄道の土堤を越して東山の青い連らなりが眺望されるという町家も少くない。これとは反対に西裏の方は城内で、維新前は藩臣の家々が立ちならんでいたわけで、今でも何々小路が縦横についていて矢張りジョウネァと呼ばれている（『町の民俗』）。

城がなくなっても「城内」という呼び名がのこり、城下町としての家並に、市民が誇りをもっている。今日もなお水沢市の都市計画には、水沢家士会という旧留守家の家臣団の後裔がかなりの発言権をもっているという。

よそものの眼には、この水沢は伊達藩の一部としてうつり、制度としてはそうなのだが、水沢内部の眼をもって見れば、ここはかつての留守氏の領地である。水沢市で出している『観光水沢』（水沢市観光協会、一九七三年刊）は、全体が一七七ページのうち二〇ページ余りをさいて留守家にかかわる記事にあてているのを見ても、今では旧士族のわくをこえて水沢人共通のものとなった気位の高さが、留守という名に託されているように思える。

『観光水沢』によると、留守家は、藤原氏にはじまり、藤原道兼から数代をへて、甲州石和に住む伊沢氏となり、伊沢家景が、鎌倉幕府の平泉攻略以後この地方にのりこんで来て、幕府の代表として、葛西重生とともに奥州の統治をまかせられた。この時、留守所という役職がおかれたらしく、その職名を名のって伊沢氏は留守を苗字とするようになった。

このころから東北では、葛西、留守、南部、伊達などの豪族が代々続いてゆくのだが、かれらの勢力には消長があった。「奥州余目記録」によると、正平一年（一三四六）のころには、豪族たちが奥州探題の前にあつまる時には、伊達、葛西、南部の三人は同輩としての位置につき、その上席に扇一つだけあけて留守氏がすわったという。ところが、足利将軍の軍勢が兄尊氏と弟直義との争いになった時、留守は弟直義の側について、兄尊氏派に敗れて南部に三年もあずけられることになり、この間に伊達が大いに力をのばし、それ以後、留守は伊達より一間半下にすわるようになったという。

その後、留守氏は伊達政宗の伯父にあたる政景をむかえて当主とした。豊臣秀吉から小田原役不参加の故をもって領地を没収されてから、政景は甥の伊達政宗に、臣下としてつかえることを誓って伊達一門となる。それ以後は、伊達という苗字を用い、四〇年ほど奥州各地の領土をわたり歩いたあとに、寛永六年（一六二九）に水沢を領土とするようになる。この時あたえられたのはわずか一万石である。水沢に入ってからは苗字は伊達氏であり、血統もまた伊達から何度も養子をもらいうけることによって伊達系となっているのだが、水沢人にとっては、殿様は依然として留守であり、留守（一万石）のほうが伊達（六二万石）よりも家格が高かったということが、この家が水沢に入ってから三五〇年間忘れられることなく語りつがれている。一九七三年に水沢家士会の人びとが市内の日高神社のそばに伊達宗利（水沢城主としての初代）の銅像を建てた時にも「留守宗利」の像としたし、水沢市立図書館の発行する古文書の復刻版も『留守家旧臣名簿』と題されている。

この気位の高さは、勢望の浮き沈みにもかかわらず、数百年にわたって「留守」家家臣団の結束を保って来た力であり、現実の無力にもかかわらず、天下を批判する理想においては人後に落ちない気風を水沢人の間につくった。血筋とも関係なく、武力や富ともちがう家名というものの思想的な影響力を考えざるを得ない。当時の系図を見てゆくとしばしば行きあたることで、実際には血筋はそこで切れている場合にも、そこに血筋を文字の上で書きこむことによってあらわれる、虚構としての血筋の思想である。

「元禄十年留守家臣知行目録」（菅原一雄所蔵）を坂野勝雄が解説したところによると、元禄一〇年（一六九七）の留守家の知行は一六一三貫五八四文と書いてある。この貫高を石高に換算すると一万六千百余石ということになり、水沢転封の時の一万石よりは六千百余石だけふえた勘定になる。一時は二万石に達していたのだが、またへらされて当時はこれだけになっていた。一万六〇〇〇石の小さな世帯に、どれだけ家臣とその係累がいたかというと、

御下中惣人高

一、侍分	三百四人
一、寺社方	十一人
一、御台所衆	十五人
一、御不断衆	九十五人
一、坊主衆	六人
一、飯田御足軽	三十六人
一、福原御足軽	六十二人
一、西根御足軽	六十九人
一、御小人	三十一人
一、諸職人	二十四人
一、船方	七人

人頭七百四十八人

一、惣人高四千二拾五人

内　男　二千三百三人

女　千七百二十二人

内

一、類族百六拾五人　内四人本人

　内　男　九十三人　内三人本人同然

　　　女　七十二人　内一人本人同然

右ハ元禄十年之改也

（水沢市立図書館『留守家旧臣名簿　第3集』一九七四年刊）

「留守領千六百拾参貫五百八拾四文」のうち、家臣にあたえる給料分は、「六百四拾五貫参百拾八文」とある。家中の者は、やとわれ人を含めて六六〇人であるから、その人数で給料総額をわると、一人あたり一貫弱ということになる。石高にして、一〇石弱というところである。一貫をもらっている侍は、留守の家中では平均というところらしい。

高野家と後藤家

この家中の給料一覧表の中で、高野長英の生家の祖先にあたる後藤惣助は、「参貫六百四拾八文」をもらっており、平均よりだいぶ多い。ただし、この留守家臣団では、元禄一〇年（一六九七）においては最高の知行とりが一四貫一〇七文の花淵善兵衛であり、次席が一一貫九三四文の八幡正左衛門であるから、それほどの高給とりのいない均分した家中だと言える。

やがて長英がつぐことになる高野家の先祖はこの一覧表の中で、「一、五百五拾参文　高野助五郎」とあり、平均の半分である。ただし、この目録につけられた註によると、高野家は先代まで一〇石とっていたのだが、その先代が留守村任について江戸にのぼり、高野佐渡守以来の血統がここで絶えたので、血統のないものが家をついだ時には減禄されるという規則によって、それまでの俸禄の半分の五石五斗三升（五五三文）とされたのだという。したがって、高野家は、本来は留守家中の平均の給料とりの身分と考えられる。坂本与市左衛門の弟で高野家のあとつぎとなったこの高野助五郎は、五石どりの身分ながら、能吏として認められていたらしく、藩財政をきりもりする出入役となった。

足軽のほうには、「福原御足軽」という組があり、総勢六二人、この人びとはかつて、後藤寿庵の福原館につかえた武士たちの子孫ではなかろうか。この中で、小頭の岩淵太右衛門は七一一文、おなじく小頭の五嶋利兵衛は五八五文で、高野助五郎よりよい給料をとっている。役なしの足軽では、市内という人が年輩で家族もちなのが五一〇文で、高野助五郎とおなじ。その次くらいから給料がさがって、与右衛門が四九一文、五郎作が四八八文というふうにつづき、末席の武右衛門が三〇〇文とあるから、このくらいが最低賃金ということになろう。それでも三〇〇文だから、高野助五郎とそれほどの開きはない。

やはりこの家中は、気位高く、格式をやかましく言うものの、かなりのところ平等なあつかいを貫かざるを得ないほどに、わかちあう財源そのものが乏しかったと見られる。このことは、高野長英が幕府の御尋者（おたずねもの）になってからも、すでに長英は家中からぬけているものなので、彼についてはただ忘れるということとし、長英と血縁上のつながりのある人びと、除籍前に家系上のつながりのある人びとをも、登用するという処置にあらわれている。

慶応三年（一八六七）の「水沢御家中御知行高帳」によると、長英の生家の当主後藤小三郎は三貫六四八文をもらって健在であり、長英がかつて養子となった高野家の当主高野玄斎は依然として「高五百五拾三文」の固定給であるけれども、「御扶持方壱人分、切米金半切、此直高五百弐拾壱文」と書きそえられている。

留守家中の知行の高が江戸時代の最後の年にいたるまで、貫とか文とかで記されていることは奇妙に感じられるかもしれない。飯沼二郎の『石高制の研究』（ミネルヴァ書房、一九七四年刊）によると、封建時代の武士の身分の格式を日本全国一律に定めてゆく基準は、石高制度にあり、各個人の外面的行動をきめるだけでなく、その行動の意志決定をする各個人の内面にまで入ってくる思想的影響力となる。この石高は、豊臣秀吉の検地によって全国にひろめられるのだが、それは一挙に秀吉の指示のとおりになったのではなく、日本の諸地方ですでに成立していた方式を秀吉が太閤となってから全国に命じたものである。石高制よりも古い単位に貫高制というものがあり、これは一定面積の作物への課税を貨幣によって指示したものである。

東北地方では、田地を計るのに刈高制が一般におこなわれていたので、一足とびにそれを石高にかえるのは困難で、ひとまず貫高でもって奥羽全域を統一しようと考えたためであろうという。

東北地方では、会津、米沢地方では天正、文禄年間に、津軽では文禄一年（一五九二）に、磐城では文禄四年に、秋田では慶長はじめに、南部では慶長元和のころに、石高制になった。しかし伊達領においては、明治にいたるまで貫高制をつづけた。日本全国で伊達領は例外として残ったことになる。

貫高制にしろ石高制にしろ、給料が家の当主に対して定められているという制度の影響は、武士たちの社会的性格をつくった。中村吉治は『武家の歴史』（岩波新書）で、土地所有者であった武家が禄米取になった時、すでに武家の本質はやぶれており、そのことが武家がたいした抵抗もせずに明治一〇年代で消えたことを説明すると言っている。

高野長英は、貫高制に規定された水沢領内の武士の暮らしから離れて、やがては貫高制とか石高制を全体として見すえる境涯に自分をおくようになる。ここで、もとのところにもどって長英の家について書くのは重苦しいが、成人後の長英にとって、重んずべきものと考えられなかった家筋が、誕生から一五歳で郷里をはなれるまで、おさない長英の内面にまで入ってきて、彼の初期の思想をつくっていたものと思える。

長英誕生地に諸説あり

今、水沢の駅で売っている「一関市・水沢市」の地図（塔文社発行）で見ると、高野長英生誕地というのと、高野長英生家というのが、二つこの町の名所旧蹟として残っている。生誕地のほうは吉小路にあり、生家のほうは大畑小路にある。高野長運著『高野長英伝』（岩波書店、一九七二年刊）によると、誕生の場所にはいくつかの異説があって、たやすく確定できない。吉小路にあったのは、後藤摠介実慶の家である。しかし、そのころのならわしとして、長英の母は実家で子を生んだという言い伝えもある。母の実家は高野玄斎氏信の家であり、大畑小路にあったという。

その後、長英研究家伊藤鉄夫は、天保四年（一八三三）写の「惣家中御知行高並屋敷帳」と年月不詳（おそらく文化・文政のころのもの）の「惣御家中丁并名元控」によって、後藤惣助の家は吉小路にあることをたしかめた。したがって、もし長英が後藤の家で生れたなら、吉小路が誕生の地であり、生家であると言える。長英生誕のころを含む文化・文政（一八〇四〜一九）のころの作と見られる「惣御家

中丁并名元控」には、水沢町内に高野の屋敷がなく、したがって、もし長英が母美也の実家高野家で生れていたとすれば、水沢の外のどこか、おそらくは仙台と見られるという。「惣家中御知行高並屋敷帳」には高野玄斎の家として大畑小路の家が明記されているが、いつからここに住んだかは明らかでない（伊藤鉄夫「長英誕生地の問題」高野長英顕彰会報No0、一九七三年一〇月三一日発行）。

貞享五年（一六八八）作という、広間いっぱいにひろがる大きな絵図を吉小路の斎藤実記念館で見せてもらったが、留守家の城を中心として、吉小路、新小路、日高小路、田小路、大畑小路、虚空蔵小路、表小路、川原小路など家臣の家のある町並ができている。中心を占める留守家の城は、平城であり、今は市役所と県合同庁舎になって何も残っていない。写真も残っていないということだったが、貞享五年作の絵図で見ると、六〇〇坪（一九八〇平方メートル）ほどの大きさで、平城ながら、まわりに濠をめぐらし、一之屋敷、二之屋敷、三之屋敷、南之屋敷の四つの独立した部分の組み合せで、結構はととのっている。六〇〇坪という大きさは大名の邸として大きいとは言えないが、小姓として留守家に仕えたことのある斎藤実は次のように思い出を語ったそうだ。「水沢城にはお座敷の間が大小三十三あって、その各部屋の床の間の掛軸を、月の初めに掛け換えるのが私の任務であった。一口に三十三といっても、前のをおろしたり新らしいものを吊したりの仕事は、子供にはほとんどまる一日を要する仕事で、掛軸だってかなり重かった事が、忘れられないなァ」（『観光水沢』）

この城は、臥牛城と呼ばれ、その名の由来はよくわからない。牛の寝た形に似たところがあったのかもしれず、町一体より三〇メートルほどもりあがっていたものかも知れぬという。

この城、というよりは屋形をとりまく六六〇人の家臣団は、寛永六年（一六二九）以来この小さい区劃に住み続けてきたのだし、おたがいの間に結婚と養子縁組がさかんにおこなわれたことから見て、ほとんどがたがいに知りあいだったと思われる。領主から俸禄をもらうというタテの関係のほかに、たがいに見知っているもの同士の間にはたらく無意識のおたがいに対する強制力は、城内に住むものにとっての倫理的規範だったであろう。

後藤家の系図

長英の生れた後藤摠介の家は、三〇石どり（三貫文）で、家士としては中級の上位に属する。長英の幼いころについての記録は残っていないので、森口多里の『岩手』(第一法規出版社、一九七一年刊）や『町の民俗』などから推し量ると、中級の武士の三男として質素な日常の暮らしをしていたと思われる。食べ物は、白米ではなく、大根カテに粟などをヒエと米にまぜたカテ飯を主に食べていたことだろう。大根カテとは、大根を薄くきって、うでてから水に漬けておいたもので、したがって大根くさくはないという。カテ飯の他には、大根、なす、きゅうりのつけもの、大根やササゲなどをいれた味噌汁くらいだっただろう。鰯なども、時としてあったかもしれない。江戸に出てから、あんまをしたりして苦労する時に、食物など気にならなかったのも、幼いころの粗食のせいだったとも言える。

留守の家中は、教育に熱心だった。そのころは後藤悦三郎と名のっていた長英は、母方の祖父高野元端と坂野長安から漢籍をならった。

文化九年（一八一二）の九月一五日、父親である後藤摠介実慶が五八歳で死んだ。長英はこの時八歳である。あくる年の文化一〇年、九歳の時、長英はその母美也の兄高野玄斎氏信の養子となった。

文化一一年、一〇歳の長英は、隠居した祖父高野元端につれられて、東山興田（水沢から二五キロほどはなれた大東町）に行き、祖父のひらいた塾で勉強するとともに、村の子どもに祖父の代りに漢籍を教えたりした。あくる年には、この塾の分校で、ひとりだちした少年教師としてこどもを教えたそうである。祖父とともに暮らしているこのころに、長英は、高野家の家筋について、祖父から聞くところがあっただろう。

長英の生れた後藤の家は、系図の上では藤原氏から出たことになっているけれども、長英の実父の代に本気でそう信じていたかどうかはわからない。しかし、千年あまりも代々この島国で暮らすあいだに、どこかで藤原氏と後藤家と血のつながりが生じていないとは言いきれないし、したがって、長英に藤原氏との血縁がないとは言えない。

後藤家の系図は次のごとくである。

藤原鎌足……後藤九郎七郎（九右衛門）実敬――摠介実慶――┬勇吉（惣助）実元

├湛斎
├長英
└慶蔵

高野家の系図

高野家の場合は、上杉謙信につかえて軍功のあった高野佐渡守勝氏から出ており、永禄五年（一五六二）四月二日付で高野佐渡守にあたえられた輝虎（謙信）の印のある賞状がのこっている。高野佐渡守は後に上杉景勝について奥州に移り、その後伊達政宗とのたたかいにやぶれて、政宗の臣下、留守（伊達）政景にあずけられ、やがて留守家の客分となったという。

高野家の系図は次の如くである。

高野佐渡守勝氏―九兵衛（四郎左衛門）氏信―九兵衛氏常―又蔵（四郎右衛門）氏清
└助五郎（清左衛門）氏昌―文五郎（清左衛門）氏伸―★

★―元端氏安（玄端・氏安）┬玄斎
├良（船越源五の妻）
└園（女、早世）

美也（後藤摠介の妻、長英の母）
種惇（前沢の茂木与四郎の嗣子。茂木左馬之助）
古濃（牡鹿の遠藤養民の妻）

四代の高野又蔵氏清は留守家の四代目村任について江戸に移り、留守の家中から離れたので、高野家五代の高野助五郎氏昌は、坂本与市左衛門の弟をもらいうけた人であって、高野佐渡守からの血筋をつぐものではない。もともと、今日の眼をもってすれば母系をいっさい考えにいれず、ただ名目上の長男から長男へと伝わる系図というものは体質学的にも、性格学的にも根拠の薄いものだが、この系図は家に関する一種の教育用具として、高野家の養子となった長英に対しても用いられたであろう。留守家臣団は、その全体が縁戚関係によって結ばれた一つの集団と言ってよい。その内部での自分の位置を、長英は習いおぼえたであろう。

長英の母方の伯父であり、今は養父である高野玄斎は、少年時代の長英に影響をもったと思われる。玄斎は、「家中一覧」においては、武士である。しかし、みずから望んで江戸に留学し、杉田玄白に蘭方を学び、水沢に帰ってからは、武士として主君に仕えるかたわら、医者としても活動した。ただし、留守家の典医として高野家がみとめられるのは、伊藤鉄夫の調査によれば、慶応年間（一八六五〜六八）に高野長閑の代になってからのことだという。このことから推しはかると、玄斎の遊学は家中の命をうけたものというよりも、みずからの向学心によるものと考えられる。玄斎は水沢に帰ったあとも師の杉田玄白と文通し、その手紙は今も高野家に残っている。

実兄湛斎とともに江戸へ

長英もまた、養父とおなじくオランダ医学を勉強したいという望みをもったであろう。ある時、彼は実兄後藤湛斎が江戸に勉強に行くという話をきいた。長英はこのころ卿斎と称していたが、湛斎・卿斎の実の兄弟があいたずさえて江戸に遊学することを望んだであろう。しかし、それは、養家の希望するところでないということも、彼は知っていた。

ちょうどその時、養父玄斎が入っていた無尽の開講があって、玄斎のかわりに長英が出かけた。くじをひく段になると、長英に親くじがあたって、一五両という大金を彼は手にすることになった。彼は大金をもったまま家に帰らず、かつて漢籍を教えてくれた坂野長安を訪うて、この金を旅費として江戸に行くという計画をうちあけた。坂野のところで足をとめられている間に、長英の帰りのおそいのを養父はあやしんでその居所をさがし、江戸留学を許した。

こうして、長英は、実兄湛斎とともに江戸にむかう。この時、養家には養父・養母の実子千越がいて、当時一四歳だったこの少女は、一六歳の長英と約婚の間柄にあった。長英が養子となった時から養父母のきめたことであろう。

文政三年（一八二〇）の春、水沢を離れる時、長英は、自分の志す蘭学が、やがて自分を家筋と石高の思想からときはなち、水沢の留守家中とその一部としての高野家と千越からひき離すであろうということに考え及ばなかったであろう。母美也は、この年、四〇歳。彼を膝下において高野家の家筋について教えた祖父高野元端は、前年（文政二年一月一〇日）、七八歳でなくなっていた。

三　蘭学社中　1820-25

大都会江戸でのとまどい

文政三年（一八二〇）の初夏、長英は、江戸についた。同行は、長英の実兄後藤湛斎、遠藤養林（玄亮。長英の母の妹の子）の二人である。

三人はまず、日本橋堀留町にある、水沢出身の薬屋、神崎屋源造のところに泊った。しかし、江戸についてみると、水沢や一ノ関出身の下級武士などは田舎者あつかいで、彼らのうちの年かさである後藤湛斎のたずさえてきた何通もの紹介状など一通も役にたたなかった。長英たちはここで、出会う人すべてが顔みしりであった故郷の城下町とはちがう、大都会に入ったことを思いしらされる。

後藤湛斎は、漢方医としての修業のため、水沢出身のものの手づるで、浅草材木町の川村右仲のところに住みこみの門人となった。

高野長英と遠藤養林とは、一ノ関出身の蘭方医戸田建策のところに身をよせ、とりあえず一ヵ月分の食費をわたした。

しかし長英は、ながく居つづける気はなく、そう養林と話したりしているうちに、少年同士の話しは戸田建策の耳に入り、養父ゆかりの杉田家に行くようにと言われた。

よんどころなく、長英は杉田家をたずねたが、養父玄斎の師であった杉田玄白は三年前に八四歳でなくなっており、あとは養子の杉田伯元がついでいた。この杉田伯元は、一ノ関の田村侯の侍医建部清庵の第五子として生れ、玄白の長女扇と結婚した。伯元の養父と自分の養父とは親しく手紙をかわした師弟の仲であり、くわえて伯元自身は自分と故郷が近いという理由で、杉田伯元があたたかく迎えてくれるだろうというのが、長英の心づもりであった。伯元にむかって長英は、こまかく、困窮の事情をうったえた。

杉田先生も、戸田建策とおなじく、大いに迷惑だという顔をして、ここに通ってきて勉強することはいいけれども、住みこませるわけにはゆかぬという。長英が二度まで、事情を説明したけれども、わかってはくれなかった。

仕方なく、長英はふりだしにもどって、神崎屋に泊まることにしたが、体面もあって、神崎屋には杉田家で朝晩食べているように言い、杉田先生には神崎屋で食べているように言いつくろって、実は、外で飯をたべていた。その外食の費用をつくるのに、かつて祖父高野元端が生きていたころ、東山でもみ治療のやりかたをおそわっていたのが役にたった。

ひと晩によく励むと四人くらいはお客がとれ、一人五〇文として二〇〇文ばかりかせげる。長英は、江戸についたそうそうから二貫二、三〇〇文かせいでいて、この代金をもって茶屋に行き、わずかずつ飲食をしている。

たくましい生き方と言えるが、しかし、一六歳の少年としては心細くもあったであろう。こまごまと江戸到着以来のことを叔父茂木左馬之助（母の実弟。茂木家に養子として入った）にしらせている。

そのころは、一〇〇文で米五升を買うことができたそうだから、ひと晩に二〇〇文というのは、ひとり者が十分に生きてゆけるだけのかせぎと言える。武士である父の俸給の一部をさいて仕送りしてもらうのでなく、そういう身分と無関係にひとりのあんまとして大都会で自分の暮らしを支えたという自信が、その後の長英の生涯にあたえた影響は大きい。

蘭学の開拓と発達

江戸時代の蘭学は、幕府の命令をうけて国外情報の整理にあたった新井白石、青木昆陽、おなじく幕府の命令によって直接にオランダ人との交渉にあたった長崎通詞吉雄耕牛（幸左衛門）、その子吉雄権之助（六次郎）、馬場佐十郎（千之助）、志筑忠雄（中野柳圃）、蘭癖をもつ大名諸侯にゆるされて研究をつづけた将軍侍医桂川甫周、藩医杉田玄白、建部清庵、大槻玄沢、宇田川玄随、青地林宗などの開拓したもので、幕藩体制に寄生するという形で発達してきた。

平賀源内のように物産会をひらくという形で町人の好奇心をとらえる活動、司馬江漢のようにヨーロッパの絵画技術をとりいれて物をえがくことをとおして唯物的な世界観を説くもの、山片蟠桃のように大阪の商人としてのみずからの経験にもとづき合理主義の立場から神代史批判をくりひろげたものはあったが、蘭学者のおおかたは大名諸侯に保護される武士の学問だった。

沼田次郎の『幕末洋学史』(刀江書院、一九五一年刊)によれば、当時の町人の間には商業高利貸資本の活動はあっても、産業資本への転化はいまだ見られず、鎖国によって海外貿易への投資もさえぎられていたので、蘭学の知識と技術に対する産業上からの必要はまだなかった。「端的にいえば、わが国封建社会の生産様式及び階級としての町人の存在の程度は、このような意味での洋学の存在をいまだ必要としていなかった。従ってこのような基盤に立つ洋学的関心は一個の学問たり得るまでに成長せず、却って支配者的基盤に立つ洋学が成立したと言える」

しかし、洋学が、支配者的基盤に立つという性格を江戸時代の終りまでついにぬぐいさり得なかったとしても、七代および八代将軍の許しを得て新井白石、青木昆陽たちが蘭学への道をひらいた当時にくらべ、また杉田玄白・前野良沢たちが諸侯の保護を得て蘭学の技術の習得をつみかさねた時代にくらべて、杉田・前野の孫弟子にあたる高野長英たちの活動する時代においては、蘭学は、すくなくとも俸給とりとしての武士の教養では包みきれない傾向をもちはじめる。そのきざしは、長英個人の生涯においては、江戸に出てから、よんどころなくはじめた、あんまもみ療治の苦学生生活にはじまる。

杉田玄白と大槻玄沢

長英につめたくしたからといって、かならずしも杉田伯元がつまらぬ人物であったということはないだろう。

杉田伯元の実父建部清庵は、一ノ関の田村侯の侍医であり、漢方医ながらオランダ医学に関心をもち、門人衣関甫軒（きぬどめほけん）をとおして、『解体新書』翻訳にとりかかる以前の、ほとんど無名にひとしい杉田玄白と知りあった。両者の親交は深まり、やがて建部清庵は、門下生大槻元節（玄白の一字をとって、のちに大槻玄沢と名のる）と第五子勤を杉田門に送った。建部勤はやがて請われて杉田玄白の養子となり、杉田伯元と名のる。

彼は、文化四年（一八〇七）に玄白が隠居したあとに家督をつぎ、酒井家の奥医師となった。文化六年、伯元は自分の蔵書のうちから世界地図作製の資料として、蘭書二冊を幕府にさしだした。これにたいして幕府は白銀二〇枚の賞賜金をあたえた。伯元はこの賞賜金を、養父の喜寿を祝うために、その晩年の著書『形影夜話』の刊行資金とした。伯元のおかげで、この著書はあくる年に出版され今日につたわり、その巻頭におかれた石川大浪の肖像画によって私たちは杉田玄白晩年の似姿を見ることができる（片桐一男『杉田玄白』吉川弘文館、一九七一年刊）。

杉田玄白（一七三三〜一八一七）は、明和八年（一七七一）にヨハン・アダム・クルムス著『ターヘル＝アナトミア』（解剖学書）を手にいれ、おなじ年の三月四日、千住小塚原の刑場で死体の腑（ふ）分（わけ）を見て、それがオランダ本の図と同じであることに驚き、翻訳の決意をする。会読は前野良沢を中心とし、中川淳庵、杉田玄白の三人ではじめられ、やがて桂川甫周その他もくわわって、「社中」をつくるにいたった。社中で誰言うとなく「蘭学」という言葉が使われ、この呼び方が世間にひろまった。

安永三年（一七七四）に『ターヘル＝アナトミア』の日本語訳を『解体新書』と題して出版し、社中の桂川甫周の父甫三（ほさん）をとおして将軍家に献上、さらに従弟吉村辰碩をとおして関白九条家および近衛准后内前・広橋家にそれぞれ一部を献上した。

『ターヘル＝アナトミア』の会読は、官命によらざる、一種自発的な研究サークルだった。その刊行後、おそらくは天明七年（一七八七）一月二〇日をはじめとして玄白は、「病論会」というあつまりに出かけて、流派をこえた医者たちの知識の交換につとめている。会場にはしばしば杉田玄白自身の家があてられた。「病論会」は、民間の学術研究会と言ってよいが、そういう研究を情緒的にささえる、蘭学者のたのしみの会もあった。

杉田玄白の家塾は天真楼塾と呼ばれるが、これとならんで大槻玄沢の芝蘭堂塾もまた蘭学者の会合のセンターとしてにぎわった。寛政六年閏一一月一一日（陽暦一七九五年一月一日）、大槻玄沢は社中の蘭学者を家塾にまねいて、「おらんだ正月」の宴会をもよおした。その様子は「芝蘭堂新元会図」と呼ばれ、今も早稲田大学図書館に残っている。

集まるもの二九人、大机を三つつづけてならべて、そのまわりに、これは日本式に座っている。机の上には食物がおかれ、箸はなく、小皿とスプーン（散蓮華）、ワイングラスとフォークとナイフがある。中央の壁には医聖ヒポクラテスらしい肖像画があって、会衆一同を見わたしている。大槻如電編『玄水存響』によれば、正面に扇面をひらいて文字を書く人は、ロシアがえりの漂流者大黒屋光太夫であるという。

創始者大槻玄沢は、この正月の宴をオランダ人がひらくのを長崎で見たらしく、それに似たものを江戸の蘭学者たちだけでひらこうとしたものである。それは微弱ながらも、鎖国社会内部における小さな開国であり、自分の生れついた国ではない別の国の人びとの眼で自分の国を見ようという気分があった。そこにはおのずからオランダ人の新年宴会とはちがう新しい趣向も必要となった。

この新年会は、大槻玄沢の長子玄幹がなくなる天保八年（一八三七）までに四四回ひらかれた。大槻玄幹の死後しばらくひらかれなかったが、明治六年（一八七三）に、太陽暦の採用を記念して玄沢の次子大槻磐渓がこれを三六年ぶりでひらいたという。

新元会創立のころになると、蘭学社中の元締は大槻玄沢であり、杉田玄白はその後見人というところらしい。寛政十年十一月二六日（陽暦一七九九年一月一日）付の「蘭学者相撲番付」（早稲田大学図書館所蔵）によると、これは芝蘭堂の新元会の余興としてつくられたものだそうだが、現役の蘭学者として東の大関（つまり首位）に見たてられているのは宇田川玄真（榛斎）であり、西の大関は石井庄助、前頭筆頭のところに杉田伯元がくる。「蒙御余沢」という年寄のところに前野良沢、杉田玄白、大槻玄沢、桂川甫周の名が見える。オランダ語を読み、オランダ医術を施すことでは、先人のきりひらいた道を進む若い人びとのほうがはるかに上であることは、この蘭学者仲間にはわかっていたのであろう。こういう芝居見立てをまわして社中の人びとが笑いあえるというところに、蘭学者仲間がこの時代にさえすでに達成していた対等性をうかがうことができる。それは、すでに紳士として認められたものたち相互の対等性に過ぎなかったと言えるのだが。

杉田玄白は、オランダ語の実力については、衆目の一致するところ、決して社中の上位を占めるものではないとしても、学究肌の前野良沢とちがって、親方の親方としての位置を保っていた。

玄白の養子・伯元

杉田玄白の弟子は、文化二年（一八〇五）筆の『玉味噌』と題する著作によると、一〇四人をかぞえ、三八ヵ国にわたっている。その内訳は、次のようになる。

東海道（伊勢、尾張、三河、遠江、甲斐、相模、上総、常陸、武蔵、安房）二六人。
東山道（美濃、信濃、上野、下野、陸奥、出羽）二五人。
北陸道（若狭、越前、越後、加賀、佐渡）一八人。
山陰道（丹波、丹後、石見）六人。
山陽道（美作、備前、備後）六人。
南海道（紀伊、阿波、讃岐、伊予）一〇人。
西海道（豊前、豊後、肥前、肥後、日向）一二人。
畿　内（山城）一人。

長英の養父高野玄斎は、この一〇四人のうちの一人で、東山道から来た二五人の中に数えられていたであろう。玄斎は水沢に帰ったあとにも杉田玄白と文通をしており、玄斎が水沢付近から出た硯を送ったことへの、玄白からの御礼の手紙が残っている。玄白七四歳の時に書かれたもので、その中に、養子伯元と実子立卿のことなどもあり、これらを読みきかされたことのある年少の長英が杉田伯元からもてなしを期待したことも当然と思われる。

しかし、石高制の社会においては、杉田玄白は、はじめは三五人扶持、のちには二二〇石どりの酒井藩藩医であり、長英の養父高野玄斎は当時留守家の典医でさえなく五石どりの下級武士である。この格式のちがいを理解し、これを受けいれない方向へむかって長英は歩いてゆくことになる。おなじ蘭学社中にあっても、杉田伯元と高野長英とは、むかっている方向がちがっていた。

その同時代にとって、杉田伯元は、相当の成功者であった。森銑三「杉田伯元遺聞」(森銑三著作集第五巻、中央公論社、一九七三年刊)によると、伯元の名前は、南海の孤島八丈島にまで名医としてきこえていたという。

杉田伯元には『観源為朝遺器本末紀事』という半紙八葉から成る小著があり、源為朝の子孫にあたる僧侶の病気をなおしたことが書かれている。これによると、文化一三年(一八一六)、養父玄白の死の前年にあたり長英入門の四年前にあたるのだが、八丈島宗福寺の住職契誉というものが、先生の雷名をきいて島を脱けて江戸に来たと言って、診断を求めた。下半身がうんでおり、ところどころ穴があって、この三年ほど安らかに眠ったことがないという。伯元は、他に専門医も江戸には

たくさんいることだからとことわったが、

病和尚可(か)ならずとして曰く、貧道(わたし)島に在るや大名(たいめい)耳に轟(とどろ)く。望霓(ぼうげい)の情以て已(や)むべからず。直ちに今春を以て島を発せんと欲して風の便ならざるに会ひ、遷延(せんえん)して以て今に至る。今既に相覿(あいみ)ることを得たり。豈棄(あにす)てらるべけんや。縦(たと)ひ名碩(めいせき)ありとも亦他を願わざるなり。他にして以て死に至らば、則ち恨(うらみ)何如とか為る。均(ひと)しくこれ死せばなり。願わくば先生の手に死せん。出島の日、此の心已に誓えり矣と。

伯元は患者の体を動かしてはいけないと思い、浜町にある自分の家から川向うの六間堀まで毎日かよって一二、三日治療するうちに腫れはひき、和尚は彼を再生の恩人として感謝した。契誉は、七〇〇年前に八丈島に流されそこで討たれて死んだ源為朝の子孫であり、寛政年間に為朝の墓が田をつくるために別のところに移された時に、石の箱から出て来た家宝のいくつかを今もここにたずさえてもっていると言って、鏡三面、笄(こうがい)一股、硯一泓、碟一枚を出してきた。伯元はこれらをかりて家に帰り、養父玄白その他の家人や親戚に見せ、藩主、世子、同僚に見せて、その賞歎を得た、という。

この文章によって見ると、杉田伯元は、君主に忠実、親に孝行であるばかりでなく、患者にたいしても誠意をもち、治療の術にもたけていたと推定される。

伯元の塾を退き、吉田長叔に入門

杉田伯元は、高野長英を好まなかった。長英は、戸田建策に怒られ、杉田伯元につめたくあしらわれた。しかし兄湛斎の住みこんだ漢方医川村右仲からは好かれた。少年長英の、叔父茂木左馬之助あての手紙によると、「誠に此先生は博学多才の英雄人」ということになり、大いに川村を敬愛したようであるが、漢方医ではなく蘭方医について西洋医術を学びたいという志をまげることはしなかった。

朝飯、晩飯を茶屋で食べる、外食のことひとつとっても長英には苦労が多かった。そんなことを兄に相談したところ、川村右仲は、自分の家に泊ったらどうかと言う。漢方医の川村のところから、蘭方の杉田塾に通うのは変なものだったが、何度も言われて、その親切を受けることにした。その親切にむくいるために、川村先生のところで用事がある時には、杉田塾への通学を見あわせて、川村家で手伝うことにした。

長英は、「実に世の中には、鬼は無之物(これなきもの)に候　古人之語も有之候通(これありそうろうとおり)」と叔父あての手紙の結びに書いている。

長英の身をよせた川村右仲は、当時儒者として知られた亀田鵬斎、太田錦城と親しく、その故か、長英は鵬斎筆の「拡充居」という書をもらっている。これを自分の号として自分の部屋にかけて日夜ながめていたそうである。もうひとりの太田錦城は、長英に吉田長叔をすすめた人として重要である。太田は、吉田と同じく加賀の前田侯につかえていた。

文政四年（一八二一）、長英は杉田伯元の塾を退き、吉田長叔に入門した。
吉田長叔は、幕府の先手同心馬場兵右衛門の第三子で、叔父のあとを嗣いで吉田姓を名のった。幕府の医官土岐長元について漢方を学び、のちに同じく幕府の医官で蘭方医桂川甫周について蘭学を学んだ。

富士川游の『日本医学史綱要』（平凡社、一九七四年、初版一九三三年）によると、ヨーロッパの医学が日本に入ってから二〇〇年の間、外科のほうだけがおこなわれて、内科は伝わらなかった。寛政五年（一七九三）になって、ヨハンネス・デ・ゴルテルの原著『簡易治療術』（一七四四年発行）を津山藩の漢方医宇田川玄随（槐園）が翻訳して『西説内科選要』と題して出版した。槐園没後その養子となった宇田川玄真（榛斎）は、養父の本を校訂補註して『増補重訂内科選要』として出版し、この本は世間にひろまった。

桂川甫周のもとで蘭学を学んだ吉田長叔は、『西説内科選要』を読んで、これを実地に応用しようとし、原書とてらしあわせて数年の臨床経験をつみ、蘭方の内科医として江戸中橋上槙町に開業した。「我が邦に和蘭内治の専門家あること、これに始まる」（富士川游『日本医学史綱要』）。そのやりかたが漢方とちがっているので、悪い評判もたったけれども、長叔はそれにとりあわず、みずからの臨床経験にもとづいて『泰西熱病論』七巻、『泰西熱病論後編』五巻、『内科解還』一五巻、『蘭訳鏡原』五〇巻をつぎつぎに著わした。

加賀の前田侯は、文化七年（一八一〇）吉田長叔をまねいて医官にした。もともとは、前田侯の病気をなおしたことが、機縁となったものだが、医者としてだけでなく、その蘭学者として研究を助ける意図が前田侯にあった。長叔は、俸給二〇人扶持の他に、翻訳の資金として年に二〇両あたえられた。長叔の大部の著書刊行は、前田侯の援助によるところが大きい。

その性格は、おおらかで、他人との間に垣をもうけることなく、その人と交わるや一見たちまち旧知のごとくであったという。話が蘭学に及ぶと、だれが相手であっても知恵の出しおしみをすることなく対等に議論し、貴賤長幼を問うことがなかった。疑いをさしはさむものがあると、相手の意見を十分にきいて自分の意見と比較し、どちらがあたっているかを考えたという。こうした性格であったればこそ、杉田伯元に好まれなかった積極性のある年少の高野長英に注目したのだろう。長英入門の年、吉田長叔は四二歳だった。

長英は、この師に重んじられ、入門から一年後の文政五年（一八二二）に、吉田長叔の名の一字をとって、長英と改名するように言われた。文政五年五月一九日付の養父あての手紙は高野卿斎ではなく高野長英と署名されている。

一　此度　先生より改名被申付　長英と申　改　候　被為聞御悦被下置度　奉　存　候

長英は、この時一八歳だった。

兄・後藤湛斎の気性

長英の兄、後藤湛斎は、独立心のつよい人だった。かつて長英に漢籍を教えたことのある坂野長安が、湛斎をあととりにしたいという話がもちあがった時、坂野は湛斎の生母美也に一人半扶持をあたえることを申しでた。ところが、湛斎は、そういう条件は、この話を仲介した人が坂野にもちこんだのではないかと推理して、この話をうけるべきかどうかについて悩んでいる。彼は、母のことは気になるし、母のためを坂野が思ってくれることは有難いのだが、こういう条件をのむと、その後の家庭がうまくゆかないのではないかと警戒してもいる。文政五年三月ころのことである。

そのころ兄湛斎が、長英の養父高野玄斎にあてた手紙によると、右仲先生の代診として本所のあたりをまわった折に、小梅代地と呼ばれるところで、水沢から来た仕立師八十七に呼びとめられた。彼は四人家族で、仮住い、暮らしは苦しそうである。そこで八十七の一二歳になる息子を、右仲先生にお願いして、学僕としておいてもらおうと思っているのだが、あいにく疥癬をわずらっているので、その治療をしてから話すつもりである。父の八十七が、どういうわけで家中で故郷をたちのいたのかをしらせてほしい、と問い合せている。

湛斎の漢方医としての修業期間も終りに近づいたので、来春は水沢に帰るつもりだから、母（高野玄斎の実妹にあたる）に、心配しないようにつたえてくれとも書いている。

二ヵ月あとの五月一九日に、同じく高野玄斎にあてた後藤湛斎の書いた手紙には、すでに坂野湛斎と署名してあり、縁談のととのったことを示している。この手紙で湛斎は、異母兄後藤勇吉が自分の縁談のことで不快の念をもつかもしれないと心配し、そういうことがあると、いつまでも母美也（自分と長英、慶蔵の母）の「鬱憤が晴れかねる病根となる」と推察している。父の死後、家は長子勇吉がついでいるが、その後、勇吉一家とその継母にあたる美也とは折りあわず、美也は後藤家をはなれて自分の兄の家に身を寄せていた。湛斎の手紙から推定すると、両者の不和は深刻なものであった。

おなじ日付で高野長英から高野玄斎に書かれた手紙によると、

> 一　後藤兄方え其時々は手面遣候得共（やりそうらえども）　返答も無之定而（さだめて）何か心悪敷（あしく）　思居（おもいおり）候事有之候哉（や）　前悪は兎（と）に角（かく）　兄弟の道は天地の所知なり　不和は不然事と被存候得共　今又　此方より敢て身を誤て和睦を希訳（ねがうわけ）は無之　只和順は末々宜敷（よろしき）かと被存候故に御座候　此度　坂野家え兄熟縁之儀に附ては手面可遣は是大礼之事にて　私の事は無之に一向無其儀　甚以不訳りの致方に被存候得共　先以　此方よりは此度手面遣候間　可然候はゝ封筆被下置候て御遣し被下置度奉存候

兄の養子縁組をよろこび、自分の改名をしらせたあとですぐさま実兄への怒りをぶちまけている。よほど実兄と母美也とは険悪な関係にあったと思われる。このあとすぐ続けて、母と弟慶蔵がかわりないこと「大慶仕（つかまつり）候」と書いているのだから、勇吉一家対美也・湛斎・長英・慶蔵という二つのグループが、はっきり敵対していたのであろう。

こうした不和は、湛斎が重病になった時にも郷里に助けを求めなかった原因であり、あきらかに彼の死期を早めており、その記憶はまた、その後の長英の無意識の部分にくいこむほどの武士社会ぎらいの原因となり、長英を渡辺崋山たち尚歯会グループでただ一人のきわだった存在としてゆく。

湛斎の病と死

湛斎（今は坂野湛斎）は、川村右仲から独立して、開業した。その直後に病気になったが、形の上で養子縁組をすませた坂野家に迷惑をかけることは湛斎の気性としてしたくないことであり、母をないがしろにしている兄後藤勇吉から助けをうけたいとは思わず、結局、自分の病気を母にさえ秘しかくして、実弟の長英ひとりに頼る他はなかった。

ただ、母の実弟にあたる茂木左馬之助あてに書かれた、文政六年（一八二三）五月一一日付の長英の無心状が残っている。

＊

湛斎は、江戸から水沢まで駕籠にのって長い道中をゆられてゆくことに到底たえられない。水沢に帰っても、後藤の実父、実母がそろっていれば、安心して療養することもできようけれども、母だけが残され、それも実家の世話になって暮らしているような次第だから、江戸で薬をのんで病を養うことにしている。母に会わせることなく死なせることを考えると、心残りではあるが、帰郷はさしひかえる。もし兄に万一のことがあれば、母も気落ちがして病死するのではないかと思われる。このことを思って、日夜心を痛めている。本人も、このことを口にして、自分ははなはだ不幸だと申しておるけれども、よんどころないこととあきらめている。薬をのむ他に治療の方法がつきたわけではないが、なにぶん「薬用専一」を心がけている。もし万一のことがおこったら、こちらでは、まただいぶお金がいることになる。

少しばかりは自分も患家をもっており、なにがしかの謝礼をうることはできるので、兄ひとりを置いて出かけるのは心苦しいが、近所の人に兄の世話を頼んで、家をあけることにしている。自分たちが食べることだけはやってゆけるが、とても余分の蓄えができるというほどではない。

この江戸では、同郷の神崎屋の他によく知っている人はいないが、この神崎屋にも薬代などでだいぶ借りがあるし、ここでも家内に病人がでて困っているところだ。頼めば、おとこ気のある人だから、いやとは言わないと思うけれども、言いだしかねている。

高野の養父にも、養子の私が病気になったのであれば借金の申しいれもできるのだが、実兄が病気だから金を貸してくれとは言えない。〔病気の兄をかかえて江戸で貧書生として暮らしている長英が、婚家から追われた母を思い、また母にさえ会えずに死んでゆく兄を思う時に、生家に対してもった憤慨の情は察することができる〕

高野の養父から春秋二両ずつ学資として送って来ていたが、むこうも暮らしむきが苦しくなったらしいので、この秋からは学資は送らないでよいと言ってやった。その時には兄の病気がこれほど重くなるとは考えていなかったので、自分の働きで何とかやってゆけるものと思っていた。

オランダ語の書物を読むことにかけては江戸には名高い人が三人いるが、これらの人にくらべると、私は、いまだその半分ほどの実力もない。私も蘭書の翻訳がかなりできるようになったので、江戸にいる間に、共訳者の一人として小冊子のわきに自分の姓名が出るというくらいのところまでゆきたいし、そういう本を一冊自分の訳として出すとか、その序文を書くとかしたいものだと思って、これまで遊郭などにもまったく一度も行ったこともなく日夜学問につとめて来た。そういう翻訳の仕事があれば、養父から送金などなくとも、どうにかまにあわせてゆくことができると思っていた。

しかし、去年から兄の病気という不慮の極災がおこってから、学問がおくれたことも是非のないこと。兄が達者でおれば他人から金を借りることもできるのだが、死ぬという段になって、金を借りて返せぬようになっては困ると兄は心配しており、私の他に頼るものがいない。そこで、叔父上には一銭たりとも御迷惑をかけることはしないつもりだから、金子二両拝借したい。それを、兄の死にそなえて、たくわえとしておきたい。

もし兄が元気になって郷里に帰ることがあれば、その時にはお返しするし、なおらずに死ぬということがあれば、七月の盆の季節には薬礼が多少入るはずだし、また秋には高野の養父から金が送られてくるはずだから、それを、兄が前沢の茂木家に借りていたようだからそちらにまわしてほしいと言ってやることもできる。

母や慶蔵もお世話になり〔この二人は、高野家だけでなく茂木家にも身をよせていたらしい〕、心苦しいところだけれども、お借りできればありがたい。この拝借のことは高野の養父のほうには知らせないので、さよう御承知おきねがいたい。

＊

一九歳の少年の書く手紙としては委曲をつくしており、戸田建策方で失言して追いだされたころにくらべて、わずか三年の間にめざましい成長をとげたことがわかる。
「御叔父様　高野長英拝」と結ばれたこの手紙は五月一一日に書かれており、それから九日後の二〇日に湛斎は死んだ。

養父・高野玄斎に会えず

兄の死後、長英は、町医者として細々と開業していたが、彼自身も体力おとろえ、寝汗がひどく、寒気がして熱が高く、呼吸が切迫するようになった。高価なものではあるが思いきって「竜涎香」を用いたところそれがきいたらしく寝汗と寒熱とはとまり、息ぐるしさだけが、いくらか残るばかりとなった。盆にはまとめて薬礼、四両ほどが入ったが、それは長英の心づもりの半分にも達しなかった。しかし、文政六年（一八二三）九月一三日付の養父あての手紙で、「何方よりも借財は無之候」とほこらしげに書いている。

この養父あての手紙には、

一　母事は只今迄は兼而の性質故　如何仕候半哉と日々煩労仕候所　思之外　達者之由　大慶此事に奉存候　嘸々兼而之性質故　御込察上候

とあり、養父が母の兄にあたるところから率直に母の性格を案じている。おなじ手紙の中で、「かねての性質故　いかがそうらわんや」、「さぞさぞかねての性質故」とくりかえしおなじ形容詞を使っているところが、母についてその性格が長英の心配の種であることを物語っている。かねての性格というのは、家族内部のものにはすぐにわかることなのだろうが、一〇〇年たった今から見ると、推定する他はない。きわめて一刻な、ものごとを思いつめて苦にする人ではなかったろうか。

このころ養父高野玄斎は病床についていた。長英は、その見舞に水沢にいったん帰郷したが、養父は、おなじ屋根の下に泊めても、会おうとしなかった（一度志した学問を中断するなという意味であったと解されている）。やむなく江戸にもどり、町医者として仕事をはじめたころ、火事がおこって家が焼けてしまう。兄がなくなった年の暮（文政六年一二月二五日）のことである。

町人・久米吉を支え、自ら中間奉公

その次の年、長英はさらに災難に見まわれる。

このことは、文政七年（一八二四）閏八月一七日付の養父高野玄斎あての長い手紙にくわしく書かれているが、その前文には当時の長英と郷里の人びととの間柄がうかがえる。

まず、四ヵ月ほど便りをしなかったことを「当四月以来御便不申上候方より如何斗か御心労相懸上候半哉　誠に不幸之者と思召可有之奉恐入候」とわびたあとで、「他には未一向為御知不申候得共　御尊家並前沢へは此趣申上度」とある。

母の実兄である高野玄斎の一家、母の実弟である茂木左馬之助一家（前沢に住む）、それからおそらく後の文中に出てくる、母の妹古濃のつれあいである石巻の遠藤養民一家が、長英にとって、特別の親密さをもつものとして残ったのであって、他の家々は、すでに彼の心中から離れてしまっている。そして母方の三家中は、すべて母美也を軸とするものであり、母美也（ならびに弟慶蔵）をかばってくれる人びとである。言いかえれば、母美也への配慮が、長英を水沢につなぐもっとも強い感情なのであった。養父玄斎に対しては遠慮はあるが、尊敬によって結ばれていたものとうかがえる。

そして、このあとに、四ヵ月ほど便りをしなかった間に自分の身におこった出来事がえがかれる。前年の暮に水沢から江戸へ出てくる途中、福島に泊った。その宿の主人仙台屋仁兵衛が、同宿の若者、石巻住吉の丸一屋勘右衛門のせがれ久米吉をつれて長英の部屋にきて、江戸への道づれを頼まれた。

長英ははじめは、ことわったが、一両日滞在しているうちに何度も頼まれるので、ひきうけてしまった。久米吉は、江戸へ出て菓子屋に奉公したいという。道中で身上話をきくうちに、この若者は親元に無断で出てきたことがわかった。そのうちに彼の小遣いも底をつき、長英が都合してもやった。

江戸に着いてみると、久米吉には知人も職のあてもないことがわかり、長英としては今さら見はなしがたく、同郷の薬屋神崎屋源造にたのんで宿を世話してもらい、職をさがしたが、あいにく菓子屋の口はなく、京橋南伝馬町の武蔵屋永蔵という人にたのんで小鮒町二丁目新道の八百屋勝右衛門に奉公するように世話した。ところが仕事が苦しすぎるというので、京橋立売の白川藩阿部鉄丸に出入りする駕籠かきの元締、善蔵のところに奉公するようにした。

しかし身許のはっきりしないものを世話するのは不安と思ったので、久米吉の親にしらせておきたいと思い、久米吉の故郷石巻に住む母方の叔父遠藤養民あてにその様子を問いあわせる手紙を舟便で出したが、その返事が来ないうちに、久米吉は、奉公先から、二月二六日昼四時、金三両、本鼈甲（べっこう）の櫛笄で一三両以上もする品物を盗んで逃げてしまった。両方あわせて一七両。形式上久米吉の身許引受人となってもらっていた永蔵は何度も番所に呼びだされ、その近所の家主、名主までにも迷惑をかけた。もともと長英がたのんで永蔵が久米吉の身許引受人となったのだから、永蔵が番所に出頭する時の費用を含めて、損害は彼が負担しなければならぬ。そこで長英は、自分が中間奉公をして、その金を返そうと決心する。

このあたり、自分の武士としての立場をこえて、町人永蔵の身になって考え、その立場と一体となってしまうところが、いかにも長英らしい。この身の動きが、まさに後年の長英をつくる。

三月五日から八月まで、松平因幡守の屋敷にいる和田衛士という留守居につかえて、外勤のさいの供はせず、家の中の仕事だけをするという条件で中間となった。

今まで、一軒の家をかまえて医者をしていたのだから、それが、急に奉公人になるというのは、大へんな身分の変動である。長英自身これを大いに恥じて、「八月迄は死果候（しにはてそうろう）心持（こころもち）」で新しい境涯に身を投じた。

悪事千里を走るの古言もあることだから、自分が奉公人となったことは、親しいものにも自然に知れるであろうし、あるいは故郷までつたわるかもしれない。そうなれば私ひとりの恥辱にあらず、御尊家様までの恥辱、表店をかまえて相応の医者にならなくては、このたびの恥辱をあい雪ぎがたく、それまでは故郷にもどることはむずかしいから承知しておいてほしいなどと書いている。

久米吉をうらまず

それにもかかわらず、これほどの恥辱に自分をおとしいれた久米吉については、長英がかわって雇主に弁償しておいた金のうけとり証などをとってあるから、いずれ石巻に久米吉が帰ったら請求するつもりであるなどと非現実的な可能性を書いた上で、「彼者貧乏之家に而御座候ハヾ是又致方迚無之候」と言って、あまり久米吉個人をうらんでいるようにはうけとれない。

この感じ方の中に、長英の特色がある。彼に兄湛斎がかつて本所の小梅代地で同郷の仕立師に会い、家中が困っているのを見かねて、その子を自分の師の家に学僕として世話しようとしたことがあるが、兄弟共通の気風が見られる。彼らは、下級武士と町人・農民が地つづきのところにいるものと感じており、おなじ貧乏のなかでことさら身分の区別をたてようとしないところがある。だからこそ、世間のおもわくを大いに気にしながらも、長英は、町医者の身分をいったんすてて奉公人となって働いて、町人久米吉のあけた穴をふさいだのであろう。この経験は脱獄後の長英の中で、もう一度生きてくる。というよりは、このような身分錯綜の経験がもし彼になかったとしたら、中年に入ってから脱獄を決意するということもむずかしかったと思われる。

中間奉公していたあいだ、長英は養父との文通さえ絶っていたが、その期間に相模の大山と鎌倉の鶴ヶ岡八幡におまいりして養父の病気平癒を祈っている。彼の孝心と神信心とを示す資料である。

ところが、この大山へのおまいりに出発する前の日、七月一〇日昼すぎ、日本橋で下飯坂平八郎という旧友に会い、何かつとめ口を世話してくれと言われた。自分が中間奉公をしていることが彼の口から故郷にもれては困るということも考えて、今度は長英自身が受人となって、小笠原大膳太夫家中の川関太治右衛門への奉公口を世話し、三歩二朱を前借してやった。その下飯坂平八郎が八月三日に無断で逃げてしまった。「扨々（さて）不人情之致（いたし）方に御座候」と歎いているが、「幼少より懇意之男に御座候故　無拠候（よんどころなくそうろう）」と、この時にも長英は簡単にあきらめている。

彼の前借分の弁償の件もあり、やとい主川関太治右衛門のところへ説明にいったところ、川関はさっぱりした気性の人で、長英の得意とするあんまをすることで借金をかえすことを認めるという。あんまに通ううちに川関の家は長英にとってわが家のようになり、一日おきに泊まるようにさえなった。そこで友だちも多くできて、小笠原屋敷の留守役長尾仁左衛門、川口良玄、秋山奥左衛門などという人も、長英に同情して、おいおい将来の心配などもしてくれそうな様子で、「実ニ身を捨てゝこそ浮む瀬も有りと申（もうす）古語も又　悪人あれば善人も有之は開運之時節も不遠（とおからず）」とすこぶる楽天的である。

恩師・吉田長叔の死と、その後の吉田塾

こうしてようやく、長英は、文政七年（一八二四）閏八月二日に因州公屋敷での中間奉公をやめ

て、京橋鈴木町の武右衛門という人から店をかりうけて、医業を開始した。これは路地裏にあるいわゆる裏店であって、いつかは大道に面した表店に医院をつくりたいというのが彼の望みだった。そこにもう一つ、災難がふりかかって来た。八月二〇日に飛脚が江戸について、恩師吉田長叔が旅先で病死したという。

「誠先生も微運之質　跡に是と申　養子も無之　実に大変之事共　絶言語驚入候訳　私も誠に力相折候心持に御座候」と長英は、文政七年閏八月一七日付の手紙の後半に書いている。

文政七年（一八二四）八月一〇日、吉田長叔は金沢の旅館で病死した。年は四五歳。

吉田長叔は、かねて蘭学研究を助成してくれた前田老侯が病気となって彼を呼んでいるときいて、七月はじめに金沢にむかった。途中、高田で吉田自身が病気になりしばらく動けなかったが、病気をおして是非ともゆくというので、寝たまま駕籠をしたてて昼夜いそいで金沢にむかった。七月一三日に殿様がなくなり、その翌日の一四日に先生がついた。それから先生の病気も重くなり、死去の知らせが江戸についたのは、八月二〇日であった。金沢上鷹匠町の棟岳寺に葬られ、吉田塾の門人はたがいに計って、中条言善をあとつぎとしておすことにきめた。

吉田塾は、高名な先生のなくなった直後だから、今までの繁昌は勿論期待できないが、他の医者たちにくらべて相応の患者もついており、先生死去後もそれほど著しい衰弱を見せてはいない。長英にとっても「まずは安心の姿」であった。

長英自身も、裏店の医院をつくりかえるめどがつき、ここに一ノ関御家中の米谷茂平治をまねき、自分の暮らしぶりを見てもらって、故郷にしらせてもらうつもりでいた。

吉田塾の社中では、先生の死後、社中が衰微したなどとうわさされては恥辱であるので、毎月一・六・三・八の日の夜を共同研究の時間ときめて、一の日の夜には『内科選要』、六の日の夜には『熱病論』、三の日の夜には諸外科書、八の日の夜には『医範提綱』について輪講のようにして、たがいに論弁をつくし、社中一同おもしろいほど出精してたがいにはげんだ。約束の夜には社中は他の仕事はほうりだして塾に出てくるので、いつも大きな集まりになっている。

これまで吉田塾には長清という人が住みこんでいたのが、旧主人のところに召しだされて、そのあとをうめるために二月はじめから長英が塾にかよって塾生たちの勉強の後見をすることになった。長叔が死んだ翌年、文政八年（一八二五）である。

長英は、毎日朝早くから吉田塾にゆき、終日、塾の仕事のてつだいをして、日暮になって自宅に帰るという日課である。医療のほうも、仕事は繁昌しており、桂川甫周の高弟で武井周朔という人が中橋から向島のほうに移ってしまったので、もとの患家を見ることができなくなり、吉田家の調合処から来てくれるように頼まれ、長英が一日おき、二日おきくらいに行くことにしたところ、やがて患家を見まわることを頼まれるようになって、いそがしいからだになっていた。

長英は、文政八年（一八二五）二月二三日付の養父高野玄斎あての手紙で、吉田先生死後の塾のことなどを報告し、当時の所望のようやくなかば成ったという感慨を述べ、これらのよき知らせを、牡鹿のほうに行っている末弟慶蔵にもくわしく知らせてほしいし、前沢の茂木家にもよろしく言ってほしいと明るい手紙を結んでいる。

長崎行の計画と含み

前の手紙を書いてからわずか五ヵ月後の文政八年七月、長英は突然に、長崎にむかって旅だった。シーボルトの門下で学びたいと思ったからである。いささか策略を用いて、養父には前もって相談することさえなかった。

文政八年七月一九日付の高野玄斎あての手紙には、天気の具合を見て、両三日中に出立するつもりだと知らせている。

長英の知り合いに今村甫庵という人がいた。この人は長崎生れで前に小通詞をしていたこともあり、その兄は今村直四郎といって大通詞である。彼は今度、長崎にもどることになったが、多病であるため、よい道づれを求めている。今やシーボルトが来たという知らせで、江戸の蘭学書生はわきかえっており、みな長崎に行きたいところだから、今村甫庵に同行したいと申しでるものは数十人もいた。しかし甫庵は、よく知っている人でなければ、彼が道中で病気にでもなった時に不安心であるから、数年来のつきあいで気心も知れている高野長英に同行を申しいれた。もし同行してくれるなら、長崎到着後、大通詞の宅である実家に泊めてくれるという。

この話をもって、長英は、蘭学社中の先輩である駒留正見、吉田道碩の二人をたずねてその意見

をきいた。〔自分の望みにかなう意見を言ってくれそうな人二人だけを選ぶところが長英らしい〕

すると駒留正見の言うには、

「江戸で一年学ぶのは、これ世にいう畳の上の兵法、長崎で半年学ぶのは真剣勝負。どちらが早く学問がすすむか」

「長崎でのほうが、上達します」〔このあたりは八百長の問答のようだ〕

「今は長崎に遊学するために縁故を求め、大金をついやす時代である。貧しい書生は途中であんまをしたり、誰かの下男となったりしてでも行くというではないか。長崎に行っても甫庵の実家に食客としておいてくれるなどというのは天のあたえためぐみと言うべきである。

それに今度のオランダ人は、名高い人らしい。町家での治療を許されたというからには、患者を多く診るということであり、おもしろい療術や手術もあるだろう。それをおぼえるのは、君ひとりの役にたつだけでなく、吉田塾の社中にとっての大きなしあわせである。私も行きたいのはやまやまなのだが、家事にさまたげられて行けない。ここにとどまっているのは口惜しいことである。

今までのところ吉田社中よりは、一人も長崎の蘭医について習ったものはないのだから、来年の春になってオランダ人一行が江戸にきても、いろいろ尋ねるつてがない。そんなところに君が一年も蘭医について勉強してあれば、なじみになって、いくらかは言葉も通じるだろうし、諸事手軽に社中のものの質問も述べられるというものだから、ぜひぜひ行ってもらいたい。

若い者は無益のことに三両や四両の金子を使うことがあるけれども、このたびのことは一生涯の業の発達の場所であり、かつまた稽古のためのことなのだから、国もとでも悪くおぼしめされることはあるまい。神崎屋で借金をして旅行をしなさい。今、三両や四両のもとでを借りたところで、来年の春オランダ人一行が江戸に来るということになれば、神崎屋は長英の手びきで彼等となじみになれるのだから、商売の品物でも、旅費としてあててもらえば、きっとまにあうだろう。ぜひ出立しなさい」〔ここで長英は註を書きいれて「以上はすべて駒留のすすめ」とことわっている。もし養父玄斎がユーモアのわかる人であったなら、ここで苦笑したであろう〕

次に長英は吉田道碩をたずねて、その意見をたたいたが、これも駒留とおなじだったから、了見をきめて「発足之趣に罷成候」と書いている。

「此度参り不申候へば一生涯　長崎へ参候事は思懸無之候間　天之時と存　御地の儀嘸御腹立もと奉存候得共　業成の後　御詫申上候　存心に而発足仕候」とし、続けて「来春は蘭人と一同帰府仕候間　夏には帰郷可仕候　左様思召可被下置候」と書いている。

長英の心づもりでは、来年の春には江戸にもどり、来年の夏には水沢にもどって、養父に会い、母に会うつもりだから、母に余計の心配をかけぬために、長崎行のことはかくしておいてほしいと頼んでいる。ただし、母の弟の家、茂木家のほうにはつたえておいてほしいと書いた。

長英は、長崎行のために旅費四両を調達した。そのうち一両は神崎屋から借り、三両は駒留正見から借りた。駒留は他人から借りてこの三両を用だててくれたので、養父から駒留あてに、この金をかえしておいてくれと頼んでいる。養父に相談せずに出発をきめておき、この旅行の費用も結局はそのおおかたを養父から出してもらうようにもってゆくところに、長英の養父に対する甘えがうかがえる。

オランダ書の翻訳力と読書力

長崎に旅だつより二年前の文政六年春、養父にあてた手紙の中で、長英は、すでにオランダの書物の翻訳にかかっている。ただし、「翻訳に便なる書」（つまり字引き）がなくて大いに難儀をしているが、さいわいに『訳鍵』（藤林泰助著）の写本があったので、三歩二朱のところ、前金として一歩二朱いれた。申しあげかねるけれども、二歩ほどおくってほしいと書いている。

江戸に出てきて三年目の一九歳の少年が、蘭和辞書を片手に、オランダ語の原書をひとりで訳すことができるようになったのだから、杉田玄白たちが『ターヘル＝アナトミア』を訳しはじめた五〇年前にくらべると、蘭学社中のオランダ語読解力のレヴェルは大いにあがったことがわかる。

玄白の『蘭学事始』によれば、「眉といふものは目の上に生じたる毛なり」という一句さえ長き春の一日をついやして一座の知恵をしぼってもわからなかったとある。それが、今では荒っぽいものながらも蘭和辞書があって、それをひきながら一〇代の貧しい少年が原書を読むことができる。この読書力が長英にすでにあったからこそ、長崎到着後ただちに、長英はシーボルトから多くをひきだすことができ、またシーボルトに多くをあたえることができたのだった。

四　西方の人　1825-31

シーボルトの鳴滝塾に入る

文政八年（一八二五）八月、二一歳の高野長英は長崎について、同行の今村甫庵の家に滞在し、甫庵の兄で大通詞の今村直四郎の紹介で、シーボルトの主宰する鳴滝塾に入った。

文政八年一〇月二七日付の高野玄斎あての手紙によれば、先々月、つまり八月のうちに和蘭シーボルト塾に入ったという。

わずかのあいだに彼は予定をかえ、今までは来春オランダ人一行に同道して江戸にもどるつもりでいたけれども、せっかく長崎まで来たのだから来年いっぱいここにいて勉強するのを許してほしいと言いだした。一年ほどのひまをいただければ、「佐々木仲沢には　屈膝(ひざくつし)　候事は有之間敷(これあるまじく)　左(さ)候(そうら)はゞ御地〔水沢〕に罷(まかり)下候ても是迄(これまで)之恥辱相雪(そそぎもうすべし)可申」と書いている。

佐々木仲沢は、大槻玄沢の門人で仙台藩の蘭方医学の代表であり、この人に膝を屈しないようになることが、当時の長英の目標だった。学問に限定されているとはいえ、なお世俗的な功名心である。この功名心は、積年の恥辱をすすぐためという動機に根ざしていた。恥辱とは、中間奉公時代に江戸で上級武士からうけた屈辱とだけ考えることはできない。それももちろんあると思うが、生母が転々として他家に身をよせ、三界に家なき身分におかれていることが、彼の心の上に重くのしかかっていたのではないだろうか。

熟思　仕候に　金銀の望は万人不望者も無之候得共　小生の如き貧性　望福候事　逆天道之道理　譬　敝衣垢面にても　勤学而已成就仕　帰国候存念に御座候間　兼て左様御思召
可被下置候

ゆたかに暮らすという世間並の幸福は断念し、ただ学問の領域でだけ功業をなしとげて、故郷での恥をすすぎたいというのが、この当時の高野長英の人生の目標だった。

シーボルトの略歴と彼の門人たち

ここでしばらく長英から離れて、シーボルトの略歴について述べることにしたい。

呉秀三『シーボルト先生――その生涯及び功業』（平凡社、一九六七年刊。初版、吐鳳堂、一九二六年刊）によれば、フィリープ・フランツ・フォン・シーボルト（一七九六〜一八六六）は、一七九六年二月一七日、南ドイツのウュルツブルグに生れた。父ヨハン・ゲオルグ・クリストーフ・フォン・シーボルトは、ウュルツブルグ大学の生理学教授、ユーリウス病院の一等医長であった。母は旧姓マリア・アポロニア・ヨセフィン・ロッツ。フィリープ・フランツは、両者の長男である。

シーボルトの名は、ドイツではジーボルトと呼ばれていたが、われわれのシーボルトはオランダ人と称して日本に来たのだから、日本ではオランダ語読みで、シーボルトと呼ばれた。

彼は三歳の時に父をうしない、その地の寺監をつとめていた母方の叔父に養われた。一八一五年、ウュルツブルグ大学に入り、医学の他に地文学、民族学を修めた。メナニアという学生団に属し、その兄貴株として重きをなした。彼の面上にあるおよそ三三の刀痕は、みなこの学生時代の決闘によって得たものであるという。この決闘の体験は後年両度の日本滞在にさいして水戸浪士につけねらわれた時にも、恐れるところのなかった彼の勇気をつちかった。一八二〇年にウュルツブルグ大学を卒業し、内科・外科・産科の医学士（ドクトル）の学位を得た。

ウュルツブルグから東南一里余にあるハイディングスフェルドで一年ほど開業したが、博物学上の興味から、まだヨーロッパ人によって調べられていない日本を研究したいという希望をもって、一八二二年（文政五）、日本へ渡航できるオランダに行き、蘭領東印度の陸軍病院の外科軍医少佐に任ぜられた。一八二二年九月二三日（陰暦・文政五年八月九日）ロッテルダムを出航、あくる年の四月にジャワ島バダヴィア市についた。蘭領東印度総督はここでシーボルトを出島のオランダ商館の医員として日本におくることにした。一八二三年八月一一日（文政六年七月六日）、シーボルトはようやく長崎についた。

長崎にはその当時、五二人のオランダ語通詞がいた。彼らは、言葉をよくするだけでなく、オランダの学術と風俗に関心をもち、彼らの間から、すでに吉雄耕牛（幸左衛門、一七二四〜一八〇〇）

のような医者、志筑忠雄（中野柳圃、一七六〇～一八〇六）のような天文学者があらわれていた。二八歳のシーボルトをむかえて、彼をかこんで研究サークルをつくったのは、吉雄耕牛の妾腹の子吉雄権之助（一七八五～一八三一）たち、通詞仲間の学者である。彼らはまた、名医の名声をきいて日本の各地から集まってくる人びとがシーボルトと親しく話しあえるようになかだちして、ここにオランダ語を自由にする青年蘭学者たちの新しい社中をつくる。

当時は、オランダ語を自分では自由にしない蘭学者があり、そのなかのすぐれた人びとに砲術家高島秋帆、経世家渡辺崋山、佐久間象山などがあった。高野長英は、オランダ語を自由にする蘭学者の一人となった。それは彼がシーボルトの門下生であっただけでなく、通訳たちと親しく交わってその門下としてオランダ語をならったことによる。

シーボルトは長崎奉行土方出雲守勝政、高橋越前守重賢の好意、出島係の町年寄高島秋帆、久松（菅原）碩次郎の力ぞえもあって、出島の居留地からの出入の自由をあたえられ、さまざまの動植物をあつめて自宅のわきに植物園と小動物園をおくことができた。

文政七年（一八二四）三月、吉雄幸載（一七八八～一八六六、吉雄耕牛の末弟の孫）、楢林栄建（一八〇一～七五）と楢林宗建（一八〇二～五二、栄建の弟）などの町医者が、それぞれ自宅にシーボルトをまねいて、ここで彼が患者を診たり書生を教えたりできるように便宜を計った。シーボルトは一日おきに出島から長崎町内の大村町にある楢林塾、樺島町にある吉雄塾に出かけて実地に臨床講義をとおして青年を教えた。やがて、鳴滝に、通詞の名義で二町ほどの土地と家とを買って、シーボルト自身の家塾をひらいた。

日本人に手術する時には、出島の蘭館長、長崎の奉行の両方にねがい出て許しを得るという二重の手つづきを経てから、鳴滝塾でおこなった。最初の手術は腹水穿刺で、外科、眼科、産科、婦人科、内科の諸領域にわたって処置をした。その決断力のある処置は、これまで消極的な方法を用いてきた日本の医者たちに大きな衝撃をあたえた。

シーボルトの門人は、呉秀三の調べたところでは、氏名のあきらかにできる人だけで五六人いた。その中で、文政六年入門の初期門人と考えられる人は、黒田源次によれば次の如くである。

湊長安	二九歳(?)
美馬順三	二八歳
平井海蔵	不明
岡研介	二四歳(?)
高良斎	二四歳
二宮敬作	一九歳
石井宗謙	二七歳
児玉順蔵	一七歳
工藤謙同	二二歳

最初の塾頭・美馬順三

最初に塾頭となったものは美馬順三（みまじゅんぞう）（一七九五〜一八二五）で、この人はシーボルトの質問にこたえて、「日本産科問答」という、ヨーロッパ語で日本人の発表した最初の医学論文を書いた。「バタヴィア学芸協会雑誌」第一〇号（一八二五年）に発表された「日本の産科に関する若干の質問に就いての余の門人長崎の医師なる美馬順三の答、医学士フォン・シーボルトの序言及び協会よりの依嘱を受けて提出せる附言」である。この論文は、形式としてはシーボルトと美馬との一問一答となっており、日本で当時おこなわれていた賀川流の産科の方法を全体としてつかんで解説したものである。一八二六年にドイツの医学雑誌に転載され、また一八三〇年にはフランスのアジア学雑誌に翻訳発表された。この論文ができた時、シーボルトは喜んでウェイランドの辞書を順三にあたえたという。

美馬順三は、阿波の岩脇に生れ、曽祖父の代から蜂須賀侯の家老池田登につかえた。順三は長崎に来て通詞の家にとまってオランダ語、天文学、医学を学び、シーボルトが来るとすぐに彼に近づいてその教育をうけた。石坂宗哲著『鍼灸知要一言』をオランダ語に訳し、ヨーロッパに日本のハリとキュウについて紹介した論文もある。

シーボルトはヨーロッパでこれらを発表する時にも美馬順三の名を残したくらいで、彼を大いに重んじた。その著書『日本植物志』のアサガオの項には、「この所属の植物は順三が私のために、あまたの新種植物とともに肥後の金峰山から採ってきたものである」と記した。

順三は文政八年（一八二五）六月一一日、コレラにかかって長崎で急死した。わずかに三〇歳である。シーボルト『江戸参府紀行』（斎藤信訳、平凡社、一九七六年刊）の一八二六年三月一八日（文政九年二月一〇日）のところには、京都の宿舎に順三の兄、美馬良右衛門尚芳が訪ねてきたことを書いている。

夕方、私の忘れることのできない門人美馬順三（Mima Zunzo）の兄が私を訪ねて来た。彼は四国から私を訪問するだけの目的でここにやって来たのであって、若干の植物や鉱物を持ってきた。

すでに死んだ弟の旧師を、その喜びそうな学術上の標本を選んで訪ねてくるというのは、平生、弟がシーボルトから受けていた教育について、こまかく故郷の兄に手紙でつたえていたからであろう。順三兄弟の親しさをあらわしているだけでなく、シーボルトが順三にたいして人間的な真実をもって対していたことを示す逸話である。

シーボルトは美馬順三に、自分のおいたちや家族のことを話したらしい。早くも文政七年（一八二四）一〇月一〇日付で、美馬順三がシーボルトの母にオランダ語で書いた手紙が、ヨーロッパに残っている。

その手紙は、「我が真の師ドクトル、フォン・シーボルト先生の御母堂教授夫人御許に」ではじまり、先生が当地で学問の研究に多忙であり、多くの難病人を治療してよい結果を得ていることをしらせた上で、それからまたはなはだ粗末なものでありますが、この手紙と一所に二つの麦わら製の小箱をさしあげたいと存じます。御笑納くださいますれば、私にとってたいへん光栄でございます。

終りに私はあなたさまが御令息フォン・シーボルト先生がこの地において始終御健康であられ、大いなる成功をもって帰国される日を待たれるようにと祈ります。

あなたのしもべ、長崎の医師

美馬　順三

と結んでいる。

謹厳なる塾頭・岡研介

長英の鳴滝塾入りは、美馬順三の病死から二月ばかりあとのことだから、そのころの塾頭は岡研介であっただろう。

岡研介（一七九九〜一八三九）は、周防の熊毛郡平生村の人である。代々農家であったが、父の代に長崎の吉雄耕牛についてまなび、はじめ京都で、のちに平生で医者を開業し、とくに眼科で名をあげた。研介は兄泰安とともにシーボルトにまなび、塾内部で重きをなした。塾生のひとりだった伊藤圭介は、明治に入ってから横山健堂に次のように語った。

圭介がシーボルト門下にありしとき、研介は高野長英とともに同学中の巨擘にして、儕輩中に頭角を露わせり。読書力は長英が研介に勝り、文章会話は研介が長英に優れたり。当時先生に面会を求むるものは皆研介の通訳を煩わしたり。

兄の岡泰安（一七九六〜一八五八）は一八二七年三月二日（文政一〇年二月五日）付で、シーボルトから証明書をもらってドクトルとなって郷里にかえり、開業医として大いに成功した。弘化一年（一八四四）に岩国藩によばれ、安政四年（一八五七）にいたって藩侯の侍医（御手廻役）となり、あくる年の安政五年に死んだ。呉秀三の『シーボルト先生』は、兄弟の性格を次のように書きわけた。

泰安は頗る磊落豪放にして、研介は極めて謹慎なり。されば泰安は高野長英と意気相い投じて、深く交際を結べるが、一度共に海水浴にありて長英が溺れんとするを救いてより益々相い親しみたり。泰安が郷里に帰りてより後、長英の一両度訪問せしことあり。或時の如きは、萩の富豪某が年若き妻を引連れ泰安の治療を受けつつありしに、泰安長英と病人の目を偸み、その婦人を伴いて絃歌しつつ市中を練り歩いたりと云う。兄のかくも放恣なるに引替え、研介は慎重にして読書を好み、昼夜の別なく書巻を手にし、寝るに蒲団を用いず、机に倚りたるまま疲るれば其侭寝りたり。東は近江より西は長崎まで四方に遊学せしも一度も酒楼妓館に上らず、又芝居などをも嘗て見たることなしと云う程に謹厳なりしなり。然し蘭学に抜群なりしは兄弟共に同様なり。中にも研介は漢学に於ても洋学に於ても師友に重んぜられたるが如し。

江戸での修業時代に酒色を断じて遠ざけた高野長英は、長崎に来てからは、鳴滝塾においては真面目いっぽうで知られてはいなかったようである。謹厳の見本としては長英ではなく岡研介ということになったらしい。

岡研介は、兄が眼科医として故郷の平生村と岩国藩で大いに成功したのに比して、社会人としてはふるわず、精神病を発して天保十年（一八三九）、四〇歳でなくなった。

シーボルト門下にあったころに、彼の才能はその盛りにあったらしく、岡研介訳「日本に於ける学芸、すべてのものの起原」というオランダ語の論文が残されている。これは貝原益軒編『大和事始（やまとことはじめ）』の抄訳であって、おなじくオランダ語で記された伊藤圭介の「勾玉記（まがたまき）」、美馬順三訳「日本古代史」（『日本書紀』神代巻および神武天皇紀の意訳）とともに、シーボルトの大著『ニッポン』の神話研究の部分の資料として、ヨーロッパにつたえられた。

シーボルトのための弁明につくす塾頭・高良斎

美馬順三、岡研介が去った後に、鳴滝塾の塾頭となったのは高良斎（こうろうさい）であったらしい。

高良斎（一七九九〜一八四六）は、阿波徳島の人である。藩の中老山崎好直の庶子で、徳島の眼科医高錦国のあとつぎとしてもらわれた。文化一四年（一八一七）、一八歳の時に長崎に出てオランダ語および医学を学ぶこと五年余り、文政六年（一八二三）、シーボルトの到着後にその門下に入った。

シーボルト文書の中には、高良斎の書いたオランダ語の論文「生理問答」が残っている。これは美馬順三の「日本産科問答」とおなじく、日本人の健康についての、シーボルトと著者との一問一答の形をとっている。また「日本疾病志」というオランダ語論文も書いており、これにはシーボルトの加筆本と、それにもとづいて高良斎が書き直した本とが残っている。緒方富雄の抄訳によって見ると、次のような記述がある。

A 日本に於ける小児病に就いて

我が国の小児に於いて遭遇する疾病のうち、和蘭の医療書に記載されているもの以外のものは極めて稀であって、流行性感冒、アフテーン、痙攣、百日咳、皮膚病、小児疱瘡、麻疹等である。然し我が国の小児は就中種々の皮膚病に罹ることが、和蘭の小児より多い。母或は乳母(乳母は日本全般を支配している悪い食制によって生活している)の悪い乳をすう乳児の頭から排泄される。長崎の小児で疥癬をのがれているものは少ない。疥癬は肥前の国(長崎も肥前の国にある)に主として蔓延している。従ってヒゼンガサ、或はヒゼン(即ち「肥前のふきでもの」)と呼ばれる。他国からここ(長崎)へ来て、永い間滞在したものは殆んどすべてこの病苦になやまされる。肥前の住人は、塩漬にした鯨肉を食う習慣がある。疥癬の発生はこれに関係があると私は思う。(緒方富雄、大鳥蘭三郎、大久保利謙、箭内健次「門人がシーボルトに提供したる蘭語論文の研究」日独文化協会編『シーボルト研究』岩波書店、一九三八年刊)

さらに進んで、高良斎は、小児痘瘡と麻疹が、日本人がこどものころに普通に経験する病気で命にかかわることがあることを述べた上で、「両方の病をすまさぬものは、子孫のなかへ彼を数えることができぬ」ということわざを紹介する。さらに、

「私に甚だ不審に思われるのは、我が国で眼球がなくてこの世に生れた子供を屢々見ることである。私はこれまで三回見た」
と書くと、ここにシーボルトは自筆で書きいれをして、
〔母の感染による母体生活中の花柳病、小児病で起る〕
と教えている。
Bの「日本に於ける成人の病」の部では、高良斎は癩病、痛風、花柳病、タノキツキ、キツネツキ、サルカミ、ヘビカミ、イヌカミがくわしく、それぞれの病状についてとりあげている。
花柳病については、一〇〇人中一〇人、たかだか一五人がこの病気から免れている位のもので、日本の疾病は大部分花柳病に圧倒されており、日本人が年とともに弱く小さくなってゆくのは花柳病と関係があると思うと書いている。
タノキツキ、キツネツキについては、これらはオランダの医書に見出されぬ病気で、田舎に住む人、町人の最下層の女性に見られ、男には少なく、とくに武士には少なく、こどもにも見られぬという。この不思議な精神錯乱の本態或は原因はわれわれにはわかっていない。多くの人びとはこの感情を迷信のせいでおこるものという。あなたがこの原因を説明して治療法を示されるならば仕合せだ、と書いている。ここでシーボルトは、
〔私はオランダでそれをよく考えよう〕
と書きこんでいるところを見ると、キツネツキの病理と治療とは、すでにメスメルなどの仕事があっ

たにもかかわらず、当時のシーボルトの推理をこえたものだったのだろう。

高良斎は、文政一一年（一八二八）一〇月、シーボルトが禁制の地図をもっていたのをとがめられて訴えられた時、投獄された二三人中の主だった門人として、二宮敬作とともにいた。良斎は木をかんで筆をつくり、炭を墨にかえて、恩師のための弁明を紙に書いて出した。良斎と敬作とはこのために奉行所に呼びだされて訊問されたが、良斎はひるまず、

「私たちの師であるシーボルト先生はすこしも間違ったことはしていない。もしそういうことがあったとしたら、私たち二人の首をはねてつぐなう」

と叫んだ。その翌日には、先の二三人はみな許されたという。

文政一二年一二月五日に日本を去るにあたって、シーボルトは、遊女其扇（そのぎ）（お滝）との間にうまれた女子オイネの今後を高良斎と二宮敬作に託した。

高良斎の著書は五、六〇巻をこえたが、刊行されたものは『窮理飲食術』『薬能識』『蘭薬語用弁』『駆梅要方』だけである。「眼科便用」と「女科精選」をも、良斎は刊行しようとしたけれども、シーボルトの名を多くあげてあることから、幕府は刊行を許さなかった。

「この本にはなかなか有益なところもあるが、シーボルトの名がところどころにある。彼は良斎とは師弟の恩義があるとはいえ、国禁をおかしたものであるから、その名をけずるべきだ。そうでなければ彫刻を許さない」

これに対して良斎は、

「役人の意見ははなはだ狭い。私の本が有用ならば、その他のことを問題にすべきでない。シーボルト先生の事件のようなことは、まったく無実の罪である。またたとえその名をこの本からけずるとも、先生が世になした功名はけずることはできないだろう。先生の名をこの本からけずるよりは、この本をけずるほうがましだ」

と言って、著書を原稿のままにしておいた。このことは、良斎の長男高雲外が書いた「先君高良斎行状」にでている（呉秀三『シーボルト先生』）。

シーボルトの日本退去後、良斎は徳島にかえり、しばらく大坂で開業してから、天保一一年（一八四〇）に明石侯の眼病を療治して成功し、その医員となった。弘化三年（一八四六）に、四七歳で死んだ。

事件後、塾を支えた戸塚静海

高良斎はシーボルト事件の後、長崎町払いを命じられて退去したので、鳴滝校舎はそのあと戸塚静海が中心となって一年ほどもちこたえた。さらにそのあとの鳴滝塾については消息がわからない（黒田源次「鳴滝塾」『シーボルト研究』）。

戸塚静海（一七九九〜一八七六）は遠州掛川の人で、祖父の代からの医者である。文政七年（一八二四）、二五歳の時に長崎に行き、まず和蘭通詞吉雄権之助の塾に入り、次にシーボルトについて学んだ。シーボルト事件に際しては、高、二宮らとともに入牢した。

天保二年（一八三一）、長崎を去り、掛川にしばらく住んだのち、江戸に出て茅場町で開業した。太田侯、薩摩侯につかえたあと、安政五年（一八五八）に徳川将軍家の侍医となり、おなじシーボルト門出身の伊東玄朴・竹内玄同とならんだ。

戸塚静海には「海塩の製法について」と題するオランダ語の訳文が残っている。

長英、入門後ただちに頭角をあらわす

鳴滝塾の塾頭となった美馬、岡、高は、いずれもシーボルト到着直後に門下生となった人びとであり、入門の年においても二年、実際の年齢においても五歳から一〇歳ほど長英より上である。ほぼ同じころに入門したと考えられる戸塚静海にしても、長英より五歳年上である。これらの塾長格の先輩に伍して、二一歳の長英は入門後ただちに頭角をあらわし、シーボルトの課題に応じて次々にオランダ語論文を書いた。

すでに江戸にいたころ、文政五年（一八二二）五月一九日付、高野玄斎あての手紙に、長英は「此度先達而蘭人ヒッセルより貰候書指上候」と書いている。どういう本か、今からはわからないけれども、オランダ語の書物をヒッセル（フィッスフェル）からもらい、それを水沢の養父におくっているのである。このことからすると、長英は、長崎に旅してシーボルトに会う三年前に、ヨーロッパ人と会って話したことがあるのだろう。

ヨハネス・ゲルハルド・フレデリク・ブァン・オヴェメール・フィッスフェル（一八〇〇〜四八）

は、文政三年（一八二〇）から文政一二年まで日本に滞在し、はじめは甲比丹（カピタン）ブロムホフの書記、のちには長崎出島和蘭館の倉庫長をつとめた。文政五年に彼はブロムホフの江戸参府に随行しており、この時、長英と会ったのだろう。ブロムホフは日本について研究しており、その故に、江戸に来てからも、たずねてくる日本の青年と会って知識を交換したのだろう。

長英はおそらく長崎でもフィッスフェルと会ったにちがいない。シーボルト事件のあくる年、文政一二年にフィッスフェルはオランダに帰り、『日本国の知識に対する寄与』（アムステルダム、一八三三年刊）を出版した。この本は幕府の仕事として山路弥左衛門諧孝の校閲の下に杉田成郷、箕作阮甫、竹内玄同、高須松亭、宇田川興斎、品川梅次郎によって訳され、二二巻の写本として流布した。当時の日本語の日常の形を知る手がかりとしておもしろいという（松村明「『日本風俗備考』蘭日会話の部に見られる錯簡について」『洋学資料と近代日本語の研究』東京堂出版、一九七〇年刊）。

長英のオランダ語力のめざましさ

それにしても、長崎到着後の長英のオランダ語の上達はめざましいものだった。

ヨーロッパに残っているシーボルト文書の中には、日本の門人の書いたオランダ語の論文が全部で四二点ある。和紙に毛筆で書いたもので、仮とじの本に仕立ててあり、署名および筆跡によって筆者を判定できるもの三九点を分類すると、次のようになるという（緒方富雄、大鳥蘭三郎、大久保利謙、箭内健次「門人がシーボルトに提供した蘭語論文の研究」『シーボルト研究』）。

伊藤圭介	1	鈴木周一	1
石井宗謙	4	高野長英	11
岡研介	2	戸塚静海	2
桂川甫賢	1	美馬順三	5
クマヤ	1	吉雄権之助	3
高良斎	7	吉雄忠次郎	1

全体を研究した緒方、大鳥、大久保、箭内の諸氏は、次のようにこれらの論文の性格を概括する。

「次にその文章に就いて概言して見るに、是等門人の諸論文中で蘭文がよく書かれてある点では桂川甫賢と高野長英と高良斎の物に先づ指を屈すべきであろう。桂川甫賢の論文はただ『花彙』の一篇があるのみであるが、その見事なる筆跡に先づ第一に驚かされる。更にその内容に就いて云えば訳文が流暢、濶達なることはまことに感服の外はない。文章の構成上の巧拙は姑く措くとしても、其の中に書かれてある和蘭語に文法的の誤りが比較的少ない。これは特筆すべきことである。勿論今日の如き辞書が完備せざりし当時にあっては綴字、語尾に多少の誤りのあるのは当然許さるべきであって、寧ろ甫賢が用いた語彙の豊富なることに驚くべきものがある。

高野長英の蘭文はその筆勢の勇健なる、その文章の自由なる、彼の性質の一面をよく反映していると思われる。しかも原文の意味をつかむことに妙を得、文章は簡明にして要を得ている。

又高良斎はシーボルト門下のなかでも最も忠実にシーボルトに仕えた人で、蘭語蘭文を通じて師に寄与したところの最も多いことはシーボルトの文章の随処にうかがわれるのである。而して彼の蘭文は誠に自由奔放であって、殆んど手あたり次第訳し去ったかと思われ、達意を目的として語法上の誤謬は殆んど意に介せざるが如くである。師に仕えて寧日なかりし彼としては或は已むを得なかったのかも知れない。しかしその翻訳文の種類の多きは正に門人中随一で、蘭文の巧みな長英と双璧をなすものである」

シーボルトからの資格「証明書」授与

二年ほどの長崎での暮らしのあとで、シーボルトはオランダ商館長の江戸参府の一行にくわわって、文政九年一月九日（陽暦一八二六年二月一五日）に、出島を出発した。この江戸参府の機会を活用してひろく日本の風物を見ることが日本到着以前からのシーボルトの計画だった。そのころ、オランダ商館長の江戸参府は五年に一回しかおとずれない貴重な経験だった。

江戸参府は、オランダ人が貿易上の特権を得ていることへの徳川将軍への御礼参りであり、シーボルトがくわわったのは、その第一六二回目にあたる。はじめのころは、五年ごとではなく、毎年あったので、回数が多いのである。この旅行は普通は九〇日ほどの期間にわたった。シーボルトの時には、見物が念いりで一四三日かかっている。

その旅日記『江戸参府紀行』の文政九年一月二〇日（陽暦一八二六年二月二六日）の項には下関滞在中の記事がある。

「二月二六日。長門やそれに隣接する周防地方から門人や知人が、彼らの友達や患者を伴い贈物や天然の珍しい品々を携えて私を訪ねて来た。門人のうち最も有能な人たちとの再会は、全く約束のとおりであった。彼らはオランダ人の先生のもとを去るに当たって、めいめいの故郷で学位論文を書き、それを参府旅行の途上で先生に手渡すという条件のもとに、堂々たるドクトルの免許をとっていたのである。テーマは彼らに指示され、それはいつも日本やその隣国ならびに属国に関する地理学・民族学あるいは博物学の分野にわたり、まだほとんど知られていない自然科学上の問題を対象としていた。今日受け取った論文のうちには次のような標題のものがある。河野コサキ〔厚伯〕の『長門および周防国の地理的・統計的記述』、杉山宗立の『塩の製造について』、〔井本〕文恭の『最もよく用いられる染料と布地の色彩について』、高野長英の『鯨ならびに捕鯨について』、〔横田宗碩の〕『日本における注目すべき疾病の記述』『一般に使用されている薬品表』等々。

私は、頼んでおいた仕事を果してくれたこの感心な人たちの誠実さと熱心さにすっかり感動した。手短（てみじか）な話をして私は彼らを元気づけ、私の博物学上ならびにその他の研究をさらにすすめ、彼らの国にヨーロッパの学問をひろめるために、彼らに積極的な協力と援助を約束した」（斎藤信訳）

ドクトルとは、ドイツの学校制度では、大学卒業生に相当する。シーボルトは、ヨーロッパのいかなる大学からも、大学卒業生の資格授与の権限をあたえられているものではないのに、ここで東洋の青年たちにドクトルの称号をあたえ、そのことをはっきりとドイツ人むけの著書『ニッポン』に書いていることは、彼が一方ではこのドクトルという称号を気軽に、ひとつの略語として使っているということを示すとともに、東洋の青年たちの学力を実質的に認めていたということをも示すものと言える。シーボルトのこのような公然とした資格授与には、一九世紀のヨーロッパ人としては珍しい平等観がその背後にあったと思われる。

日本の門人たちにとって、シーボルトのあたえた書きつけは、それまでの日本の家元制度にもある「許状」として受け取られていたようで、現存の書きつけは、いずれも「ドクトル」という言葉は使われていない。「証明書」(gefoignis) である。

高弟高良斎が自分のためと他の門弟たちのために証明書をもらいたいと頼んだオランダ語の手紙があり、またその証明書そのものも高の子孫の手もとに残っている。

証明書

阿波ノ医師高良斎氏ニ対シテ次ノ事実ヲ証明ス。氏ハ七年間驚歎スベキ熱心ト努力トヲ以テ蘭学ノ研究ニ従事シ、予ノ門人中ニ於テモ最優秀ニシテ好学的ナル一人ナリ。即チ内科外科本草博物等ノ各方面ニ亙(わた)リテ卓越セル知識ヲ修得セリ。同氏ハ予ノ指導ノ下ニ多クノ特異ナル患者ヲ診療シタルノミナラズ、自ラ手術ヲ試ミテ好成績ヲ挙ゲタリ。之に依テ予ハ此有為ニシテ学識アル友人ヲ、ソノ国人に対シテノミナラズ和蘭人ニ対シテモ、内科外科医及ビ薬剤師トシテ推薦スルノ責任ヲ感ジ、茲ニ文書ヲ以テ表頌スルモノ也。

一八二九年十月三十日

出島ニ於テ

ドクトル、フォン・シーボルト

（黒田源次訳）

この証明書が書かれたのはシーボルトがとがめを受けた翌年であり、日本追放を申しわたされた直後にあたる。苦難をともにし、自分の日本退去後に妻子を託すべき人物への感謝がこもっている。こうした切迫した状況において書かれたものではなかったが、江戸参府旅行以前に高野長英にあたえられた証明書もまた同様の文体によって綴られたものであろうと思われる。

長英の卒業論文「鯨および捕鯨について」

『江戸参府紀行』の一八二六年三月一日（陰暦・文政九年一月二三日）の項、下関滞在の終りの日のところを見ると、シーボルトは門人との別れを一つの儀式として演じた。

「三月一日。出発は今日ということになっている。早朝から門人や知人が別れを告げにやってくる。今度も多少個人的な利害がもとになって、彼らはこんなに朝早く来るようなことになってしまう。彼らは師であり友である私に国の風習に従って贈物をしてしまうと、次に私に順番が回って来て、別れのしるしに返礼の品を渡すことになる。われわれはそんなわけだから準備をちゃんとしておいた。各人は似つかわしく役立つ贈物を受け取った。薬・薬を入れるビン・オランダの書物や外科用の機械を医師たちの間で分け、装飾品・ガラス器・いわゆる金唐革の品物などを知人にわり当てた。その時われわれは両方の宿の主人の親切な家族と教子〔名をつけてやった子供〕に充分心を配った。さらに上に述べた論文の編著者のひとりひとりには特別な贈物をもったいぶって渡した。ドクトルの免許を得た新人には、取り扱ってもらうたくさんのテーマを課した。こういう行動をとるに当ってわれわれは常に品位と威厳をもって行ない、同時に心を打つ力強い言葉を使うように努めた」(斎藤信訳)

長英が卒業論文として出した「鯨ならびに捕鯨について」の実物は今日では失われてしまったらしい。しかし「雑録・雑感」と題するシーボルトの手記のなかには、高野長英がシーボルトの江戸参府からさらに二年後に、平戸、壱岐、対馬に派遣されて各地の捕鯨の状況をしらせた記事がある。シーボルトは高野長英の論文の他に、岡研介の「紀州産鯨について」、石井宗謙の「鯨の記」などのオランダ語論文をとおして鯨についての知識を深めた。

一八二三年七月二〇日、バタヴィアから長崎にむかう航海においては、背鰭(せびれ)のないことを特長とする背美鯨について、「大なる背鰭より判ずれば背美鯨にて」などと間違った観察をした彼は、だんだんに正確な知識をもつようになり、それはシュレーゲルの『日本動物志、海獣部』(一八四四年刊)にとりいれられてヨーロッパで発表された(小川鼎三「シーボルトと本邦の鯨」『シーボルト研究』)。日本の近海に鯨の多いことに注目した結果、やがてペリーの日本遠征がおこるのだから、長英の鯨研究は間接的に因果連鎖をとおして日本開国をうながしたものと言えよう。

シーボルトの大著『ニッポン』を支えた長英のオランダ語論文

シーボルトの代表的著作となった『ニッポン――日本とその隣国および保護国蝦夷・南千島・樺太・朝鮮および琉球諸島の記録集』は、一時に一冊の本として刊行されたのではない。一八三二年にその第一分冊がオランダのライデンで出版され、それ以後一八五一年まで毎年一冊ずつ二〇冊出版され、一八五二年に最後の一冊を出す予定で果さず、この大著の初版が完成を見ないうちにシーボルトは死んだ。予約出版の形をとり、その予約数ははじめ一五〇部から二百部くらいで、終りころには六〇部にすぎなかった。明治に入ってから長男アレキサンダーと次男ハインリヒとが、日本の官民双方の援助をうけて、父の生誕一〇〇年を記念して一八九七年に、二冊本として『ニッポン』を出版した。さらに一九二八年になって、本文二冊、図版二冊、索引一冊からなる『ニッポン』第三版がベルリン日本学会から刊行された。

高野長英がシーボルトにさしだした多くのオランダ語論文は、この大著の資料として用いられた。

「活花の技法について」
「日本婦人の礼儀作法および婦人の化粧ならびに結婚風習について」
「小野蘭山の『飲膳摘要』(日本人が食べるものの百科全書)」
「日本に於ける茶樹の栽培と茶の製法」
「日本古代史断片」
「都における寺と神社の記述（正徳四年〈一七一四〉発行の著者不明の『都名所車』という原本を

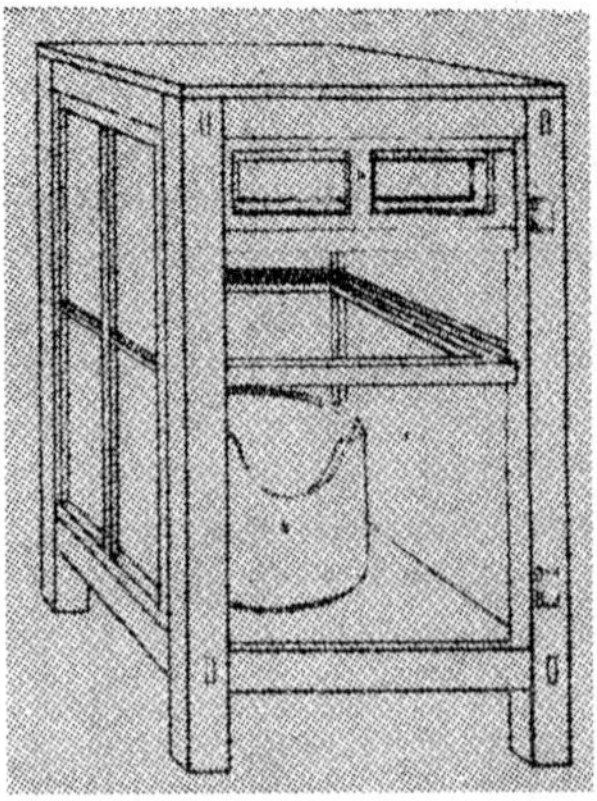

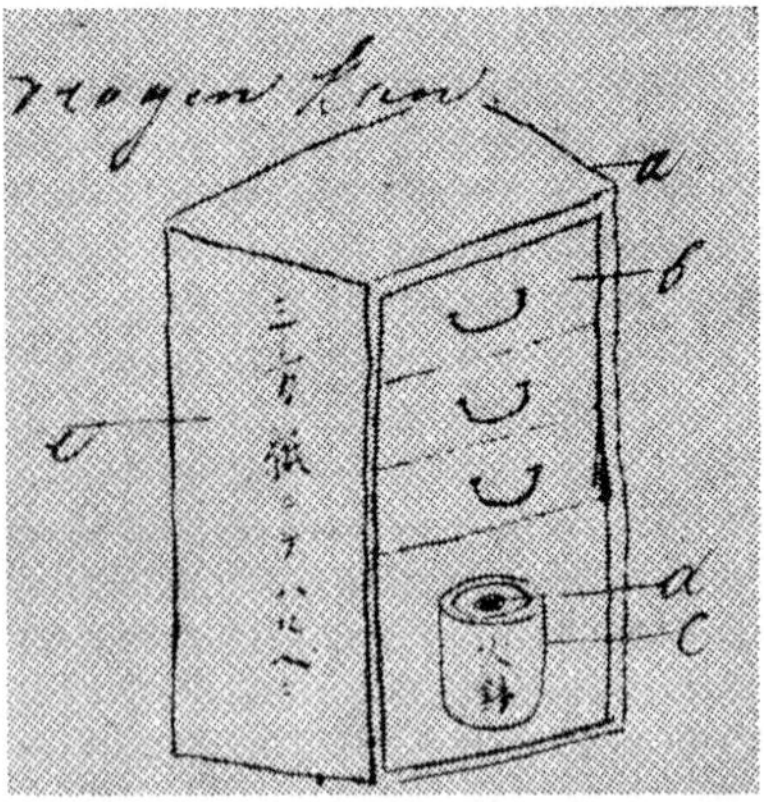

右は，長英の茶についての論文中にある“助炭”の図。左は『ニッポン』にでている図

訳して、京都の神社仏閣について説明した）」

「琉球島に関する記述（新井白石『南島志』の抄訳）」

箭内健次は、新井白石の『南島志』についての長英の誤読や誤写までがシーボルトの『ニッポン』にひきつがれていることを指摘し、緒方富雄は茶についての長英の論文とシーボルトの第一次原稿、第二次原稿、第三次原稿をひきくらべて、ヨーロッパでのシーボルトの助手ホフマンと郭成章の加筆をとおして、いくらかの誤りが『ニッポン』に新たにうまれる経過を綿密な考証にもとづいて復元している。


同時に、長英のかきくわえた「助炭」のスケッチなどは一見すてられているように見えるが、実はこの粗描にもとづいて専門の画家にかきなおしをたのんだものが『ニッポン』に出ているのであって、製茶法における炭の使い方の図解にいたるまで長英の解説がいかされていることがわかる（緒方富雄、大鳥蘭三郎、大久保利謙、箭内健次「門人がシーボルトに提供したる蘭語論文の研究」

『シーボルト研究』）。

呉秀三の『シーボルト先生』によると、彼は茶樹の種子を蘭領インドにおくったところ、よく繁殖してその地に利益をもたらしたという。オランダ政府が他国人シーボルトを重用して日本におくったのは、貿易上の利益を拡大するためであったが、シーボルトはよくその任務を果したと言えるし、この点で高野長英はシーボルトのよき助手であった。

長英のオランダ語訳の流儀

長英のオランダ語訳の特長は、あいまいな日本語の言いまわしを、はっきりした意味をもつ単純なオランダ語文におきかえて訳してゆくことにあり、その流儀は、『都名所車』の訳によくあらわれている。緒方富雄の論文に引かれている『都名所車』の原文は次のような文体をもつ。狂歌と発句には長英も手をやいたらしく、それを打ちすてているが、かなりの難文をこなしている。

そのオランダ語訳をさらに緒方富雄が、日本語に訳したものによって長英の翻訳の流儀を推察することにしよう。

都名所車〔原文〕

上賀茂（都の北山子鎮座社領弐千七百石余 平安城いまだ立ざるいぜんよりの御神也）

御本社は加茂皇太神宮王城の鎮守なり御神前にすゞしき川ありうしろは山つゞきその上御社の境（きやう）

〔訳文〕

カミカモ（この寺はミヤコの北方の山にある。毎年の収入は二千七百石である。この寺は平安城即地ひろく古今無双の神地なり諸国の旅人上京あらばまづ上下の社へ参詣すべしまして都の人は参詣せでかなはぬ御神也身をいさぎよくして神拝すべし遊山などの時はおそれうやまひ神前にちかづくべからず○岩本の社本社の東の方在原業平也○橋本社くすの木橋のもとなり藤原実方をいはへり○片岡の社○奈良の社○大宮の社○若宮○新宮其外末社おほし○あふひ祭は欽明天皇の御宇に初りしが其後中絶して近き比より初り其よそほひ甚 美麗にしていふばかりなし下加茂より御影山までの道すがら供奉のともがら羅綾のたもとひるがへし管絃の声雲井をひゞかしさながら神の来現かとおもはれいとしん〳〵とせし御神事也○けいばは加茂の神官七日前より神事けつさいして朔日にあしそろへ五日はしやうそくあらため出る其色赤と黒とを分て勝負の木とて馬場の左の方に楓の木あり是より内にて乗おくれしをまけとす

頓阿法師の狂歌に

　ら地の内にくらぶる駒のかちまけはのれる男
　のふちの打から

ちミヤコの城が建てられるより以前に既に建てられた)。

この寺の神はカモダイジングウで、天皇の運命の守護神である。寺の前によく流れる、水の清い川がある。後の部分は山つづきである。それのみならず、この神域は非常に広く、絶好の地で、他に比すべきものもない。すべての旅人はミヤコに来れば何より先にこの寺に参詣せねばならぬ。殊にミヤコの住人は然り。その時体をよく清めなければならぬ。遊びの仲間などで来た時には、この寺の近くに来ることも避けねばならぬ。イワモトノヤシロは上述の寺の東の方に存する。この神は古の公卿アリワラノナリヒラである。ハシモトノヤシロはクスノキハシのすぐ近くにある。神はフジワラサネカタ。その他ハタヲカノヤシロ・ナラノヤシロ・ヲヽミヤノヤシロ・ワカミヤ・シンミヤ等の小さな社がある。ヲ、ビマツリといふ祭は、古の天皇キンメイテンワウの御在世中にはじまったが、後多くの世紀の間絶えてゐたが、後にまたはじめられた。祭の日には皆美しい服装をして、観る者の眼を驚かせる。シモカモからミカゲヤマまでの道を一緒に来る神の奉仕者達は、その着物や上衣を高価なもので飾る。他のものは音楽を奏し、その音は天にまで響き、神が我が世界へ降りて来たのではないかと思わせる。これは神の奉仕者が行ひ、祭の前七日間、のる祭。ケイバ即ち馬に身を清める。彼等を二つに分け、一方は体に黒衣を、他は赤衣を着ける。当日には彼等は馬場で馬を走らせる。馬場の左側にあるシヤウブノキ（即ち勝か負の　木）と呼ばれる一本のカイデ（楓）の木に最初に来たものを勝者とし、まだ来ないものを敗者とする。

〈註　カタカナは長英が蘭文の中に日本語のまま書き込んだところ〉

山崎宗鑑（そうかん）の句に

まけたとてけいばにくろの赤かほ

『都名所車』の訳には、長英のオランダ語序文がついており、それは彼の翻訳論というべきものをつたえている。

序文

オランダの学問が、かの有名なウェイランドの語学書の到来と、〔吉雄〕権之助氏がうまざる勤勉をもってフランス語からオランダ語に訳した辞書の恩沢で、近年我が国に於いて独特の価値を獲得したのを見るのは、愉快です。おかげで私たちはオランダ語の知識も、永年わが国に輸入されている中国の学問の知識もなくして、あるいはオランダ語を日本語に、また中国語に、あるいはその逆に翻訳することができるのです。もっとも私の翻訳は人びとによって歓迎され読まれるほど重要なるものとはなっていませんが、私は本の中の緊要な言葉をよく研究して翻訳するように全力をつくしています。その後私はフォン・シーボルト先生に、先生が翻訳が甚だ必要であると判断された本を、私の力でできるだけたくさん翻訳して送ることを約束しました。その目的とするところは、これによって、先生が医術の開発のためにわが日本に滞在中、私の浴した恩恵の万分の一にも報じ、かたわら私のオランダ語の進歩に資するためでありました。先生はあまり私を激励してくださるので、さらに勤勉をもって日本語を忠実に翻訳し、しかもオランダ語の語法にもよく準拠し、オランダ人もよくその意味を解することのできるように一生懸命にやらねばなりませんでした。この目的をみたすためには、しばらくの延期が必要と思います。何となれば、私のオランダ語の知識が不足なため、オランダ語の性質や動詞、副詞の用法などの研究の必要を感ずるのですが、先生の乗って母国へ帰られるオランダ船は、私の希望するほど永く当地にとまっていますまい。それでは私の目的は水泡に帰します。これが私が自分の語学の勉強になるところの主題だけをおおいそぎで仕上げる所以であります。このような機会ですから、私の訳し方や綴り字にもまちがいが多いことは許していただかねばなりません。しかし誤解や難解をさけるために、私の考えを註釈のようにして加えておきました。日本人にははっきりわかるが、オランダ人にはまったくわかるまいと思われる場所には、日本の本を逐語的に忠実に翻訳することは、漢字や日本字の書き方の相違があったり、意味が多岐にわたったりして、けっしてできるものではありません。故に何でも明瞭に訳する時にはページがおそろしくふえることも御了解ねがえるはずだす。ことにこの本そのものにおいて筆者が偶然にもとりあつかっているような題目の場合にしかりであります。

親愛なる読者よ、この目録の翻訳がオランダ人によく理解されたならば、私の希望はみたされたというものであります。

あなたの忠僕
高長英（タカチョウエイ）

高貴の読者に

文政十一年八月二十三日　日本・長崎において

この「序文」において、はっきりと長英はシーボルトに対してだけではなく、オランダ人の未見の読者たちにむかって直接に挨拶を送っている。このオランダ語序文は、京都名所案内の翻訳に冠せられるには、いくらか場ちがいの感があり、むしろ長英の心中にあった、その後の欧文著述計画の全体への序文として読みかえることがふさわしい。この計画は、すぐあとに続くシーボルトの日本追放、そのあとしばらくしておこる長英の投獄、潜伏、非業の死によって実現しなかったが、当時二四歳の長英が鎖国下の日本において、ヨーロッパ人を直接の読者とする著述を考えていたという事実は消えない。

間宮林蔵、高橋景保の絡むシーボルト事件

高野長英がオランダ人にむけて序文を書いていたころ、シーボルトは日本滞在の任期が終って帰国しようとしていた。彼が乗船を予定していたコルネリウス＝ハウトマン号は、文政一一年（一八二八）八月九日夜に暴風雨におそわれて、なぎさにうちあげられ、深く泥にはまって動けなくなった。シーボルトはやむを得ず日本滞在をのばしているうちに、おなじ年の一二月二三日（陽暦一八二八年一月二八日）に、日本国外への出発を禁ぜられ、出島に禁足を申しわたされた。

板沢武雄『シーボルト』（吉川弘文館、一九六〇年刊）によると、すでにこの年の正月、シーボルト禁足への伏線がはられていたという。

文政一一年三月二八日、幕府天文方を勤める高橋景保のところに小包が一つとどいた。差出人は長崎のプロシアの医師某とあり、その中に御普請役間宮林蔵におくる分も入っていたので、高橋から間宮にとどけた。間宮は、外国人にかかわることだからと言って勘定奉行村垣淡路守定行に立会ってもらって内容を調べたところ更紗一反（シーボルトの証言ではてぬぐい一枚）と手紙が一通入っていた。高橋のほうは荷物をもらっているのに幕府にとどけなかった。このことから、高橋景保は

見張られるようになり、文政一一年一〇月一〇日夜、町奉行所にひかれていった。彼はあくる年の文政一二年二月一六日、牢内で病死したが、その死体は塩漬けにされて裁判の判決を待たされた。判決はその翌年にくだり、存命ならば死罪ということだった。判決の理由は、高橋がシーボルトに国禁の日本地図をわたしたことである。

高橋景保の長男小太郎と次男作次郎は遠島、部下の岡田東輔は獄中で自殺したが、そのあとで屋敷ばらい、扶持めしあげを言いわたされた。長崎でもシーボルトにつながりのあるもの二三人が牢屋にいれられた。そのうち高橋と親しくなる機縁をあたえ、江戸参府に同行した二宮敬作は江戸かまい、長崎ばらい、おなじく同行した高良斎は居町ばらい、おなじく同行した画家川原登与助はしかりおくということになった。シーボルトに便宜をはからった大通詞馬場為八郎は永牢を申しつけられ佐竹壱岐守にあずけられ、小通詞末席稲部市五郎は永牢を申しつけられて上州甘楽郡七日市城主前田大和守利和にあずけられ、小通詞助だった吉雄忠次郎は永牢を申しつけられ羽州米沢新田城主上杉佐渡守勝義にあずけられた。長英は事件のおこったのをきいていちはやく熊本にのがれたため、この時は逮捕をまぬがれた。

シーボルト事件のいとぐちをつくった間宮林蔵は、その後蘭学者から警戒心をもって見られるようになり、その死にいたるまでの時期を幕府の密偵となって過した。彼には、国家の防衛にかかわる機密をスパイ（シーボルトのこと）の手から守るという正義感があったのであろう。

シーボルトはヨーロッパに帰ってから、当時の地理学の最高権威フォン・クルーゼンステルンに

会って、間宮林蔵・最上徳内製作のカラフト地図を見せて、間宮海峡の存在を知らせたところ、彼は即座に、

「わしは日本人に負けた」

と叫んだという。その著書の中に「間宮瀬戸」の地名を書いて、間宮林蔵の名を不朽ならしめたのはシーボルトである。『ニッポン』の中で、シーボルトは間宮林蔵にふれて、こう書いた。

彼は余の日本滞在の終の遭厄の年に於て、日本政府が我に対する取調を誘致したる人にして、余もしみずから救うの道を知らざりせば、わが日本記載のもっとも重要なりし材料は、この奇禍のためにみな湮滅（いんめつ）したるならん。されどその功は功としてこれを認めざるべからず（呉秀三訳『シーボルト　日本交通貿易史』駿南社、一九二九年刊）。

自分を危地におとしいれた間宮林蔵に、このように高い評価をあたえて著書の中に定着したことに、シーボルトの器量を見る。この公平な態度は、彼の教えをうけた日本の青年たちにとって、新しい心理的特性と感じられただろう。それは科学的探求を可能にする中立的な情緒である。

養父・高野玄斎の没

文政九年（一八二六）にシーボルトの江戸参府を下関に見送ってから、長英は通詞吉雄権之助の塾に身を寄せて勉強をしている。さらに江戸の神崎屋の配慮で、学資にあてるようにと、神崎屋が金を貸している医者山崎大円からの取り立てをまかされた。山崎は、なかなか応じようとしなかっ

たが、長英は、薬の未納代金四八両を棒引きにする代償として、山崎のつかえる平戸の松浦侯所蔵蘭書を自由に見せてもらうという取り引きをした。長英はそれまでシーボルトの財政的援助を得て長崎の鳴滝校舎に住みついていたのだが、このころからは平戸の松浦侯の邸内に住んで食費を支給されて勉強することができるようになった。彼はこの機会に、化学概論である『シケイキュンデ』を『分離術』二〇巻として訳することに着手した。別に長州藩の富豪で熊谷五郎左衛門という人のためにオランダ語から『蘭説養生録』を訳して資金を得ており、シーボルトから依頼された日本語資料の蘭訳によってもらう謝礼とあわせると、ようやく生活費の不足だけはきりぬけることができるようになった。

ところが、この時、故郷の水沢では、養父高野玄斎がなくなった。文政一〇年（一八二七）七月二〇日のことである。享年五二。次の辞世を残した。

死為一塊土　死して一塊の土となり
聊報坤徳恩　いささか坤徳(こんとく)の恩にむくゆ
五十三年夢　五十三年の夢
帰期逼今昏　帰期は今昏にせまる

国もとの変事のしらせが長英のもとについたのは、あくる年の二月中旬、松浦侯に頼まれた壱岐・

対馬への採薬の旅の途中、壱岐の風本でだった。

長英ははじめ養父の一周忌にあたる七月までには郷里にもどろうとしたが、長旅に必要な金を用意することができずに出立をひきのばしているうちに、シーボルト事件がおこり、熊本に難をさけた。

水沢に戻る決断とそのゆらぎ

あくる年の文政一二年（一八二九）春には、事件のほとぼりがさめたのだろうか、長英は豊後の日田に入って漢学者広瀬淡窓の塾にしばらくとまり、筑前をとおって、秋には広島についた。平田屋町の三並屋に座敷をかりて住み、旅行中の集中講義をはじめた。三十余人が生徒となって一夜おきに会合したと、これは江戸の後援者神崎屋源造にあてた文政一二年一〇月二日付の手紙に見える。長英は、九州から京都に至るまで、各地で患者を診て、その所見と処置とを記し『客中案証』全三冊を書いた。

次に長英は尾道に移ってしばらく滞在し、ここで水沢の高野家からの使者小野良策に会う。高野家では玄斎死後すでに足かけ三年になり、不安に思ったのであろう。玄斎未亡人と娘の千越（ちお）とが着物や櫛なども売って五〇両の金をつくり長英帰郷の費用にあてるようにと小野良策に託した。小野良策はこの金を長英にわたさず自分で使い果してひとり水沢に帰るのであるが、しばらく長英は不決断の時期を、小野とともに尾道から京都への旅中にすごす。京都では、少年時代に買うことができなくて困ったことのある辞書『訳鍵』の著者藤林泰助が出迎えてあつくもてなし、その世話で部屋をかりて塾をひらくことができた。

文政一三年（一八三〇）七月二日、京都に大地震があり、このために天保と改元されるほどの大事件だった。長英はそのジャーナリストとしての才能を発揮して、すぐさま『泰西地震説』を書いて地震の原因についての学説を発表した。

小野に会った時の長英の最初の決断は、今までとおなじく、秋には水沢にもどるということだった。文政一三年四月一三日、尾道から安部正之進（養父高野玄斎の従弟）、小幡源之介（養父の従弟）、須田民治（養父の従妹婿）、後藤惣助（勇吉、生家のあとつぎで、長英の異母兄）の四人あてに書かれた手紙には、秋にはもどると書かれている。彼の心境も「扨小生帰省引二歳月一遅滞極めて死罪難レ逃候」とか、「小生も一日千秋思郷之情不堪候　心頭之悲歎　書も難尽候」と述べられている。しかしこれは故郷水沢にいたころの、武士としての心情表現のきまった型を書いたものであって、当時の彼の心情を盛るに足る容器ではなかった。

当時の長崎遊学五年は、今日の日本人にとっては欧米留学五年以上にあたるだろう。一六歳の時に郷里を離れてからすでに一一年、その間に長英が物事の意味をくみとるわく組みそのものが実質的にかわってしまっていたのである。

最初の文政一三年四月一三日付の手紙を書いて郷里に送ったあと、長英は、この決断が自分のこれからの生涯を不本意な形でしばることを思って、気がめいり体の調子も悪くなった。数人の弟子をひきつれ、旅する医者兼動く自由大学主宰者として各地を動きながら、それぞれの土地で生活費を得るのにことかかないままに、彼の気分は暗くなるばかりだった。わずか四年前の文政九年（一八二六）春に養父玄斎あての手紙に「当時全盛の良境」と自分の状況をしらせ、あらゆることがうまくいって、どんどん勉強が進む楽しさを言いあらわしているのにひきくらべて、「神気常に鬱鬱敷」（文政一三年九月二四日の手紙）とは何というかわりようであろう。

この時の鬱状態は約半年つづいた。

水沢には戻らぬ決心

五ヵ月後の文政十三年九月二四日付の親戚須田与五左衛門、小幡源之介、後藤惣助（勇吉）にあてた京都からの手紙で、彼は突然に前言をひるがえし、水沢にはもどらぬ決心を伝える。この手紙も、郷里の武士社会の人にわかるようにと、まわりくどい書き方である。

自分は体がわるく、才能もないこと〔正常な時の自己認識に反する〕。だから実際的な仕事で藩侯に仕えることは難しいこと〔これも事実ではなかろう〕。その故に、学問だけをして生涯をすごすことがふさわしく、それでは藩侯の役にはたたないから、藩侯に仕えることはやめたい。これは俸禄がすくないからいやだというのではない。これからは、けっして他の主君に仕えるつもりはない〔以前の武士社会の思想のわく組みを捨ててはいないことを示している〕。

若柳村の親戚安部氏にはこどもが多いから、そこから養子をもらって自分のあとにたててほしい。自分は江戸で病を養うつもりであり、ここに生母、養母を呼び寄せて、一日でも孝道にかなうようにしたい。

この手紙では、長英は留守家の家臣の身分から離れたいと申し出てはいるが、高野家には深く「育長之恩」をこうむったから、いまさらこの家から離れたいとは思わず、実母だけでなく、養母の老を養って養父の「千万中の一恩」にむくいたいと述べている。

彼が自分の生涯をささげたいと思っていることは、西洋の学問から見出した一つのことで、このことは自分が江戸にいなくては実現できず、計画に着手する前に仕事については言うべきでないから、使者小野良策をとおして自分の志を察してほしい、と書いた。この仕事ができたら、水沢の家中にとっても、また藩侯にとっても、益のあることだと思う、とも述べている。

この仕事がどういうものかについて手紙のなかで説明してはいないが、彼のすぐあとの著作からおしはかれば、西洋諸家の著書を参照して、生理学について日本ではまだなされたことのない体系的著述をしようということだったのだろう。

小野良策は水沢にもどり、長英の意見を親戚一同につたえた。高野玄斎の娘千越は留守家に長く奉公して長英の帰郷を待ち、天保一年（一八三〇）にはすでに二五歳となっていたが、今は長英の養女ということになり、玄恭という人と結婚するはこびとなった。しかし、玄恭はもとから親しくしていた女性とともに郷里を逃げてしまい、千越はふたたび、とりのこされた。親戚からは、長英をよびもどして千越と結婚させるようにという提案がふたたび出されたが、長英は、天保一年一一月五日付の叔父茂木左馬之助あての手紙で、自分はすでに隠居しており、病身で奉公できないのだから帰郷できないし、千越は表向きには自分の娘にしたのだから彼女と結婚することはできない、とことわっている。何とか自分が水沢にもどらず、高野家もたつようにしたいと祈っているという。

玄斎の娘千越あての手紙

叔父あての手紙とおなじ天保一年一一月五日の日付で、長英は千越に直接あてた手紙を書いている。

こんど前沢よりてがみ参り承りより先々其御地にも　との様御初　うちにも何方にもさわりなき由　めて度そんしより左候得は　こんど　おまへのおんなつけ之方　ふとした事で嘸々(さぞさぞ)　はゝさまにも御しんはい遊はし候はん　此地にても　きのふは殊の外心つふいたし　夜ふけ迄　あちらこちらと　そふだんもいたし申候　どふしてよい事やらわかり不申(もうさず)候　そして此身事は今は一日でも手ばなしは　でき不申　さればとて高野の家のだんせつにもなる事を　うちすてお く事もなり不申候　又おまへは今はおもて向はむすめの事　中々そふ事はなり不申　又病身にて御かふこうもできぬ身の　今帰り候とても同し事　身うこきならぬ事は　つくえち三郎べいといふ人に前沢迄は申遣(もうしつかわ)しより御聞可被下(くださるべく)候　此上は又々よき人をもらひ　あとかたよきよふいたし度　これのみ祈りより何事もみな　わが身ゆへ　高野のいへのいろ〳〵なんぎ　おまへもさぞかし御うらみもあらん　母さまには　いか斗(ばか)りおはら立もあるべきや　おまへよりよきよふに御わびを申し可被下候　おまへにも　何事もこらへて御ゆるし可被下候　又いつ迄もなんぎしんぱい斗(ばかり)の事もなきもの　いつか一度は　よき事も可有之　そんしより申上度事(もうしあげたきこと)は

なかなか筆のさきにはつくしかね候　前沢より御きゝ可被下候　どふかいたしわたし帰り不申(もうさず)
高野のうち相立(あいたち)候やういのりより今さら　わたし帰り候とても　外にくふう出来不申　然し
身の上のむかしのやうに候得ば　あすにも帰り度そんし候得共　今は帰るといふは　しぬると
いふやうな　なんぎのわけ候得ば　必〳〵ともに　あしくおぼしめし被下(くだされ)まじく　おつゝけ
これよりぜひに一度は下りよりて御めもじはいたし　御申わけは可申　只其せつと御ゆるし可
被下候　との様にもさぞかし　にくきものと　おぼしめしも候はんなれとも　わたくしがこゝ
におるは　かへって上への忠義の事もあるべきときも候はんと　そんしより何事もあら〳〵め
て度　申上より　かしこ

十一月五日夜　　長　英

おち越とのへ

あくる年の天保二年（一八三一）、千越は、東山釘ノ子村の佐々木兵右衛門の長男、東英と結婚した。彼女は、天保一五年（一八四四）正月二日、三八歳でなくなった。千越と東英との間に能恵という娘がうまれたが、この人は弘化二年（一八四五）、母におくれることわずか一年、一二歳でなくなった。

五年ぶり、江戸に帰る

天保一年（一八三〇）一〇月二六日夜、長英は五年ぶりで江戸に帰って来た。一〇年前にはじめて水沢から江戸に入った時とおなじく、神崎屋にとまり、翌月の一一月には麹町貝坂に家をかまえて塾を開いた。このころすでに『医原枢要』という内外二篇一二巻からなる生理学概論の著述にかかっている。この著述によって長英は日本医学史に一つの位置を得る。「支那医方の生理学は、その解剖学と同じく、一に『素問』、『霊枢』の二書を宗とし、二千年の久しき、その間幾十百種の著書あるも、要するところ、この二書以外に一歩をも出ずること能わざりき。和蘭の医方はその端を人身内景の学に発し、爾後五六十年を経て、内外疾病の治法、薬品方剤の製煉主能に至るまで、一として備わらざるなきに至りしも、理論を主とせる学科の興りしは大いに他の諸科に後れ、理学は前に言える如く、文政十年、青地林宗の『気海観瀾』によりて我が邦に伝えられ、生理学はこれに次ぎて、天保三年（西暦一八三二）、高野長英の『医原枢要』によりて始めて我が医学界に紹介せられたり。『医原枢要』は、垤剌華以越 de La Faye、蒲略綿抜弗 Blumenbach、羅設 Roose 等、諸家の生理書を訳輯せるものにして、『人体の形質、諸器の主用を詳にし、活器運動営為して生命存活する所以を明にする』を以て人身究理の要義とし、人身存活する所以は、内には活動の器を具え、外には運用を資くるの物ありて互いに相激するによるを以て、人身究理の学にありては、初めに人身の形体、性質、諸器の運用を講じ、次に体外の諸物を論ずるを則とすと説きたり」（富士川游『日本医学史綱要』）。

郷里への意識と母の江戸呼びよせ

二七歳の高野長英は、郷党の願いをしりぞけて自分の意志をとおし、著述をすすめながらも、しばらくは郷里を捨てたものの罪の意識に悩まされた。

天保二年一月二五日付の叔父茂木左馬之助あての手紙には、郷里からの無心にこたえるだけの資力がまだできぬ理由として旅中の門人十造の不始末をつぐなうために二〇両調達しなければならなかった事情をこまごまとのべてから、

> 右之次第不思(おもわざるの)難儀(なんぎ)大災(たいさい)　正月早々より相起り候　考るに去年来の病気　又当正月の事　皆是国に不帰　老母に苦労いたさせ　恩ある家をすて東都に止り候ゆへ　天の戒と存候得(ぞんじそうらえ)は左程(さほど)之(の)災(わざわい)とも思不申(おもいもうさず)候　然し小生は中々恩を忘候(わすれそうろう)　心底(しんてい)は毛頭無之(もうとうこれなく)只人の生涯を測り如此(かくのごとく)東都居住を定候　養家の義理ゆへ于今(ここにいま)女きれとては家内に半ぶんもなし　生涯先(まず)独身の念願に候

この手紙は、つよい肉親の情によって結ばれているのでもない年長の親戚数人宛の前の二通ほどの手紙とちがって、現在自分の実母を世話している母方の叔父宛の手紙であるので、前の二通ほど言葉をとりつくろっていない。先年来、痛風その他の体の不調に悩まされたり、門弟に迷惑をかけられて金に困っているのは、恩ある養家を捨てたばちがあたったのだという長英の自然の感情を伝えたものであろう。

恩ある養家を考える時、長英の心中には、自分を教えてくれた祖父、自分に学資を出し続けてくれた養父、その妻である養母、そして約婚の人であった従妹千越のことを思い浮べたであろう。そ

の養父のもとに長く世話になっていた実母を困らせたことは、長英にとっても辛いことだっただろうが、それとともに従妹の半生を暗くしてきたことも忘れることはできなかったであろう。だからこそ、彼は自分の家に女きれ一つおかず、独身を誓っていた。

家に送金できぬこれらの理由を母には黙っていてくれと頼み、

> 但し此事老母えは御伝言御無用に候　女は愚痴なるも却而（かえって）心労に而（て）もかけ癪に而（て）も起り候而（そうらいて）は不宜（よろしからず）候ゆへ　只々隠封（かくしふうじ）可被下（くださるべく）候

とある。長英の母は、愚痴の多い人だったのだろう。

長英はこの母のために、苦しい中から五両ほどつくって送り、昨年冬送った三両とともにあわせて八両を、母の江戸行きの旅費としてあずかっておいてほしいという。来月には母の隠居所をつくりたいと考えて大工に頼んでおいたのだが、今度の門弟十造の不始末で、増築を見あわせたが、ともかく母を江戸に呼びよせたいと、叔父あてのこの手紙に述べている。

> 江戸へさへ参居（まいりお）り候へは如何様（いかよう）にか御恩報も可仕（つかまつるべく）候

しばらくして、母美也は郷里をたって江戸に移った。この年、天保二年（一八三一）に、美也は五一歳、長英は二七歳だった。

五　無人島　1831-39

小笠原貞頼と小笠原諸島

小笠原諸島は、江戸からおよそ一千キロの海上にある。

一千キロというと、当時世界有数の都会であった江戸の近くにあるとは言っても、そういう島があるといううわさが時として口の端にのぼるくらいで、江戸時代の終り近くになるまでは、伝説の一部にすぎなかった。

島そのものは、今から四、五千万年前からあった。海底火山脈の頂上が海上にもりあがってできたものである。伊豆七島などは百万年から二百万年前にできたとされているので、それらとくらべて、小笠原諸島ははるかに古い。

北緯二四度一四分から同二七度四五分、東経一四一度一六分から同一四二度二六分にわたって散らばっている三〇個あまりの島々である。

一番大きい父島は二四平方キロ、二番目に大きい硫黄島は二二平方キロ、三番目の母島は二一平

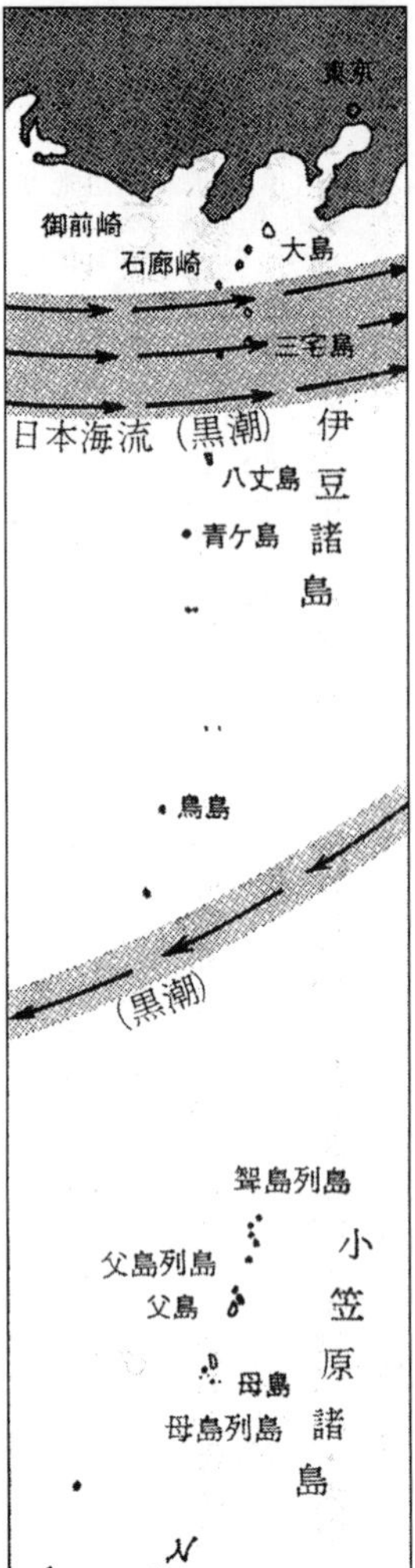

方キロ。

気候は一年を通じてあたたかく、雪などの降る時はなく、父島の平均気温は二二・六度。冬は一七度、夏は二七度である。

ヘビやサソリなど、人間を殺すような動物はいない。バナナ、オレンジ、パパイヤ、マンゴなど熱帯の果物がなっている。

この島は、日本以外の国々の地図にはボニン島として書きこまれていた。「ボニン島」とは「無人島」という日本語からのなまりであろう。

おそらくこの島は、何度も日本からの漂流者によって発見され、また再発見されたのであろう。何人かは、この無人島でしばらく生きながらえ、やがて死んだ。何人かは、日本に帰りついて、この無人島のことを言いつたえた。

ドイツ人エンゲルベルト・ケムペル（一六五一〜一七一六）は、のちにシーボルトがまねたようにオランダ東印度会社の医官として日本に来て、元禄三年（一六九〇）から元禄五年まで滞在し、ヨーロッパに帰ってから『日本志』（一七二八年刊）を書いた。この本によると、この無人島は、一六七五年（延宝三）ころに日本人によって発見された。伊豆の八丈島から暴風のためにおし流された日本船が、その東方三〇〇マイルのところでこの島に漂着した。そこでは彼らは住民に出あわなかった。この島には清水があり、楽しいゆたかな土地に見えた。日本人たちは、この島を「フジン島」と呼んだ。というのは、この島に住民の住んでいるのを見なかったからだ。

このように何度も漂民によって語りつがれた知識は、やがて歴史上の特定人物にまつわりついて、彼の発見として書かれるようになる。

後陽成天皇の御代、文禄二年（一五九三）七月二六日、徳川の武将小笠原貞頼は、伊豆から出て南の海を探検してまわり、無人島を発見して上陸し、木のクイを島内二ヵ所にたてて、それにこう書いたという。

日本国天照皇太神宮地島長源家康公幕下小笠原正四位少将民部少輔源貞頼朝臣

日本国天照皇太神宮地島長豊葦原将軍幕下小笠原民部少輔源貞頼朝臣

これは、明治に入ってから早いころに書かれた磯村貞吉『小笠原嶋要覧』（便益舎蔵版・明治二一年刊）によったものである。「文禄二年七月二六日」などと、日付まではっきりしているところが、かえってつくりばなしらしい。

おなじ明治二一年（一八八八）に出版された小笠原島庁編、警視庁監獄石川島分署印刷『小笠原島誌纂』によると、小笠原貞頼の発見は「文禄二年十月貞頼家康ニ従ヒ東帰スルノ後」と書いてあって日付はない。ともかく日本政府の発行した公文書が、小笠原貞頼による小笠原島発見から書きはじめられているのである。

この公文書の「発見事歴」によると、全島は小笠原貞頼なる人のはじめて発見するところである。

貞頼の子孫たちの渡海

貞頼は、信州深志の城主小笠原長時の曾孫である。長時は天文二二年（一五五三）、武田晴信に滅ぼされた。その長男小笠原長隆は織田信長に屈し、越中富山で戦死。その子長元の子が貞頼である。長元、貞頼は、織田信長、豊臣秀吉、徳川家康につかえて戦功があった。文禄一年（一五九二）、朝鮮の役に際して貞頼は軍検使としてはたらいた。帰国するや、家康は貞頼に、おまえたちは主従もろとも禄に不自由しているだろうから、小田原陣以来の軍功のあったことだし、島など見つけて申し出たらばあげよう、と言って、証拠の書きつけをくれた。

文禄二年十月貞頼家康ニ従ヒ東帰スルノ後即チ南海ニ航シ伊豆八丈島ノ南ニ当リ三箇ノ島ヲ見立テ巡検セシニ土地広ク人家ナシ開国最上ノ地タルニ因(よ)リ島毎ニ名ヲ附シ帰テ其地図物産等ヲ献セシカハ家康大ニ其功ヲ賞シ総称ヲ小笠原島ト賜ヒ永ク之ヲ領セシム

小笠原貞頼は何度も、その所領小笠原諸島に出かけていった。その子長直も一度目は島に達したが、二度目には風浪にさまたげられて上陸できず、その後は上州の館林に住んで死んだ。文禄二年から寛永二年（一六二五）まで三二年間、小笠原諸島とのゆききはあったが、その後ぱったりと渡航しなくなった。

享保一二年（一七二七）になって、長直の孫で小笠原宮内貞任という浪人が、老中松平伊賀守に、無人島は自分の家の旧領であるので、そこに渡りたいと願い出た。町奉行大岡越前守がこの申し出を吟味し、明年五月に行ってもよろしいということになった。島についてから独力での開拓は不便ということなら、人が移住するようにはからおうという。そこで宮内貞任は三百石積みの船を支度して、享保一五年か一六年ころに大坂から出帆した。貞任の息子の民部は同行しなかったが、その民部の言うには、四年たっても帰ってこないのだから父の船は沈んだのだろうとのことである。その後は、小笠原諸島への渡海はまたとだえた。一説には、貞任の甥にあたる長晟が享保一六年に大坂から出帆して、島の産物をもちかえったとも言う。

これらの伝説は、享保年間に出た「巽無人島記」という著者不明の写本にもとづくものだと、山方石之助は『小笠原島志』（一九〇六年刊）で考証している。小笠原貞頼の子孫と称する小笠原宮内貞任が先祖のことを述べて幕府にねがい出た訴状は写本の形で残っている。

享保年間（一七一六〜三六）には、このような歴史小説めいた筋書をまとめることができるほどに、小笠原諸島についての情報は江戸の人びとの間にひろまっていたのだろう。

ヨーロッパ文献・漂民報告・林子平の言及

ヨーロッパの文献では、一五四三年（天文一二）にスペイン人ルイ・ロペッ・ド・ヴィヤロボスが小笠原諸島を見た記事がもっとも古い。ヴィヤロボスはフィリピン諸島を攻略した人物であり、小笠原貞頼の小笠原諸島発見の記事よりは信頼できるけれども、ヴィヤロボス以前に数知れぬ漂流者（その多くは日本人）がこの島を発見していたことと推定できる。

これはヴィヤロボスよりあとのことであるけれども、寛文九年（一六六九）に阿波の勘左衛門、安兵衛、秀之丞、三右衛門の一行、紀州の長左衛門がそれぞれ別に小笠原島に漂着し、そのあくる年の寛文一〇年に、下田にもどって奉行所にとどけ出た。この報告にもとづいて幕府は延宝三年（一六七五）六月に伊豆の代官伊奈兵右衛門忠易に「巽（南東）の方の離島巡見」を実行させたという記録が、林大学頭編『通航一覧』（嘉永六年・一八五三年刊）に出ており、この時の漂民の報告が中央政府の受けつけた最初の小笠原情報と考えられている（大熊良一『歴史の語る小笠原島』小笠原協会、一九六六年刊）。

天明五年（一七八五）に、仙台の人林子平（一七三八〜九三）は『三国通覧図説』をあらわして、朝鮮・琉球・蝦夷の三隣国について記すとともに、付録として無人島（小笠原諸島）について述べた。その目的は日本の国の海防ということであって、あくる年の天明六年に刊行された『海国兵談』とおなじ視野をもっている。林は、長崎に旅してオランダ通詞とも親しく、ここで伊豆の代官伊奈一行の小笠原渡航にさいして船長をつとめた島谷市左衛門の家の記録を見て、これにもとづいて小笠原諸島への定期航路をつくり、移民をすすめ、産業をおこして「巨万ノ利」を得る計画を説いている（大熊良一「小笠原諸島と林子平の『三国通覧図説』」『政策月報』二〇七号、一九七〇年発行）。

林子平の二著は、老中松平定信の禁止するところとなり、絶版を命じられたが、評判は高く、復刻版によってかなりの人びとの手にわたったようである。その一冊を、私は茨城県鹿島郡鉾田町の

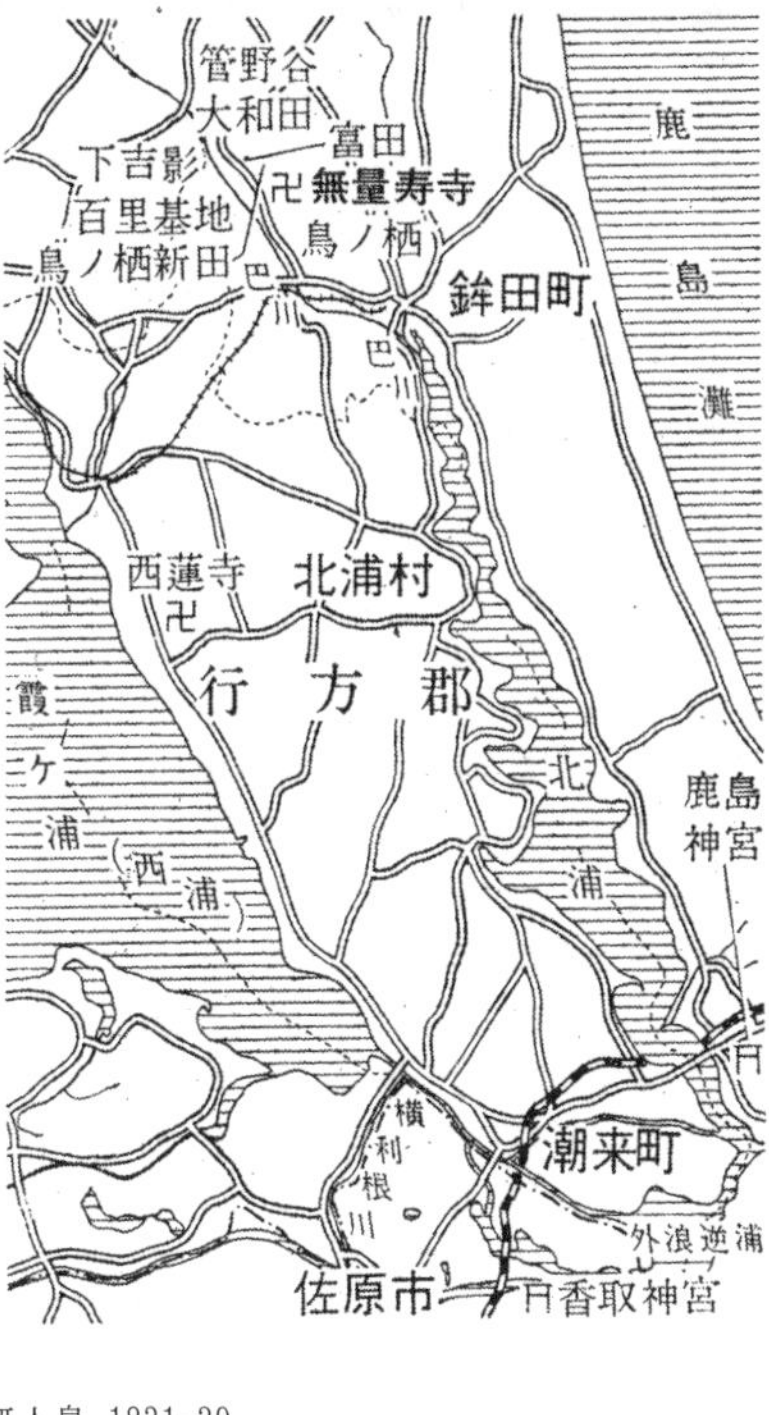

光明山無量寿寺は、霞ヶ浦の北東にある浄土真宗の寺である。正門をくぐってこんもりとした木々におおわれた石段を登りつめると、茅ぶきの山門がある。

光明山無量寿寺で見た。無量寿寺は、無人島渡航計画のかどで、蛮社の獄に問われた住職の順宣、順道父子が、仲間と渡航計画を口の端にのぼせたところである。

無量寿寺と住職順宣・順道父子

無量寿寺は、茨城百景の一つに数えられている。森の中の高い石段を上ってゆくと、おだやかな、やさしい形をした茅ぶきの山門に出会う。宝暦年間（一七五一〜六四）に建てられたものだそうだ。右手に二重の瓦屋根のある大きな土蔵があり、ここに江戸時代の住職の蔵書と著作が残っていたそうだ。『光明山無量寿寺略縁起』によれば、この寺は、もともとは人皇五一代平城天皇の大同一年（八〇六）に三論宗の道場としてはじまり、元久一年（一二〇四）に禅宗の寺となった。一時は幽霊が出ると言われ、無住の廃寺となっていたところに、親鸞聖人が弟子順信房をつれてこの地にあらわれたので、里人がこの寺のことを話したところ、小石をたくさんひろってきてくれと言われた。あつまった石の一つ一つに浄土三部妙典二万六六一二字を書き写して、幽霊の出るといわれる墓にうめて、ねんごろに念仏をとなえた。すると、幽霊はたちまち菩薩の姿にかわって往生をとげた。

聖人は末世のためにと言って、焼いた「かや」の実と菩提樹を植えた。この二本の木は今日も境内に生い茂っている。

聖人はこの地に三年滞在したあと、順信房をのこし去っていった。この時から寺は、禅宗から浄土真宗にかわり、寺の名を聖人の指示により無量寺から無量寿寺にあらためた。境内には聖人がみずから水を汲んだ井戸があり、そこからきれいな水がいつもかわらずわき出ている。

「光明山無量寿寺系統略府」には次のように記されている。

順信[1]—随信[2]—順秀[3]—順慶[4]—順也[5]—順宗[6]—慶順[7]—祐宗[8]—明順[9]—祐順[10]—順巴[11]—順弘[12]—順了[13]—順納[14]—
順以[15]—順庸[16]—順超[17]—順誓[18]—順常[19]—順宣[20]—順道[21]—順法[22]—順鵬[23]—栄信[24]—静基[25]—順心[26]

今の住職片岡順心は、肉づきのよいゆったりした風格の坊さんである。一九二六年（大正一五）一一月二〇日生れだそうで、一九六二年に住職となった。母はこの寺の一人娘で、無人島事件の順宣の血筋をつぐ人である。

「ここにいろいろ本がありますが、昔から蔵の中に入れたままになっていたので、去年、新堀先生が見つけるまで、私はそういうものがあるとは知りませんでした」

と、私をこの寺に案内してこられた新堀猛の発見であることを言う。

発見者新堀猛は、一九〇一年（明治三四）、鉾田町の生れで七四歳。若いころは北海道で牧場をひらいたが、故郷にもどって来て、町の文化委員をつとめ、『鉾田町の今昔』（鉾田町町長菅井正雄発行、一九六〇年刊）を執筆した。この時から無量寿寺に眼をむけるようになり、やがて蔵の中から順宣、順道父子の残した文書を見出した。新堀は、敗戦直前に軍から本土決戦にそなえて竹槍の調達をたのまれ、樫の木を切ってもらって大量にもって来たが、そこで戦争は終り、支払いをどうすることもできず、槍をかえしに行ったところ、いまどき、こういうものを返しに来たのはあなただけだと言われたそうだ。そういう律義な気性で今日まで生きて来た人と見うけた。

住職は、新堀から教えられるまでは蔵の中の遺品について知らなかったほどだから、自分の先祖について誇らしく語る人ではない。聞かれれば話すし、求めに応じて遺品を出して来て見せてくれる。できあがった言葉をくりだして型どおりの説明をするのとちがって、かえって説得力をもっていた。

ここで見た『三国通覧図説』には、「天明丙午（六年・一七八六）夏　東都書林　室町三丁目　清原屋市兵衛梓」とあり、原本の復刻版であろう。おそらく、林子平のこの本によって、無量寿寺第二〇代住職順宣は小笠原諸島についての最初の確実な知識をもったのであろう。

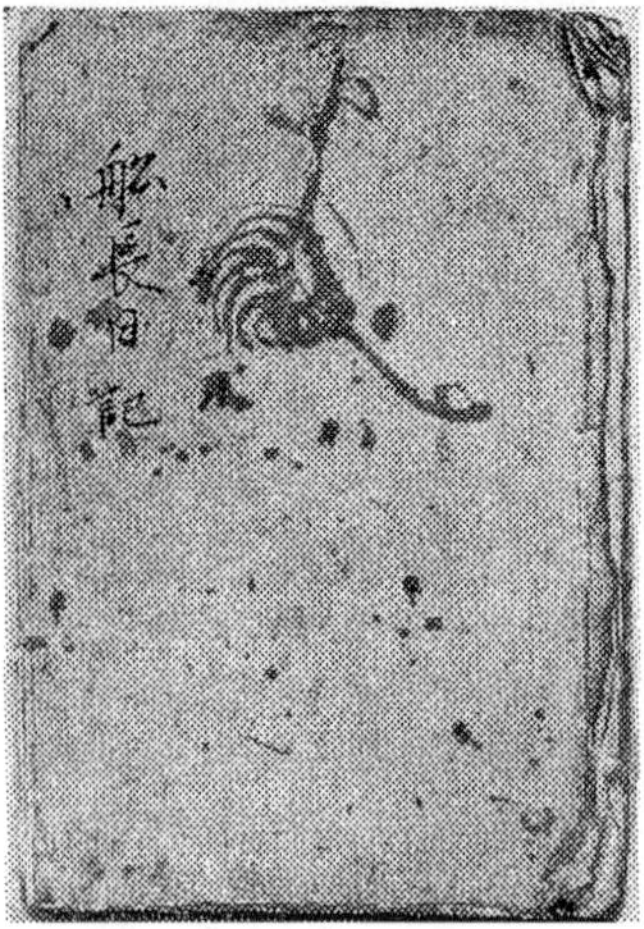

漂流者からの聞き書写本

寺には漂流者重吉からの聞き書『船長日記』の写本もある。三河国新城の菅沼家の江戸家老池田寛親の書いた本で、本居太平の跋がついており、文政五年（一八二二）の刊行である（上の写真）。

内容は尾張の船頭重吉が一年五ヵ月漂流して、日本に生還してから話したもので、その重吉が話すままを書いたと筆者は述べている。

重吉の乗った督乗丸（千二百石積み、十四人乗）は、尾州の城米を江戸に運び、その帰りに、文化一〇年（一八一三）一一月、遠州御前崎の沖で吹き流され、三宅島を前に見ながらやがて日本を見失ってしまう。乗組員がひとり誤って海に落ちて死ぬ。この時から、重吉は、日記を書きはじめる。大きな船であったし食糧をたくさん積んでいたので一年五ヵ月の漂流にもたえられたわけだが、しかしその間に一四人の乗組員のうち一一人が死んだ。生きのこった三人は、イギリスのロンドンの船フォレスタ号に救われた。船長はビゴットという。

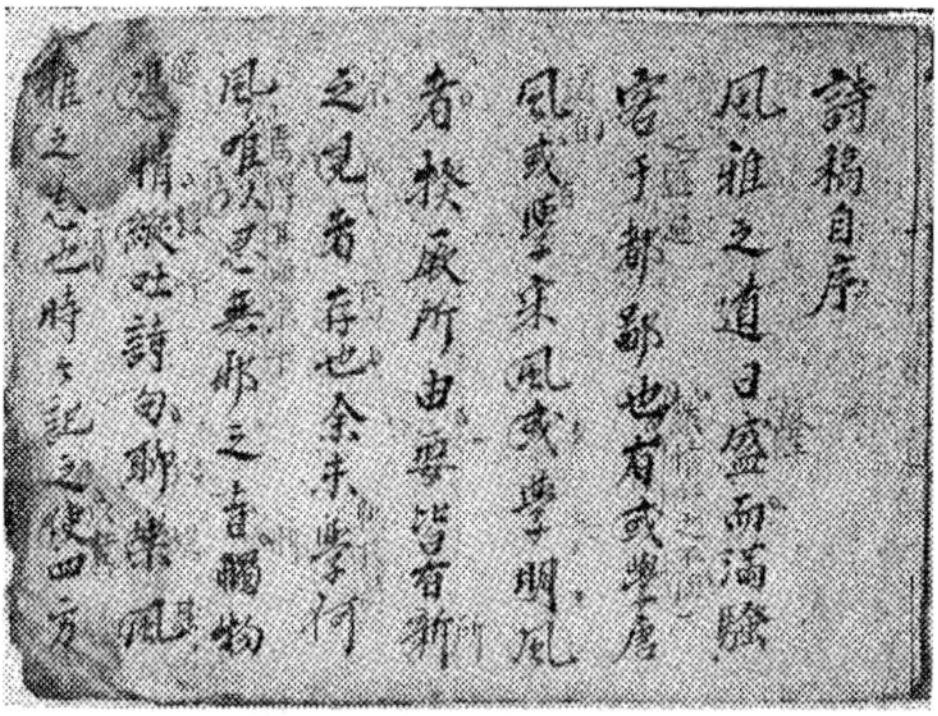
順宣筆の「詩稿自序」

救助の場所は、米国ロスアンゼルスの西南、北緯三二度四五分、西経一二六度五七分の洋上であった（『日本庶民生活史料集成』第五巻、漂流篇の解説による。三一書房、一九六八年刊）。フォレスタ号に乗った重吉たち三人は、アラスカのシトカ港にいたり、カムチャッカのペトロバウロフスクで薩摩の漂民三名と合流し、今度はロシアの船に乗って千島列島を南下し、北海道にわたり、文化一三年一二月（陽暦一八一六年二月）江戸についた。千島沖航行中、一人また死んだので、督乗丸乗組員中、生きて日本に帰れたのは重吉、音吉の二人だけであった。重吉は文化一四年（一八一七）五月に尾張に帰り、一別以来五年目に妻子と面会した。

彼は尾州藩から召しだされ、名を小栗重吉と改めたが、ほどなく扶持を辞し、漂流中の仲間との約束どおり供養碑の建設にとりかかり、尾張の笠寺にこれを建てた。その碑は安政年間（一八五四〜六〇）に成福寺に移され、今日もそこにあるという。

住職父子の渡航計画への大きな覚悟

一年五ヵ月にわたる太平洋上の漂流、一四人の乗組員中一一人の死亡を写実的にえがいたこの記録は、順宣、順道父子に、無人島への航海がなみなみならぬものであることを教えたであろう。こんな本を読んでさらに渡航計画を推し進めるには、彼らはよほどの覚悟があったとみなくてはなるまい。

順宣（一七九〇〜一八六七）は、若いころに長崎に行って勉強したそうだ。

この寺にはオランダ製の絵皿などもあり、これは、長崎からもって帰って来たものかもしれない。住職の話では、縁の下の落し穴にあったために、今日まで残されたらしい。

他に、「阿蘭陀外科　一味能毒書　全」と題された手控や人体解剖の本などもあり、長崎では医術を学んだあとがうかがわれる。その他に、火薬の調合の仕方を記した手控もある。航海に際し、また無人島上陸後、必要と考えたのだろうか。

「もっとたくさん、いろいろのものがあったらしいのですが、事件の時に、この寺でもやさないで村ざかいまでもっていって焼いたそうです。長持に二はいあったといいます。わたしのおじさんたちがもっていって焼いたという年よりの思い出ばなしを聞いたことがあります」

住職父子がこの近在の人びとに親しまれていたことがわかる。それは、牢から放たれてから、順宣がこの村に帰って来て、寺にもどって住みつづけることができたということからも、うかがえることだ。順宣は、慶応三年（一八六七）二月一五日、七七歳でなくなった。その子孫である現住職は言う。

「親子ともに獄に入るということは、この寺にとっては重大なことだったですな。でも寺はつづきました」

村ざかいまで行って燃した時に、蘭方薬の処方箋、火薬調合ノート、『船長日記』、『三国通覧図説』（小笠原諸島地図を含む）は残されたくらいだから、役所から言いがかりをつけられそうな書類を全部燃してしまうというふうにはゆかなかったらしい。まして政治と直接かかわりをもたぬと思えた漢詩のたぐいは残された。

今見ることのできる順宣の「詩艸」には、若いころに京都を旅行した時のものなどが多く、多くは検挙前の作であろう。気のあった友だちが会って雑談して楽しむという詩もいくつかある。そういう境涯を望み、そういう雑談の延長線上に無人島移住の計画もうまれたのではないだろうか。

「詩稿自序」において、順宣は、自分の詩風は「思い邪（よこしま）なし」ということを旨とし、物にふれ情にまかせてただ心にうかんだ詩句を吐いて、いささか風雅の志を楽しむのであると述べている。

彼に小笠原諸島のことを教えた林子平の本は、無人島をひらいて巨万の富をつかむ道がひらけることを説いており、彼の投獄のいとぐちをつくった幕府の小人目付（こびとめつけ）小笠原貢蔵の手控によれば、そのころの無量寿寺は破損しており順宣夫妻、順道夫妻はいずれも畠仕事をしたり、カイコをかったりして働いていた。その貧しさから逃れる道を無人島行に託したように小笠原貢蔵は考えている。しかし順宣の書き残した文章によって見ると、金もうけのために親代々住み続けた寺を捨てて出てゆきそうな人とは思えない。むしろ無人島に行って、みずから耕して自分を支える気組みをもつ僧侶であったと思われる。幕府の調査官である小人目付の推量からはみだす部分をもつ人ではなかったか。

『小笠原嶋要覧』中の順宣の伝記

私の見たかぎり、順宣についてただ一つのまとまった伝記は、明治に入ってから書かれた磯村貞吉『小笠原嶋要覧』にある。私の考える順宣像ともちがい、また目付の鳥居耀蔵や輩下の小人目付小笠原貢蔵の順宣像ともちがって、明治はじめの文明開化時代の理想に照らして、文明富国の道を構想した先覚として順宣を理想化してえがいている。順宣没後二〇年のころに書かれたものだから、彼について直接の見聞をもつ人から資料を得たのかもしれない。

釈順宜（ママ）略伝

順宜ハ常陸国鹿島郡鳥栖（とりのす）村無量寿寺の住職なり性豪邁宗祖親鸞の流を汲（く）み易行専念の旨趣を修行し専（もっぱ）ら往生安信の正覚を研究の側に地球万国の地図を愛玩し其余勢蘭学に及び深く西洋の風俗事情等を探るを楽とす一日小笠原島漂流人之記及三国通覧等の書を閲（けみ）し大に感ずる処あり所（おも）

> 為らく小笠原島ハ　皇国の版図棄て他国人の所有と為すハ失体の一なり縦令人倫不通の離島なりと云とも躬親ら渡航して開拓の業を起し産物の蕃殖を計らハ永く　皇国の裨益なるべし報国の赤心緇素の別ある可らずと日夜心胆を凝して周旋す天保九年十一月江戸に来り同志を求む幕臣花井虎一が所蔵なる該島の地図ハ精密なりと聞き借閲を請へども得ず後遂に之に結び次て高野長英小関三英等に交り〔この筆者は、裁判資料を見ていなかったのであろう。順宣と長英、三英はおそらく面識がなかった〕益々希望を達せんことを画す同十年浮説ありて渡島の較計ハ其実外国密交の企也と於是虎一禍害の其身に及んことを怖れ遂に密訴したるを以て縛に就き押籠に処せられ在ること歳余再び晴天白日を見るを得たり

父とともに牢にいれられ、天保一〇年（一八三九）七月二〇日、獄中で二八歳の生涯を終えた順道も、「縁越合作記」という筆記本を残している。こどもらしい筆跡で、彼がまだ少年のころ越前、越後を旅行して親鸞聖人のおこなった不思議について、各地の伝説を書きうつしたものである。思い邪なき古代の暮らしの形にかえろうという志を、父とともに分ちもつ人柄だったのだろう。この父子が、何人かの同志とともに、この寺で無人島行の計画をねっていた。

小人目付・小笠原貢蔵自筆手控の中の順宣像

おなじ父子の行状は、ひとたび幕府の役人の視野におかれると、別のおもむきのものとなる。

小笠原貢蔵自筆の手控は、その曾孫にあたる酒川玲子の手もとに残されていた。半紙たて折り横

長とじ一二丁に墨書したものであるという。高橋碩一『洋学思想史論』（新日本出版社、一九七二年刊）に復刻されているテキストによると、幕府調査官のえがいた順宣の肖像は次のごとくである。

常州鹿島郡
　鳥栖村
　　無量寿寺
　　　院主　順宣
　　　　亥六十一　二歳位

右者生質愚直に候得共老来世事に馴染して奇才の者又は山師等に相親み無人島には奇石異草多く有之趣承伝、両三年以前より存立、右島へ渡海の上大材奇石異草等取得候て格外利徳に可相成と一図に存込候得共不容易義且亦地理等も不弁、折々寺用に付出府の節々蘭学者又は山師等に出会存意申述候処同意の者追々出来候得共島絵図無之を深く相歎罷在所へ手を掛借請度より人毎に相頼候由。

一　去年中水戸殿家来にて内縁有之額田久兵衛と申者へ相談の上、島へ渡海いたし度内願書差出候処右は公儀にて思召も有之島故水戸殿より申立は難相成旨申聞候由に付此節公儀へ願方の義色々相考手続等取調罷在候由。

一　水戸領中湊に住居酒造并質物等渡世いたし候五郎兵衛父隠居大内五郎右衛門は別家いたし松前表塩引鮭其外魚類積取八百石積以下の船所罷在商売いたし水戸殿より格式を被下苗字

帯刀いたし候者と懇意いたし罷在同意の者相極り公儀へ願書差出御聞済の上は前書五郎右衛門へ申談船為出積心得候趣にて未願済不相成同意の者取極も無之間不申出由。

但無人島へ渡海の義千石以上の船の方宜抔申触し候。

一　去年中出府の節深川佐賀町住居印籠蒔絵師山崎金三郎方へ罷越、島渡海の義申談候処金三郎兼々写持居候平天儀と称候て洋中にて昼夜共日月星辰を以方位を見極め都て洋中実用の趣何れも図方を認時刻其外共縁方仕法有之、右は漂流等の節別て用立可申物と申聞候間心服いたし自身写取所持仕候得共未遣方等心得不申候由。

一　無人島へ漂流いたし候者四十年程以前船頭冨吉と申者は志州鳥羽浦より荷物積入出船いたし難風に逢い漸右島にも候哉漂着いたし久敷罷在候内乗込の者追々相果、冨吉壱人二年程右島に罷在魚類等食し其後帰国いたし候由、右島は無人島続にて茱萸（かわはじかみ）多砂地の島の由、実事は如何取留不申浮説を承り申触し居候由。

一　寺中広く最寄民家少く山寺にて男女二人も召仕、右は平生耕作為致順宣順道夫婦も農業手伝いたし此節（蚕を飼い）〔ここは貢蔵が線でかこい削除したところ〕寺中の桑を取、蚕を養ひ、日々相寄世話いたし本堂庫裏屋敷其外も大破の様子に御座候。

一　無人島へ渡海の願相済候上は凡一年の食物貯、人夫も大勢召連相越、大材其外積取出帆いたし、尤右近辺は荒波の場、殊に風順に寄候て八丈島を除其余の離島へ着船いたし上陸の上は何にても積込候共洋中の義　公儀にて御構無之候義抔申触し候。

この手控を書きうつしながら、役人というものはいともたやすく人のことを愚かだとかいうものなのだなと思った。これは役人の眼の位置から自然にきまってくるのだろう。渡辺崋山のことも、はじめのところでは、「此者文武相応（そうおうに）出来、書画も不拙（つたなからず）、平常麁（粗）服を着、長剣を帯し、逢対静にして一度逢候もの親しみ深く相成」と書いたが、あとのほうでもう一度とりあげたところでは「此者蘭学は勿論古事目前に見候様諸人へ物語いたし思慮少き者に候処」と書いている。順宣の「生質愚直」も、人民を採点する先生の役をもってみずから任じている役人の慣用語として理解すべきところがあり、役人の慣用語によっても、性質奸悪とか狡智にたけているなどと書けないほど、すなおで隠しだてのない人だったと見てよい。

小笠原の手控は、無量寿寺を別のところで「貧寺」と書いているが、本堂の廊下の天井に駕籠二つつるしてある寺が貧寺というのは、小笠原が大船を自己の資力で用意できるような大寺を期待していたからではないだろうか。

小笠原貢蔵の手控にあるとおり、順宣ははじめから幕府に願い出て小笠原諸島に船出する心ぐみだったのだから、自分の計画が罪にあたると思っていない。別に密議をこらすというのでもなく、いつも公然と計画をたて、仲間で話しあっていたらしい。由緒ある寺だといっても、あまり寺の建物をきれいに掃除するということもなく、二人の使用人とともに老夫婦、若夫婦も一緒になって畠仕事やカイコの世話をして働いており、僧侶としての仕事、詩作、医学や地理の研究をそのあいまにやっているという暮らしかただった。やがては無人島に行って、太平洋上でおなじように耕したり詩をつくったり議論したりする共同社会をつくろうという、素朴なユートピアンだった。その中には潜在的に封建制度批判の芽があったかもしれないが、順宣自身としては公然と幕府の政道を批判する気はなかったであろうし、幕府と自分が正面衝突するという可能性は彼の考えにはなかったであろう。

そういう事情は、すでに小笠原貢蔵の調査にもはっきりあらわれており、順宣をことさらに罪におとそうとする動機によって彼の手控はゆがめられていない。「公儀へ願書差出御聞済の上」で彼が

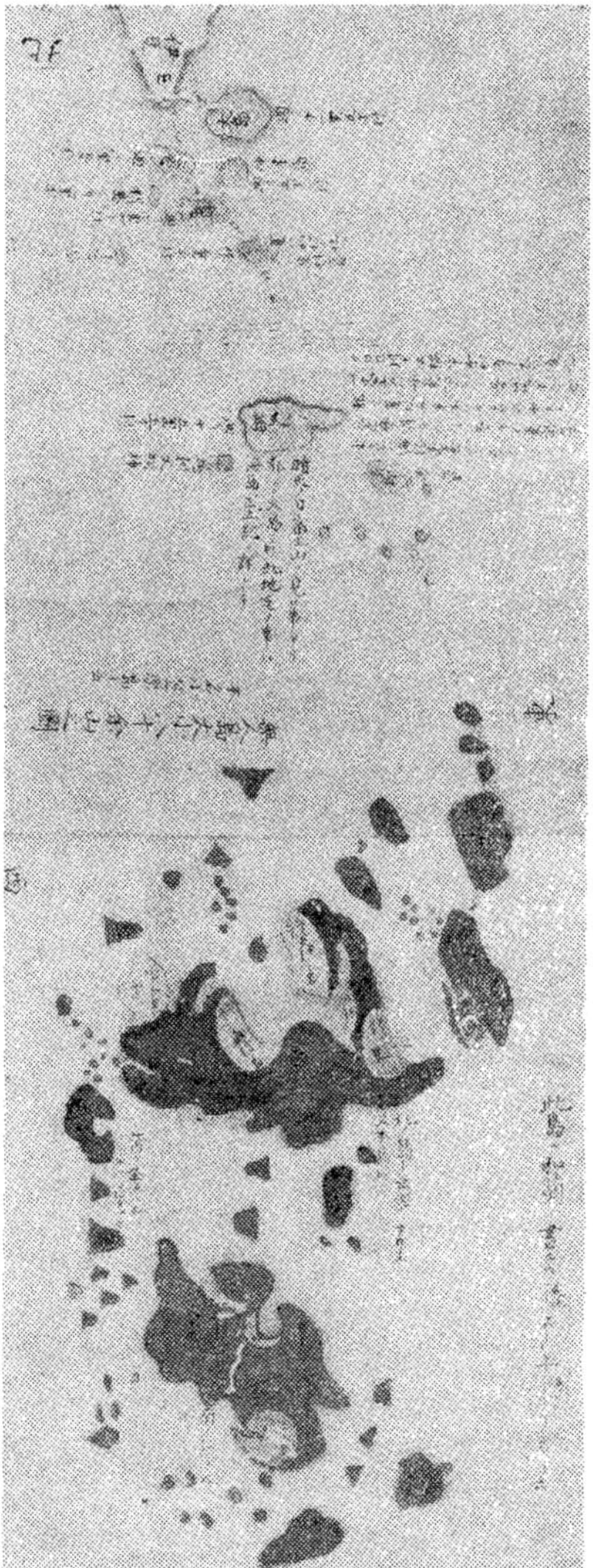

幕末に流布した"無人島大小八十余山之図"。この地図によると，伊豆下田から小笠原諸島まで約254里(1016キロ)とある。実測に近い。

船出しようという計画であったことを再三はっきりと記している。

そういう人物が、どうして、投獄されたのだろうか。それを理解するためには、順宣・順道の仲間が、彼らの考えもおよばぬ大きな図柄の中にとらえられていたことを理解する必要があるし、その大きな図柄を考案した目付鳥居耀蔵の人間と思想を理解する必要がある。

目付・鳥居耀蔵の政治的決断基準

鳥居耀蔵（一七九六〜一八七四）は、大学頭林述斎の四男として生れ、旗本鳥居一学の養子となって家禄二千五百石をうけた。

生家の縁では徳川幕府の理論的な支えをなすべき任務を課されて育ち、養家の縁では幕府譜代の臣として武力をもって忠義をつくす任務を課されたものと自分を位置づけた。二重の意味で家筋の思想が彼の上にはたらきかけた。幕府の命令に批判をもつと彼が見なしたものにたいする手段をえらばぬ弾圧が、目付として、町奉行としての彼の方針となった。林家の儒学を守ってこれに対抗する蘭学を排すること、幕府の歴代の政策である鎖国を堅持し、これをゆるめるような動きを芽のうちに断乎としてつみとることが彼の政治的決断の基準となった。渡辺崋山、小関三英（こせきさんえい）、高野長英らの蘭学者を死にいたらしめた蛮社の獄、洋式砲術をつたえる高島秋帆を投獄した長崎事件は、鳥居が計画的に事実をねじまげてつくった二つの災難であり、あとのほうの長崎事件はやがて鳥居自身にはねかえってきて、弘化二年（一八四五）、鳥居甲斐守は町奉行をやめさせられ丸亀藩京極家に永預けとなる。

明治の新政府ができて彼の禁錮をとく命令を出すと、自分は幕府の命令でここに来たのだから幕府のゆるしがなくてはここを去らないと言ってことわった。新政府は仕方なく、旧幕府の役人の名であらためて命令を出した。彼は東京にもどって旧知にあい、自分の言うとおりにしなかったから幕府は亡びたのだと言って、反省の様子がなかった。批判者を容赦なく捕えて殺してゆけば、権力を守りぬくことができるという政治的信条を、彼は生涯をとおして疑うことはなかった。その後、徳川旧臣の住む静岡に移って、林家のゆかりの人の家で余生を送った。

この鳥居耀蔵が目付の地位にあった天保一〇年（一八三九）四月一〇日、彼は江戸城内で輩下の小人目付小笠原貢蔵に命じて、おなじく小人目付大橋元六とともに、渡辺崋山たちの身辺を調べさせた。小笠原は四月二九日に鳥居あてに最初の報告書をさしだし、五月一日には鳥居と城内で会ってさらに指令をうけ、五月二日からまた調査にかかった。その指令にさいして、目付である鳥居は、その上司である老中水野越前守忠邦の内命によるものであるかのようにいつわった。小笠原貢蔵の手控のはじめには、次のように記されている。

天保十亥年四月十九日於殿中鳥居耀蔵殿自分元六へ左之通被仰渡（おおせわたされ）候。

一、イキリス国人モリソンの事。

一、夢物語と申、異国を称美し我国を譏（そし）り し書物著述いたし候者

薩摩　正庵か

町医師　玄海
三宅土佐守家来　渡辺登

右取調可申聞事、越前守殿より

佐藤昌介『洋学史研究序説』（岩波書店、一九六四年刊）によれば、「閣老水野が、崋山およびその同志と、基本的に、志向を共にしていたことは、疑う余地がないように思われる」。それは、水野が、崋山の主君三宅友信所蔵の蘭書を江川太郎左衛門をとおして借覧しようとしたり、崋山たちの仲間である佐藤信淵に経済政策上の意見を求めたり、さらに鳥居耀蔵の「蛮社の獄」についての探索復命書にあきたらず、崋山たちについて別個の探索を命じていることから推定できるという（その結果、すくなくとも代官江川太郎左衛門、代官羽倉外記他何人かは投獄と失脚をまぬかれた）。

さて、小笠原貢蔵手控のはじめに、「イキリス国人モリソン」について調べるようにという鳥居耀蔵の指令があった。さらにこれにつづいて『夢物語』という異国をほめたたえた書物を書いたのは渡辺崋山かどうかという質問がおかれていた。この二つの問題は、のちの無人島渡航以上に、鳥居耀蔵にとって関心のあることだった。

モリソン号への砲撃と、崋山『愼機論』・長英『夢物語』

天保八年（一八三七）、米国船モリソン号は日本の漂流民七人を送りとどけようとして江戸湾に達したが、砲撃されて退去した。あくる年の天保九年六月に、モリソン号が日本にまた来るというしらせがオランダ商館長をとおして幕府にもたらされた。この時に評定所でなされた第一回の議論は、モリソン号をふたたび打ち払うことにかたむき、その様子を評定所記録方芳賀市三郎は、蘭学者の仲間につたえた。彼らは大いに憤慨して、渡辺崋山は『慎機論』を、高野長英は匿名で『夢物語』を、松本斗機蔵（八王子同心組頭）は渡辺・高野とおなじ趣旨の上書を書いた。これらの中で『夢物語』が特に問題となり、その作者をさがせということになった。

つづいて、渡辺崋山たちのグループが鳥居耀蔵のうらみをかう事件がもう一つおこった。老中水野忠邦は、前に書いたモリソン号の日本再訪問のうわさなどもあるので、江戸湾の防備をかたくしようとして目付鳥居耀蔵と代官江川太郎左衛門とに巡見を命じた。両者は浦賀の測量にさいして衝突し、鳥居は江川が渡辺崋山の助言を求め内田弥太郎（高野長英門弟）、奥村喜三郎、上田喜作など洋式測量家を用いたことに不快を感じた。鳥居の手下としてはたらいたのは、のちに蛮社の獄についての手控を書いた小笠原貢蔵である。この時の対立は、崋山たちがモリソン号についての幕府の方針を批判したといううわさをきいた時の鳥居の反感をさらにつよいものにした。

こうして小笠原の協力ですすめられた探索は、鳥居によって、順宣たちの無人島行きのうわさばなしと、モリソン号打ち払いについての渡辺崋山・高野長英たちの批判とがむすびつけられ、幕府の政道批判の意図を含めた無人島渡航計画の証拠あつめの作業にかわってゆく。いったん大洋上の無人島に渡れば、そこで異国人と幕府に知られずに連絡をとることができるし、こうして日本の国（すなわち、鳥居にとっては幕府）を危くすることになる。

このようにして、小笠原諸島は、一種の異物として高野長英の生活に入って来た。そして長英のその後の生涯をおしまげてしまうような猛烈な力をふるうことになる。

崋山らの逮捕と長英の自首

天保一〇年（一八三九）五月一四日、目付鳥居耀蔵が小笠原・大橋に渡辺崋山たちの身辺を調べさせてから約ひと月目、渡辺崋山は北町奉行所によびだされ、その日から牢にとじこめられた。おなじ五月一四日、無量寿寺の順宣・順道父子も捕らえられた。その無人島渡航計画の一味として、順宣父子が江戸に出た時の常宿であった山口屋を経営する金次郎、福原内匠家来で今は隠居の身分にある斎藤次郎兵衛、蒔絵師秀三郎、江戸の徒士の隠居の身分にある本岐道平も捕らえられた。

本岐道平については、彼が自分で工夫した発電機械をたずさえて、浅草蔵前通りに見世物小屋を出していたことがつたえられている。天保六年（一八三五）のことで、そのころ本岐はまだ幕府の下級官吏だったから、いくらか不謹慎なことであったかもしれない。看板には「平賀源内伝来エレキテル」とあったそうで、エレキは魔法だという評判があって、町方役人が本岐道平の住居を訪れてなじったところ、道平はすぐにたって台所から火打箱をとってきて、火打鎌と火打石とをうってカチカチと火をおこし、「これも魔法なんでしょうか」と同心を追いかえしたという。相当にむこう気のつよい人物であったと見える（大槻如電編『新撰・洋学年表』一九二七年刊）。

この道平は、鳥居の告発状には「漂流ニ事寄セ呂宋、サントーイツ・アメリカ国辺迄漂着可致(いたすべき)心組之由」とある。呂宋はフィリッピン諸島、サントーイツはサンドイッチ諸島のことで、こんなところまで行ってみたいと隠居が雑談していたということが、鎖国時代の終りを予言する流言蜚語の役を果していた。杉浦明平の『空しい経綸』（『崋山探索』河出書房新社、一九七二年刊）に引用された松崎慊堂（こうどう）の日記によると、小笠原貢蔵の手控に出てくる小林専次郎はアウステウリン（オーストラリア）国まで行って覇王となると称していたそうだ。

五月一七日、岸和田藩岡部侯の侍医・幕府天文方御用小関三英（こせきさんえい）が自殺した。正座し柱にもたれて三稜針（ランセッタ）で動脈をつき破ったという。五二歳。

五月一八日、高野長英は、崋山の捕らえられたのを知って身をかくしたが、四日たったこの日の夜にいたり、北町奉行所に自首した。

現存する小笠原貢蔵手控、鳥居耀蔵の告発状の中に容疑者として名前が出ていた中で、捕らえられなかった人びとを次に書きだしておく。彼らに災難が及ばなかったのは、複雑な政治的顧慮とさまざまの偶然がはたらいて彼らをかばったからだろう。小笠原、鳥居両方の文書に出てくる名を太字で示す。

1　何村正庵（元松平大隅守家来、医師）

2　玄海（町医師。〈高橋磌一によれば、佐藤元海すなわち佐藤信淵をさすものとも考えられる。元海は『夢々物語』の著者と言われ、蛮社の獄にさいして行方をくらまし、のちに水野越前守のスタッフとなった〉）

3 和田泰然（町医師。〈のちに佐藤泰然と名のり、佐倉藩医となり、順天堂をひらいた〉）。
4 幡崎　鼎（水戸藩士）
5 川路三左衛門（御勘定吟味役）
6 羽倉外記（代官）
7 江川太郎左衛門（代官）
8 内田弥太郎（伊賀者。長英の門弟）
9 奥村喜三郎（増上寺代官）
10 小林専次郎（松平大隅守家来）
11 鷹見三郎右衛門（土井大炊頭家来）
12 望月菟毛（松平出羽守家来）
13 大内五右衛門（水戸中湊在住。〈八百石、五百石の持船で渡航の用意があるという〉）
14 松平伊勢守（御使番。〈これは小笠原の手で朱筆で書きいれてあるという〉）

*以上は、小笠原貢蔵手控から名前をひろった。以下は小笠原の復命にもとづいてつくられた鳥居耀蔵の第一回告発状による。

15 下曾根金三郎（御小姓組、和田淡路守組）
16 花井虎一（柳田勝太郎組御小人御納戸口番）

この花井虎一は、無人島渡航計画の仲間の内部から出た密告者であり、彼について鳥居は次のように書いた。

右は柳田勝太郎組御小人御納戸口番花井虎一と申者、年来蘭学心懸罷在（こころがけまかりあり）、其筋之者熟懇仕候処、無人島渡海之儀も内実は名目ニ而（て）、異国へ漂流仕度心ニも相聞、其外平日難心得咄（こころえがたきはなし）多く、不容易事（よういならざること）ニ心附（こころづき）、申立候段、奇特ニ奉存候。一体虎一儀は幼年ニ而父を失ひ、母壱人之手に育、孝道之聞へ御坐候もの故、全く貞実之至情より過慮仕候事ニも可有之哉、つまる所好事之もの共偏ニ蛮国之事情を穿鑿仕度存込候より之儀ニ而、敢而邪心御坐候（あえてじゃしんござそうろう）儀とは不奉存候（ぞんじたてまつらずそうら）へ共（ども）、虎一申立候侭（まま）、認取此段奉申上候、以上

五月　　　鳥居耀蔵

これが、鳥居の告発状全体のむすびであり、密告者花井虎一をかばう文章で終っている。

崋山へのきびしい取り調べと長英に関する風説

投獄された渡辺崋山は、五月一四日の取り調べにつづいて、一五日に順宣たちとのつきあわせ吟味をうけた。この両日の調べで、崋山が順宣たちの無人島渡航計画と関係のないことがはっきりした。しかし、それで釈放されるわけではなく、五月二二日の再吟味の時から、追及はまったく崋山の幕政批判にむけられた。五月二四日、三〇日、六月一四日と、崋山は、『慎機論』と『西洋事情御答書』についてきびしい取り調べをうけた。

崋山は、奉行の追及にもかかわらず無人島渡航計画について処罰されていないのだから、順宣た

ちの計画と無関係と見てよい。しかし、それとは別に、崋山自身としては無人島に対して、主として海防上の理由から非常に関心をもっており、天保九年（一八三八）に代官羽倉外記が幕府によって伊豆七島をへて小笠原にもまわろうとした時、彼は必死の覚悟で随行をたのんだことがあった。

いっぽう高野長英のほうは、すでに小笠原貢蔵手控、鳥居耀蔵告発状の段階においても、無人島渡航計画に参加しているものとはみなされていない。これらの文書から、長英についての記事をひろうと、

瑞皐
麹町　高野長英

○アールド。レイキス。キュンデ。ウヲールテン。ブック。

是は蛮国の地理政事人情をしるしたる書を和解し其内に蛮国と我国との政事人情等を取交ひ善悪を評したる物にて夢物語と号し候ものの由、長英の解に渡辺登執筆いたし候由。

（小笠原貢蔵手控）

麹町隼町
町医
高野長英

此もの仙台出生ニ而（て）、幼年より蘭学を致し、医術も相応ニ出来、三宅土佐守より扶持貰居（もらいおり）、去年中何れより取出候哉、アールド。レイキスキュンデ。ウヲールテン。フックと申蘭書を得て、

蛮国之地理政事人情を和解し、日本と蛮国との政事人情之善悪を評し、夢物語と号し世上ニ流布致し、夫より種々風説起り候由。（鳥居耀蔵の告発状）

老中水野越前守が、鳥居—小笠原の探索とは別に、部下に命じてこの事件をさぐらせた復命書には、かえって高野長英について、彼が無人島渡航を説いているような記事が見える（佐藤昌介『洋学史研究序説』）。

一、麹町隼町々医高野長英儀は至而(いたって)蘭学に勝れ、蛮国之絵図等種々説を申慢し居、既ニ夢物語と申表題之著述もの登倶(とも)に相撰、流布為致(いたし)候処、当時は後悔致し罷在候哉ニも相聞候へ共、元来自己之才力ニ驕慢之余リ、無人島へ渡海之念慮も発し候哉ニ相聞候。

佐藤昌介によれば、水野の密命による調査報告書は、鳥居の告発状にくらべて、登場人物についての記述が客観的であり、悪意に満ちた記述がないという。より公平と見られるこの復命書にのみ、長英の無人島渡航の志が述べられていることは注目にあたいする。事実は別として、そういう風説が当時あったということは確実と見てよい。また、長英が傲慢な性格であることを、この復命書は無人島と結びつける。水沢に帰る決断をしたのちに悩みぬいて病気になったころの鬱状態の長英にくらべて、水沢と縁をきって江戸に定住してからの長英は翻訳の仕事が進み名声を得るにつれて、人間が転換したかと思われるほどに他人に対しても傲慢な態度で接し、自分の学力を自慢していたようである。躁鬱気質の人にありがちな気分の変化である。この躁状態の最高潮期に、幕府批判の書『夢物語』は書かれた。この本をとおして、今度は、長英の側から蛮社の獄を見てゆこう。

小冊子『夢物語』の力

長英がモリソン号打ち払いの評定について聞いたのは、天保九年（一八三八）一〇月一五日のことである。その席で何人もの蘭学者が幕府の政策の非をならし、同席の渡辺崋山もその趣旨を『慎機論』に書いたが、完成するにいたらなかった。長英は、しらせをうけてから六日後の一〇月二一日には、『夢物語』という小冊子を書きあげている。彼が天成のパムフレティーアであり、自前のジャーナリストであったことがわかる。

論文の形式は問答体であり、一種の劇的対話である。『夢物語』という題も人をひきつける力をもっていたので、写本の形で相当にひろく人に読まれたらしく、幕府にとっては無気味な潮流をつくった。おなじ趣旨をのべた佐藤元海著『夢々物語』などという本がすぐにあとから出ていることでも、その流行を察することができる。今日読めば大著述とは思えないが、よく時務にたえる著作はつねに後世の常識となるものであり、パムフレティーアの伝統において当時最高の著作であったと思われる。

物語は、長英がそこから帰ったばかりの蘭学者の会合を、夢の中の出来事としてえがくところからはじまる。

> 冬の夜の更行（ふけゆく）まゝに、人語（じんご）も微（かすか）に聞えて、履声（くつごえ）も稀（まれ）に響き、妻戸（つまど）にひゞく風の音すさまじく、いと物すごきに、物思ふ身は、殊更（ことさら）に眠りもやらず、独（ひとり）几（つくえ）により、燈（ひかり）をかゝげ、書を読ける

に、夜いたく更ぬれば、いつしか目も労れ、気も倦て、夢ともなく幻ともなく、恍惚たる折節、或方(あるかた)へ招かれ、いとゞ広き座敷に至りぬれば、碩学鴻儒(せきがくこうじゅ)と思(おぼ)しき人々数十人集会して、色々の物語し侍(はべ)る。

自分のことを碩学鴻儒と見たてているのだから、まさに躁状態と言う他ない。現大学頭の実子である鳥居耀蔵には、この文体そのものが不愉快だっただろう。

其中(そのうち)に、甲の人、乙の人に問て云けるは、「近来珍敷噂(めずらしきうわさ)を聞り。イキリス国のモリソンといふもの、頭(かしら)と成(なり)て、船(ふね)を仕出し、日本漂流人、七、八人を乗せ、江戸近海に船を寄せ、之を餌として、交易を願ふ由、阿蘭陀(おらんだ)より申出しとなん。抑(そもそも)イキリスといふ国は、如何なる国にて候哉(や)」。

これに乙の人が答えて、イギリスの国の国情をこまかに説明する。このために、このパムフレットの全体が、何かの蘭書の翻訳と思われたらしい。事実、このイギリスについての説明はウェイクルーランスゾーン『地理辞典』(一八二一〜二六年)によったもので、この部分は高野長英が渡辺崋山たちに翻訳して仲間の共通の知識としたものであろうという。

さらにイギリスと中国との関係にときおよび、中国との貿易改善のためにマカートニー卿が派遣されたことなどにおよぶ。

甲の人、又問(とう)て曰(いわく)、「モリソンと申者は、名の聞へ申候ものに御坐候や、承(うけたまわり)度(たく)候」。

乙の人曰、「随分聞及(ききおよび)候ものに御坐候。右者(みぎは)、元来、イキリスにて碩学宏才(こうさい)の者に付、彼国(かのくに)学校の教授に擢(ぬきん)で、俸禄(ほうろく)五、六千石に当り候程に有レ之候ものに御坐候所(ところ)、イキリスの支那に嫌忌卑蔑せられ候を歎き、右は全く言語文字相通じ不レ申故の義と存、右相通候様仕度存慮にて、二十余年前より広東へ態々罷越、遊学仕、既に五車韻府などもイキリス語にて翻訳いたし、開板仕、漢学出精、かなりに文章もかけ候様に相成候。近来にては余程高名に罷成候に付、官位もすゝみ、職も重く用られ、広東交易使の総督とかに相成、南海中の諸軍艦一切支配仕候由に付、少くも水軍二、三万位も撫育仕候様に相聞へ申候。左候得者、此方の四、五万石位の大名位の事に可レ有レ之哉と奉レ存候」。

モリソンが日本に来るといううわさをきいて、モリソン号という船ではなく、モリソンという人物を想定し、その人物の経歴を立板に水を流すように述べ、そこから英国の対日政策の性格を推定するという長英の推理は、その出発点となった資料がまちがっていたという意味で、おかしなものであった。実際には米国船のモリソン号だったのだが、しかし、そのエラーをとおして、それをおしすすめた長英の知力を知ることが必要であろう。

ロバート・モリソンとその息子

モリソンとは、おそらくはロバート・モリソン（一七八二～一八三四）のことで、長英が『夢物語』を書いた一八三八年（天保九）には、すでに死んでから四年たっていたのだから日本に来られるわけがない。それに彼はもともとは靴屋の出身で、正規の教育をうけた人ではないから、イギリスの学校の教授であったり、俸禄四、五万石くらいの大名であるわけもない。ロバート・モリソンは、一八〇七年（文化四）二五歳の時に、キリスト教伝道のために中国にわたった宣教師である。その点では「二十余年前より広東へわざわざまかりこし」というのは正しい。彼は中国語を勉強して『中国語辞典』（一八一五〜二三年刊）をマカオで刊行した。その第二部のタイトル・ページの上段に「五車韻府」という題名が横書きで記されているという。佐藤昌介の推定によると、長英は、おそらくこの『中国語辞典』について長崎で知り、その著者についても長崎通詞の社会で知識を得ていたので、「モリソン」ときいた時に「モリソンの指揮する船」と考えたのだろうという。

英国伝記辞典でモリソンの項をひくと、ロバート・モリソンは、一八〇七年（文化四）に中国渡航後、一八〇九年から英国東印度会社の中国語翻訳係をつとめており、一八一七年（文化一四）にはアマスト卿の中国語通詞となり、おなじ年にグラスゴウ大学から神学博士の称号をうけ、一八一八年には英中大学をマラッカに創立し、一八二四年（文政七）には英国王立協会の会員に選ばれている。長英が彼について、「かのくに学校の教授にぬきんで」と書いたのも、あたらずといえども遠からずというところである。彼は中英辞典を刊行してその道の専門家として重んじられ、聖書を中国語に訳し、一八三四年（天保五）にマカオで死んだ。

彼の息子にジョン・ロバート・モリソン（一八一四〜四三）があり、この人はマカオに生れ、一八三〇年（天保一）には広東の貿易商の間に英語・中国語の通訳としてはたらき、一八三三年には『中国商業入門』という英文の書を出し、一八三四年から四二年にかけて英国政府の書記官および通訳官をつとめ、首席植民書記官となり、一八四三年に香港で死んだ。『夢物語』が書かれた当時の英国側の有力者であった。この息子についての情報が父のモリソンについての情報とかさなって長英の記憶に貯えられていたのだろう。このように考えるならば、イギリスの高官の指揮の下に、水軍二、三万が訓練され、日本の四、五万石の大名くらいの仕事をやってのけるだろうという長英の推理は、根拠のないことではない。

甲の人、又曰、「元来漂流人の事は、阿蘭陀人に託し、送り遣し候様被二仰渡一置候事にて、イギリスも阿蘭陀隣国の義に付、右を心得居可レ申、既に先年備前之廻船、イギリス領の天竺島へ漂流いたし候所、イギリス人之を阿蘭陀に渡し、送り遣し候事有レ之候。然所、此度態々自国の船に載せ、且又右漂流人送届候迄に候得者、船頭は何者にても可レ然事に候所、右様高官重職のモリソンと申もの、頭取仕候て、送来る事、一向合点行不レ申、御高見も候はゞ、御腹蔵なく御話聞せ被レ下度候」。

これに乙の人は答えて、オランダとイギリスは利害が対立し、そのためにオランダ人はイギリス人のことを海賊だと日本人に言って来ており、この悪口が効果をあらわして幕府はイギリスというとこれに反感をもち鉄砲で打ち払おうなどとする。しかしそれでは、日本近海まで来て薪水に欠乏した時、イギリス船は困るのだと説明し、このくらいのつきあいをしてもらいたいので、名目を漂流人送りかえしにかりて日本に来るのだと述べる。

甲の人はさらに、もし幕府がこのたびも大砲で打ち払おうとしたら、どうなるかとたずねる。

乙の人は、デンマルクとイギリスとの海戦の例をひいて話した。イギリス人が負けそうになった時、砲撃をうけて破損した英艦内にデンマルク人捕虜数十人がいるのを相手にしらせ、この捕虜をわたすからしばらく砲撃を見あわせるようにと要求した。デンマルク王は、これはイギリス側のはかりごとかもしれぬと考えたが、自分の国の者を一人でも殺したくないと考えて、しばらく「打方やめ」を命じた。その間にイギリスの軍艦は破損したところを直して逃げてしまったという。

このたとえは、第一には人道尊重はタテマエとして、ずるい仕方で使われたことを示している。第二に、人道尊重が、タテマエとして外交交渉の上で、たとえ戦時においてさえも、ヨーロッパでは原則となっていることを示している。このタテマエを無視すると、日本にとって不利な結果をもたらすであろうという。ヨーロッパの流儀を理想化せず、現実政治として彼らの動きのルールをとらえている。以下は乙の人の言分。

右等の振合を以て考見候得者、西洋の風俗は、たとひ敵船に候とも、自国のもの、其内に有レ之候得者、漫りに放砲不レ仕事に御坐候。然所、イギリスは、日本に対し、敵国にては無レ之、いはゞ付合も無レ之他人に候故、今彼れ漂流人を憐れみ、仁義を名とし、態々送来候者を、何事も取合不レ申、直に打払に相成候はゞ、日本は民を憐まざる不仁の国と存、若又万一其不仁不義を憤り候はゞ、日本近海にイギリス属島夥しく有レ之、始終通行致候得者、後来海上の寇と相成候て、海運の邪魔とも罷成可レ申、たとへ右等の事無レ之候共、御打払に相成候はゞ、理非も分り不レ申暴国と存、不義の国と申触し、礼儀国の名を失ひ、是より如何なる患害、萌生仕候やも難レ計、或は又ひたすらイギリスを恐る様に被二考付一候はゞ、国内衰弱仕候様にも推察被レ為、乍レ恐、国家の御武威を損ぜられ候様にも相成候はんやと、恐多くも考られ候。

幕府の海外認識への提案

それでは、あなたは幕府がどうすればよいと思うのかと甲の人がたずねると、乙の人は、「先只今イギリス人の底意は兎も角も」と英国政府の人道主義が真実のものかどうかをかっこにいれて、その判定を保留した上で、「彼仁義を唱へ、漂流人を送来候得ば、江戸近海は御要害の地にて、着岸御免被二仰付一、右漂流人御請取被レ遊、右之御挨拶として、厚く御褒美御恵み被二下置一、……」と提案する。

そして、これまでオランダは、幕府にとって海外事情を知るための耳目の役目を果して来たものだが、オランダも一つの国である以上、みずからの不利益になりそうなことは、日本にかかわる重大なことであっても教えてくれないであろうから、オランダと対立的なイギリスと直接に会談できるのをよい機会として、彼らの見た世界事情をきいて、幕府の対外認識を補うべきである、とした。その上で彼らの要求が貿易のことに及んだ時には、国の方針としてかねて決めてあることだから、それはおことわりすると厳しくはねつければよろしい。そうすれば、イギリスとしては言いがかりのつけようもなく、万事おだやかにすむであろうという。

但、右申上候義は、方今文明の御代、明君賢相上にまし、御良策被レ為レ在候義は、申上候迄も無レ之所、至愚の吾儕憚らず、其職にあらずして、国家の御政事を論ずる様に相聞へ、其罪不レ軽事に候得共、強て仰を蒙る故、申上候事に御坐候。尤、是も国を思ふの忠胆に出候故、深く御咎被レ下間敷候。

と、乙なる人は、へりくだって、その政見をむすんでいる。

劇中の登場人物の言葉づかいであるとはいえ、ここには、あきらかに作者の配慮が見えている。作者は、この小冊子が権力の座にある人びとによって直接に読まれることを考えて、彼らの感情を刺激しないように心をくばっている。鳥居耀蔵については、その邪魔だてに苦しんだ江川太郎左衛門、渡辺崋山、内田弥太郎などから頑迷な敵手であることをきかされていたであろうが、その上司である老中水野忠邦については、いくらかの望みを託していたもののように思われる。

学者たちの一座で甲と乙との問答がひとまずすむと、場景は一巻の映画の終りのように急に展開して、これまでの話は全部、夢の中の出来事であるとされ、その中でのべられた政治上の意見について、筆者は責任をまぬかれようとする。

など丶、咄したるを聞ぬる内、木拆の声に驚き、夢覚て見れば、今まで集会の席と見へしは我寝室にて、我に対する人もなく、燈の影いと暗、雞の声遥に聞えて、夜もはや明なんとする有様なり。左思右想するに、夢に似て夢にあらず、覚るに似て覚るにあらず、奇怪不思議の事にしあれば、筆をとりて、覚へし事どもを記し置きぬ。

戊戌の冬十月夷日の翌。

（佐藤昌介校注『戊戌夢物語』「日本思想大系55」より）

米国船モリソン号にのりこんでいた人びとから見ると、日本側から受けた砲撃はまさに高野長英がここで推定したとおりの無法なものと感じられたようである。

文化交流に役立った七人の漂流者

モリソン号にのっていた米国人の医者P・パーカーの書いた『シンガポールから日本への旅行日記』(スミス・エルダー社、ロンドン、一八三八年〈天保九〉刊)で見ると、この船は、平和な目的を示すために武装をすべて解いて日本にむかったそうで、将軍と内裏とが同国人である漂流者の帰国を許さなかったことに驚いている。砲撃をうけて退去することに決めたあとも、漂流者を海岸にのこしておくことはできたのだが、彼らは、そうされると殺されるだろうと言って、もはや上陸を望まなかったという。

七人の漂流者は、尾張の岩吉、音吉、久吉、肥後の原田庄蔵、肥前の寿三郎、熊太郎、力松であって、川合彦充『日本人漂流記』(社会思想社、一九六七年刊)によると、その後の生涯を海外ですごしたという。七人の中、肥前の力松は、安政二年(一八五五)にイギリス艦隊とともに函館に来て、のちに長崎で奉行との交渉に通訳をつとめた。

尾張の音吉の息子ジョン・W・オトソンが明治一二年(一八七九)に日本をたずねた。

七人は、海外で暮らす間に、日本からの漂流者の世話をしてはたらいた。岩吉、久吉、音吉の三人はモリソン号で日本に来る前に、宣教師カール・ギュッツラフ(一八〇三〜八四)の新約聖書日本語訳を助け、おなじく宣教師サミュエル・ウェルズ・ウィリアムズ（一八一二〜八四）の旧約聖書「創世記」および新約聖書「マタイ伝」日本語訳を助けた。この三人は一八三三年（天保四）春、米国ワシントン州フラタリー岬で難破したので、はじめ奴隷にうられ、のちに救いだされた。三人のことは評判になり、同地に住む一〇歳の少年ラナルド・マクドナルドは、半分インディアンの血をうけていたので、インディアンの祖先と言われる日本人へのあこがれをもち、やがて自分も漂流者となって日本に潜入した。このように、モリソン号上の七人の漂流者は文化交流史の上で大きな役割を果した。彼らが明治維新以後になってからも日本に帰って住むことがなかったのは、モリソン号砲撃があたえたショックの故ではないだろうか。

前記のパーカー医師は、七人の漂流者がしばらくぶりで故郷の浜辺を見てうれしそうにしている表情をえがいている。「彼らは、船首からつきだしている第一斜檣の上にすわりこんで、見おぼえある岬とか、島、山などを見つけると、とてもうれしそうにしながら、彼らの『祖国』を熱心にながめていた。長いことあわなかったもっとも親しい人びとにもうすぐあえるだろうという期待で、気分がはなやいでいたことは当然だった」

そのあとに来た砲火は、モリソン号乗組員の米人たちにとってだけでなく、七人の日本人にとっても、理解できないことだった。浦賀到着直後に一五そうほどの舟にのって、いれかわりたちかわり日本人がモリソン号をおとずれ、めずらしさと親しみとをもって彼ら外人たちに対したことと考えあわせると、パーカーたちにとって、幕府の外国船打ち払いの政策は、日本の民衆の自然の感情に裏付けられているものとは思えなかった。

山寺の坊さんや宿屋の主人や隠居たちの雑談からはじまった無人島移住計画は、林子平の著書に刺激をうけたとはいえ、林のように海防上の視野を受け継ぐものではなかろう。むしろモリソン号到着時に、ただちに舟にのって訪問して見ようという日本人の珍しいものずきの感情と地つづきのところから出ているものと思える。

長英の『蛮社遭厄小記』にみられる蘭学史

投獄されたあとに、自分がなぜこういう目にあったかを整理して、高野長英は『蛮社遭厄小記』(天保一二年〈一八四一〉)を書いた。この記録は、災難にまきこまれた当事者の手記としてのゆがみをまぬかれず、仲間から出た裏切り者としての花井虎一と彼をあやつる上司鳥居耀蔵への憎しみを軸としてくりひろげられている。佐藤昌介「渡辺崋山と高野長英」(『日本思想大系55』解説、岩波書店、一九七一年刊)によれば、鳥居耀蔵のつくりあげたこの事件において、長英が鳥居の攻撃の第一目標が江川太郎左衛門たちであるという政治的視野を欠いており、もっぱら蘭学史の視野にたって崋山と長英が攻撃の主目標と考えているため、蛮社の獄の客観的記録としては欠陥があるという。たしかに、鳥居の告発状を前において長英の記録を読むと、そのくいちがいははっきりあらわれる。鳥居の告発状において、長英は『夢物語』の作者として疑いをかけられているにすぎず、この架空の刑事事件のすじがきの上では、脇役として考えられていたにすぎない。しかし、そういう欠点はあるにせよ、入獄三年目にして災難の全体を日本における蘭学史全体の視野において叙述して、一種の蘭学小史としてこの論文を完成し得たということに、権力のくじくことのできない学者としての長英の面目がある。『蛮社遭厄小記』は次のようにはじまる。長英はこの記録中で自分のことを、瑞皐（ずいこう）という号で呼んでいる。

西洋の始て我に通ずる、今に於て其詳（そのつまびらか）なる事を知るべからずといへ共（ども）、諸書を参考するに、足利の末、九州豊後の大友家繁昌の頃、西洋「ホルトカル」の舟、呂宋（るそん）〈ホルトカルの領、其頃より呂宋に在（あり）て、常に来往（らいおう）し、今に至る迄休（までや）まず〉に航海する者、颶風（ぐふう）に逢（あい）て漂蕩（ひょうとう）し、豊後の湾に至りぬ〈我邦鳥銃（ちょうじゅう）の伝れる、此時に起るといふ〉。此に因（よっ）て遂（つい）に交りを結び、是（これ）より年々来往して、貨物を交易するに、其利（そのり）十を以（もって）、二十を得しかば、西洋通商の諸国、「ホルトカル」人に従ひ、相争ふて九州の各地に航海し、競（きそ）ふて貨物を交易すると云（い）ふ。

この壮大なはじまりをもつ蘭学小史は、誰を読者として見たてたものか。おなじく入牢していた仙台の侠客米吉に託して、先年の晩春以来母が身をよせている茂木家の当主恭一郎（茂木左馬之助の子で、長英の母の弟の子）にあてた手紙とともに前沢に送られたこの文書は、前沢、水沢などの知人の間にひろがっているであろう長英についての悪いうわさを打ち消し、母が少しでも気分をおちつけて郷里に住めるようにと考えて書かれたものであって、主要な読者はむしろ母であったと考えられる。

母に、自分のことをこう思ってもらいたいという感情が、長英の筆に活気をあたえている。自分のことを三人称で瑞皐高野長英と記し、歴史上の人物として自分をえがいているのは、母によってこう見られたいという一種の肖像写真だからであろう。

「かつその後瑞皐高野長英・学斎小関三英の如き、医事よりして蛮学に入り、遂に各々名家となるもの」などという書き方は、長英自身が自分についてその窮状を訴えて救援運動を獄外の同志に訴えるための文章としてはふさわしくない。

「けだし東都獄をおきて今にいたるまで、二百五、六十年。この間罪犯の徒、獄に下る者幾百万を知らず。然れども瑞皐の如き、心に忠節を懐て著述を以て罪を得る者、未だ二人を見ず」という結びに近い文章もまた、老母、母の妹、いとこたちを中心としてひろがる郷里の旧知にむかって自分の歴史を語る、この文書の性格によって、聞く人びとの善意を信じて自己を美化している。

「善く戦ふて上刑に服する」

信長がヨーロッパ文化に警戒心をもったこと、秀吉がキリスト教を禁じたこと、徳川の時代に入って鎖国したことを、それぞれ理由のあることとして述べ、新井白石のころからふたたびヨーロッパの書物を読む動きがはじまったことに言い及び、シーボルト事件について、きわめて控え目に、幕府の役人の目にふれても困らぬくらいおだやかに記した。

只外寇を憚り玉ふ事故、殊の外御心を遣させ玉ふに、寸善尺魔の理わりにて、高橋作左衛門、外国隠密方間宮林蔵と隙ありて和せず。然るに、文政年間、高橋氏己れを慎まず、自ら誇りて本邦大地図を蛮人に寄与し、且深く蛮人に交り、書状を往復しける故に、間宮〔官へ〕訴えて反賊と称するにぞ、官之を捕へて獄に下し、詰問し玉ひぬ。然るに、素より反逆の謀なく、忠節の功多しと雖共、竊に蛮人に交り、地図を与へ、書翰を往復する事、大禁を犯すの罪あるによりて重刑に行はれ、之に連累して罪を得しもの、通辞其外、与に数十人なりければ、之によりて蛮学者流、一時大に畏縮し、蛮学頓に衰えぬ。

そして次に、わずかの興隆期をへて、蛮社の獄となる。

然りといゑ共、蛮学は有用急務の実学にして、且つ近来大に発明し、気運の然らしむる所か、譬へば草木の春に逢て、枝葉を萌発する状にして、勢ひ休むべきにあらず。且つ其后瑞皐高野長英・学斎小関三英の如き、医事よりして蛮学に入り、遂に各名家となるもの、山の手に居住し、諸生を教道し、諸書を訳述し、博く諸方に交りぬる故、其勢ひ一層を倍加し、或は万国の治乱興廃を詳にせむとて〔此社に入り、或は天算数学研究せんと〕此学を尊信し、或は練兵砲術を詳明せむとて此書を学び、或は本草物産を拡充せんとて此学を好み、其他諸般の工技、其業を練磨するもの、各靡然として此に従事し、医事の外、此学を賞揚尊奉するもの、一時雷動して甚しかりければ、喬木風多く、高明神の悪みに逼るの理にて、姓名伝達の者、害を受る事、古より多ければ、自ら慎みて心を用ゆべきに、戊戌の年、瑞皐深謀なく、直ちに国家の忠言と心得、夢物語といふ物を書き認めけるに、不幸にして一時諸方に伝播し、讒者機に乗て官に訴へければ、己亥の年、瑞皐は永く囚となり、学斎は自殺し、蛮学之によりて、遂に衰へぬるこそ遺憾なれ。是所謂能走るものは蹶き、能く泳ぐものは溺るゝの古語にして、瑞皐等外国の事情を詳にするの余り、無用の事を書記し、自ら求て其罪を蒙の譏りを免れず。蓋し労して功なく、善く戦ふて上刑に服するとは、此に於ても亦言ふべし。

善くたたかうものが、重い罰をうけることになるというのは、長英が自分の活動を歴史家として評した言葉であろう。このような批評を自分に下すからには決して自分の活動が悪かったと思っているわけではあるまい。しかし、政治むきの著作などしなかった自分があえてこれをしたことのために、自分が指導者となっておしすすめている蛮学（ヨーロッパの方法をとりいれてする各種の学問）が「遂に衰へぬるこそ遺憾なれ」となげいている。蛮学を守ることに専心することのほうが、あるいは国家に対してもより大きな忠ではなかったかという疑いを、彼はすてることができない。この故に、先輩である高橋作左衛門とおなじく、自分が慎重でなかったということを悔いているのである。

『二物考』『避疫要法』のように天保の飢饉にさいして書かれた西洋科学の知識を活用してなされた農政および衛生行政への提言は、これもまた広い意味で政治的パムフレットの性格をもつものと言えるが、そのような活動に自分を限るべきではなかったかと、長英は考えたのだろうし、その自己評価は十分に根拠のあるところである。

尚歯会に出席し、生涯の岐路に

このあとで長英は、蛮社の獄のいとぐちとなった日のことを述べている。紀州の儒官遠藤勝助（一七八九〜一八五一）が尚歯会というあつまりをおこし、「老人会合を名とし」て江戸の有識の人びとをあつめて政治上の問題を問う機会とした。天保九年（一八三八）一〇月一五日はこの尚歯会の会合があり、そのころ長英は久しく病気にかかっていてしばらく外出していなかったのだが、門人に「御家人明屋敷番伊賀の者内田弥太郎、増上寺御霊屋領代官奥村喜三郎」がいて、この二人が工夫して航海に役だてるためにつくった「経緯機」と名づける天体測量機を尚歯会に出して説明したいというので、長英の宅をおとずれて、同行をこうた。こうして、長英はやむを得ず予定を変更して尚歯会に出席し、自分の生涯の航路を狂わすことになった。おくれていったので客のおおかたは帰ってしまっており、あとにのこっていたのは一四、五名ばかり。その中に、評定所記録方をつとめる旗本、芳賀市三郎がいて、話が評定所のことに及んだ時、ふところから書類のうつしを出して、モリソン号についての密議をはなした。「俗語に所謂、小の虫を殺して、大の虫を救うの義に従ひ、漂民七人の命、可憐といへ共、止む事なし。兎角近付候ては面倒なれば、文政年間仰付られたる旧令に任せ、只様大砲にて御打払可然也、十月五日評定所一座議す」とあったから、一座の議論はわきたった。

「官には鎖国の御政にして、外国の情を詳にし給はざれば、只様イキリスを呼で、海寇とのみ思し召、モリソンとは舟の名とのみ思召れしも理り也。若又モリソン果して日本え来りなば、尋常の事にあらず。且彼等苟も仁義を唱え、漂民を護送し、万里風濤を不レ厭、幾多の人力を労し渡来せしを、漫りに御打払になりなば、外国に寇を結ぶに当り、後来或は由々敷大事も萌発せん。地理学を攻め、万国の事情を詳にするもの、かゝる時こそ国家の為に忠義を尽すべし。各旨趣を述て、夫々へ内奏可レ然」と一同に論じければ、其後、鴃舌小記・慎機論・蛮説私記〔・戊戌小説〕等の若き書を認め、各存慮を記しけるに、其中に就て、瑞皐は実学の盟主として、且地理学に通じ、イキリスの事情を詳にするは、元より論なく、モリソン事も長崎遊学中、蘭人より伝聞し、モリソン自筆のもの迄も貯蔵し、既に其人物を審かにしける故、イキリスの国体、モリソンの人物、此節航海の情意、御打払の得失等に至る迄を、夢中、甲乙の人、問答したる体裁にて、紙数十四、五枚計なる小冊子になし、夢物語と標題し、書き認め、内々御役筋へ指出しけるに、元より国家の御政務に関渉したる事なれば、漫に世に出さず、竊に同志之者共に示しけるに、一犬実に吠て万犬虚を伝ふる譬にて、奇を好むは清平世界人情の常、殊には世の交り博き文学社中の説なれば、不幸にして此書のみ諸方に伝播し、其後、夢〔々〕物語・続夢物語など書記しける者有レ之、朝野囂然として、其説喧しかりければ、其内、慷慨劇烈の士、当時御勘定吟味役、此節佐渡奉行川路左衛門、御代官江川太郎左衛門、八王子同心組頭松本斗機蔵なんど云輩、或は上書し、或は内奏し、倶に御打払不レ可レ然儀、諫め奉りしかば、官にも始めてイキリスの国体、并にモリソンの事を詳にし玉ひ、御心を煩はし給ひしとなむ。

しかし、外国船打ち払いの幕府の方針をかえるにはいたらず、かえって江戸防禦のために浦賀の警備をかたくしようとして、老中水野忠邦は目付鳥居耀蔵・代官江川太郎左衛門に巡検を命じた。鳥居は小人目付(こびとめつけ)小笠原貢蔵に命じ、江川は長英の門人内田弥太郎・奥村喜三郎の助けを得て、それぞれ浦賀周辺の港辺の地形、海岸の出没、海底の浅深を測量した。鳥居・小笠原の測量の結果は粗末なもので、小笠原はおのれの役にたたぬことをとりつくろうために鳥居に悪口をいったため、鳥居と江川との不和は深まった。

そのうちに、小笠原貢蔵は、無人島渡航に関心をもつものたちの中に、かねてから知っていた小人出身の花井虎一がいるのを知って、彼をそそのかし、上司鳥居耀蔵に訴えさせた。このところは、佐藤昌介の考証によれば事実と反しており、はじめに動いたのは鳥居であり、鳥居から小笠原、花井虎一へと命令がくだったと見られる。ともかくもこうして、無人島渡航計画をきっかけとして蘭学者「数十百人」を罪におとしいれようとする手がうたれた。

崋山が投獄されたあと、長英はしばらく身をかくしていたが、そのまま逃げよというすすめをことわった。「なまじひに亡命して埋れ木(うもれぎ)の身となり、生涯草木と共(とも)に朽果(くちはて)んは、丈夫の恥る処(ところ)、且(かつ)崋山は夢物語の為に獄に下るよしなれば、人に罪を譲(ゆず)るは義に非(あら)ず、自(みずか)ら官府へ訴出(うったえいで)て明断を受(うく)るに不レ如(しかず)とて、瑞皐更(さら)に承諾せず」

裁判の判決がくだり、長英は永牢に

こうして投獄後、裁判となり、崋山・長英は、無人島渡航計画の無量寿寺住職順宣・順道や山口屋金次郎、蒔絵師秀三郎、斎藤次郎兵衛などと一面識もなく、蘭学者組と無人島組とを結びつけて一つの共同謀議をなしたものと断定することはできなくなった。しかも無人島組は、官の許しを得たならばゆきたいという計画だったので、これも罪にあたいしないことがはっきりした。そこで、その任にないものが国家の政治にくちばしをはさむことへのいましめとして、天保一〇年（一八三九）一二月、判決がくだり、崋山は主人のところにおしこめ、長英は永牢をおしつけられることになった。無人島組では本岐道平、無量寿寺はおしかりをうけたり罰金をとられた。金次郎、秀三郎、斎藤次郎兵衛は獄死し、ここに長英は書いてないけれども、無量寿寺の順道も獄死した。花井虎一は一生おしこめ隠居をおおせつけられたと書いているが、実は密訴の功で無罪となり、あくる年の天保一一年四月には学問所勤番にとりたてられた。

事件全体の結びとして長英は次のように書いている。

按ずるに、浦賀は江戸咽喉にして、所謂三百之諸侯、八万の旗士、命脈の依る処なれば、昔より慷慨の士、常に論ずる所なるを以て、防禦の備厳重に被仰付可然、矧や実にイギリス航海の風説なれば、別して其備を設け給ふも、誰か非とせむ。兵法にも、「其来ざるを頼む事なかれ、其待事あるを頼む」とあれば、イギリスの来らざるを頼まず、予め不虞に備へ給ひて佳なり。今に於てイギリスの来らざるは、我に於て此上もなき幸にして、其費す所、国家にとりては一毛の軽きにあたれり。又惜み給ふべきに非ず。然れども、昇平日久しき、奢侈世界、口腹・衣服・居宅等の事を以て先務としては、武備を以て尤末になし、偶是を論ずるものは或は忌れ、或は退けられ、又是非なき次第也。瑞皐等夢物語の事、其実は忠言にして罪なく、且其説起る処、元より確証あり、故に瑞皐、若芳賀を出して、其証とせば、必刑を免ずべき説を唱ふる者多し。然共、朝庭の事、其職に非ずして論ずるは、昔より罪とす。況や其密議をや。夢物語諸方に伝播するは、密議を漏すに準じ、且説、朝議に反すれば、自ら官を誹謗するの譏りを免れず。故にたとへ瑞皐、芳賀を出すとも、必ず亦刑に坐すべし。讒者も亦元より深くこれを慮りて、蛮学者を圧倒せんとすれば、実に此関を免る事難く、瑞皐既に其免れざるを知りて、敢て其罪を分たず。勇断して独甘んじて其罪に服す。潔といふべし。官にも既にこれを詳かにし給ひ、深く愛憐し給ふといへども、律に於て止事を得ず。刑に行はるとなん。されば瑞皐、赦免を得ん事、又遠からずとぞ。

　蓋し東都獄を置て今に到る迄、二百五、六十年。此間罪犯の徒、獄に下る者幾百万を知らず。然れども瑞皐の如き、心に忠節を懐て著述を以て罪を得る者、未だ二人を見ず。而して都下の風説頗る高ければ、牢屋奉行石出帯刀殿より大小等級等に至る迄、是に遇する事頗る厚く、且近頃は擢んでて、四人の世話役と為し給ひけるぞ、苦中にも稍安佚の便を得しとなん、これ又不幸中の一大幸といふべし。

この結びにおいて、長英は、軍事にたいして彼の関心が移っていることを示しており、脱獄後の彼の翻訳が兵書にあてられることを前ぶれしている。この蘭学小史においても、ヨーロッパからの侵略はつねに彼の視野に収められ、その故に信長、秀吉、家康の外国文化渡来の制限を理由のあることとしており、シーボルト事件においてさえ高橋景保が日本地図を外人にあたえたことを軽率なこととしている。彼の入獄中におこった天保一一年（一八四〇）以後二年にわたった阿片戦争が日本にとってもつ意味についても、思いめぐらすことがあったであろう。

ここで彼は『夢物語』を書いたきっかけとして芳賀市三郎が評定所の議決をもらしたことを法廷で言いたてなかった理由をのべ、それを言ったところで、もともとこの事件は、蘭学者をおしつぶそうという鳥居耀蔵の意図から出たのだから、一人でも多く罪人をつくるということで終ってしまうだろうと考えて黙っていたと述べている。このあたりの判断は他人をかばうという儒教的な仁の理念にもとづくというよりも、権力のおしつけに対する長英の冷静な計算と策略をつたえる。

長英は出獄についての明るい見とおしをもってこの小冊子を結んでいるが、その楽天的な予測は裏切られた。ただし、獄中で長英が囚人の序列として高いところにおかれ、手あつい待遇をうけたことは事実のようであり、はじめは添役、あとから牢名主となった。だからこそ獄中で何冊もの小冊子を書くことができたのである。

小笠原渡航志望者たちの悲しい結末

長英にひきくらべて、小笠原渡航を夢みた無名のユートピアンたちは、よくは待遇されなかった。投獄された六名のうち四名までが半年のあいだに獄中で死んでいる。

山口屋の金次郎、蒔絵師秀三郎、斎藤次郎兵衛、無量寿寺順道。この人びとの中、金次郎にたいする死後の判決文を、かれらの墓碑として書きうつしておく。

本石町三丁目
五人組持店
旅人宿彦兵衛
幼年ニ付後見
金次郎

右之者儀、蘭学を好、地理物産等之儀を阿部友進より聞覚、同人世話いたし候迚、届不致、大塚庵より鉄砲質に取、流に相成候侭所持いたし、又は花井虎一并友進・秀三郎申合、無人島渡海之儀相企、虎一方へ秀三郎連立参候節、渡海中風波に逢、呂宋・サントウイク・アメリカ国等え漂流いたし候ハヽ、外国をも一見可相成、異国船ニ出会被捕候とも、相頼帰国相成候事之由、同人申聞候節、艱難之中ニ面白き儀も可有之抔、不容易儀を雑話いたし、又は入用出金廻船雇方等之手段可為致と、順宣・順道え右嶋渡海之始末相咄、同意為致候処、斎藤次郎兵衛儀、右渡海容易ニ願済ニは不相成、廻船粮米之手当出来候ハヽ、不及願出帆いたし候心得之由ニて、同人儀鳥栖村え参リ、順宣え直談可被致旨申聞候節、順道より添手紙貰請参候ハヽ、宜可有之旨相答候段、右始末、旁不届に付、永牢

此儀、同意之もの共申合、無人島え渡海を心懸候段、不容易儀ニて、自然以後之取締ニも拘候間、御仕置附ニ安房守申上候通之趣意を以、永牢申付候方ニ可有之、尤鉄砲所持

いたし候儀も有之候得共、右廉を以可重筋無之候間、伺之通、永牢可申付処、病死いたし候段、追て申上候間、其旨可存段、一件之もの共え申渡、

（朱書）

評議之通済

獄中から生きて帰って来た本岐道平は、鉄砲を無断でつくったという理由で百日おしこめ、無量寿寺順宣は許可を得て渡航するつもりであったことはわかるが、出家の身分にて無人島渡航などという情熱をもったことがふらちであるからという理由で百日おしこめ。

投獄されるにいたらなかったものの中でも、御普請役大塚政右衛門の兄にあたる大塚庵は、彦兵衛（金次郎）に鉄砲を流したのがふらちだとして百日おしこめ、今川上総介家来で医師阿部友進は無人島を開発すれば国家の御利益にもなり阿部家の家名再興にもなるなどと語り、また彦兵衛（金次郎）に鉄砲を流す相談にのったかどで百日おしこめ。御小人頭で御納戸口番花井虎一は、発起以前に密訴したからという理由で、身分はこれまでどおりとし御仕置御宥恕。

無人島渡航という明るい主題について雑談をかわしたサークルを見舞った悲しい結末だった。

外国人移住者への幕府の対応

順宣たちと似た考えをもつ人たちは、太平洋のむこう側にもいた。米国マサチューセッツ州のセイ

レムに近いブラッドフォード出身のナサニエル・セイヴォリーは、ホノルルに行って働いているうちに、無人島のことをきき、一八三〇年（天保一）六月二六日に他の四人の白人とともに小笠原島に達した。セイヴォリーはグアム人と結婚してこどもをもうけ、ここに住みついた。セイヴォリーは米国人であり、彼と行をともにしたアルディン・チャッピンは米国人、リチャード・ミリンチャップは英国人、チャールズ・ジョンソンはデンマーク人、マテオ・マザロはイタリアのジェノア人だった。彼らはここに、かなりゆたかな国際的な社会をつくった。一八五三年（嘉永六）にペリーが東洋艦隊をひきいてこの島をおとずれた時、セイヴォリーはこの植民地の首長に任命されている。ペリーはここに米国の国旗をかかげたが、同時にその『日本遠征記』（一八五六年〈安政三〉刊）には、この島の発見についての日本側の記録を書きいれ、「ヨーロッパ人はその発見者としての何らの権利もなし」と述べた。

この間に、ホノルル駐在のイギリス領事アレクザンダー・シンプソンは、一八四二年（天保一三）一二月二七日付公文書でこの無人島の経営状態を報告し、この島がブロッサム号艦長ビークーの発見したものでありイギリス領土であると述べている。これは米国人セイヴォリーをわざと無視したものであり、小笠原諸島をイギリスの主権下におこうとしたものだと言われ、ペリーがこの島発見について、ヨーロッパ人に権利なしと書きいれたのは、イギリスのこのような意図に反撥したものと解される（大熊良一『歴史の語る小笠原島』小笠原協会、一九六六年刊）。

岩手県出身の海軍大将栃内曽次郎の『洋人日本探検年表』（岩波書店、一九二九年刊）によると、

一八二七年（文政一〇）　英艦ブロッサム小笠原島占領ヲ宣言ス
一八二八年（文政一一）　露船ルトケ小笠原ニ至リ占領ヲ宣ス

とある。こうした情報は、オランダ経由で日本につたわり、幕府は海防の見地から気になっていたであろう。モリソン号の漂流民護送、漂流を方法として用いる日本人の海外渡航、無人島（小笠原島）移住計画、モリソン号をふくめて外国船に対する江戸湾防備の強化は、幕府首脳部にとって一つの視野に入るものであり、その視野の措置の故に一つの連関をもつものとしてつくりなおされたものであろう。目付鳥居耀蔵の「潤色」（高野長英の用語）は、彼のよく知っている上司水野忠邦の政治的構想力の図式にかなうものであり、その故に、水野自身は鳥居とちがって蘭学に関心をもっているとしても、モリソン号打ち払い批判と無人島渡航計画をむすびつけた鳥居の図式はうけいれやすいものだったろう。しかし、もともと相互に関係のない二つのグループに属する被害者の視点から見れば、蛮社の獄は、権力者の見るのとはちがう様子のものとなる。

幕府は海防上の必要から文久一年（一八六一）に外国奉行水野筑後守忠徳一行九十余名を軍艦咸臨丸にのせて小笠原諸島におくり、あくる年の文久二年にセイヴォリーたち外国人移住者に小笠原が日本の属島であることをつたえた。通訳として、すでに嘉永二年（一八四八）捕鯨船フランクリン号にのって同地をおとずれたことのある中浜万次郎がこの一行にくわわっていた。現地監督官として小花作之助（作助）が父島にのこった。おなじ文久二年一二月、中浜万次郎は小笠原近海で日本最初の西洋式捕鯨をおこなった（大熊良一「小笠原諸島の開拓と中浜万次郎」『政策月報』二〇九号、一九七二年)。幕府はおなじ年に小笠原島開拓を計画して第一次移民を父島に送ったけれども、あくる年には、内外事情切迫のためにこの計画を中止し幕府官僚と移住民をひきあげた。このあと、小笠原の国際社会は実質的には無国籍のまま数年をすごすが、明治新政府ができたのち、宮本守成・谷暘郷らの建白書があって政府は小笠原開拓を研究しはじめ、明治八年(一八七五)小花作助・田辺太一らの調査隊を派遣し、明治九年駐日各国公使に通達して、小笠原諸島を日本領土として認めさせた。

明治初年の政府調査団と領土問題

おなじ年に大槻文彦『小笠原島新誌』が発行され、この島についての最初のまとまった著書となった。大槻が仙台の人であるので、林子平、高野長英、大槻文彦というふうに、旧仙台藩とのむすびつきにおいて小笠原諸島が論じられることが、旧藩時代の気風ののこる明治初期では自然のことであったらしく、いつしかふたたび、長英自身の否定をふみこえて、高野長英は小笠原渡航計画とかかわりあるもののごとく記されるにいたった。磯村貞吉『小笠原嶋要覧』には、「(高野長英・渡辺登)両人の主刑宣告に小笠原島の事を載せざるハ不測の天助と云ふべし余ハ本伝に詳らかなり」などと書いている。かかわりがあってほしいという願望が、明治初期の人の心中につよくあったのであろう。

明治八年(一八七五)の小花作助ら政府調査団は、初代開拓者ナサニエル・セイヴォリーの未亡人や長男に会っている。セイヴォリーがなくなったのはその前年、一八七四年の四月一〇日のことで、八〇歳であったという。このころ島の人口は七一人（男三七人、女三四人）、イギリス領事ロバートソンによる別の報告では、人口六六人、そのうちこの島で生れたもの三五人となっている。イギリス領事ロバートソンは、セイヴォリー未亡人に、この小笠原諸島に住む人びとはある特定の国の権力に保護されることを願っているかどうかときいた。未亡人およびセイヴォリー家の人びとは首をふって、自分たちは「ボニン島の住民」としてあつかってもらいたいと言った。

ロバートソン・ラッセル著『ボニン諸島』（日本アジア協会報告、明治六年刊）によると、この島は無宗教、無教育で、読みかきのできるただ一人の島人が牧師のかわりをして結婚と葬式の儀式を世話し、いかなる政治からも自由に、自然の果実をとり、耕し、家畜をかい、魚をとり、油をつくり、自給自足の暮らしをしていた。なぜこの島でこのように仕合せに暮らしているかというロバートソンの問いに、セイヴォリー未亡人は、

「そうですね、この島ではわたしらは税金をとられないからかもしれません」

と答えた。

住民はきちんとした身なりをしているし、家も清潔で整頓されており、その生活は楽で満足しているようにロバートソンには見えたという。無量寿寺順宣たちが夢みた暮らしは、ここにあったのである。

セイヴォリー未亡人の言った「ボニン（無人）島の住民」というのは形容矛盾ではあるが、初代

移住民ナサニエル・セイヴォリー以来の代々の島人に共通する一つの思想がここにこめられている。しかしその思想が国家権力に認められることはなく、この島は日本の領土にくみいれられた。

明治十五年秋土着の外国人皆帰化して我国の籍に入りたり此際東京府より帰化人一人に付旅費として金七拾五円を給せり而して帰化人中年長にて名望あるを以てルキレズワ、ジョルゴンソル（ゴンソルは大村に住し内国人を娶て婦とす）の二人を帰化人の世話掛とし月俸六円を給す（此輩と雖ども皆文字なく自ら其姓名を記する能ハず）。（磯村貞吉『小笠原嶋要覧』）

どんな国家の支配下にも組みいれられていなかったこの無人島の住民が、なめらかに日本国の秩序に入っていったわけではない。

「小笠原島兇徒嘯聚衆事件」

磯村の著書には、外国人帰化のところにひきつづいて、明治一七年（一八八四）から一八年にかけて小笠原に大監獄を設置しようという計画があったことをのべ、明治一八年「同島暴動の報」をうけて実況視察がおこなわれたことを述べている。

明治二〇年三月二七日（実は四月二八日）、横浜重罪裁判所において「小笠原島兇徒嘯聚衆事件の首魁」北川酉之助、斎藤駿、山崎太平、吉野善之、川島宇八、「従犯」富田伊三郎、奥山竹吉、岩田与三郎（死亡）が全員無罪の判決をうけたとある。

『小笠原嶋要覧』によれば、この事件の主な原因は明治一四年政府が小笠原島会議所なるものを設け、議員一五人をもって構成し、島民の貯蓄した金穀をこの会議所の管理においたことに由来する。明治一八年東京府庁が製糖機械を島民に貸与し、その運送費上納を命じたところ、その支払いのために会議所共有金で一時たてかえようということになった。ところが議長清水常吉は、言を左右にして承知しないので、島民は疑いをもって会議所の帳簿を調べてみると、「私曲の破綻」をあらわしているので大いに怒り、清水常吉を議長から解職し、他の議員も解任した。その上で代表が政府役人である南川将一に再三面談して要求したが、きかれず、そのうちに東京から官憲が出てきて首謀者がつかまりつれてゆかれることとなった。その後、明治一九年（一八八六）一月、東京重罪裁判所で、首魁五名は重懲役一〇年、従犯三名は同五年に処せられ、従犯岩田与三郎は一人服罪して苦役中病死した。

代言士小笠原久吉はひとりでこの事件の弁護をひきうけ、この判決に不服をとなえて大審院へ上告し、そこで前判決は破棄され、事件は横浜重罪裁判所にうつされ、このたびの無罪判決となった。今度は、小笠原久吉の他に林和一も代言人としてくわわり、すでに三年にわたり被告ならびにその老父母と妻子が苦しんできたことをのべ、法官をして落涙せしめた。このたびの無罪判決は、法官の明断のいたすところなりといえども、また弁護人その人の心労あずかりて力あるを信ずるなり、と註釈している。

松本健一のしらべたところでは、明治一九年現在の被告の年齢とその出身地は次の如くである。

山崎太平　　三〇歳　鳥取県生（住所は群馬）。扇浦在住。平民。無職

北川酉之助　二四歳　長野県生。父島長谷在住。平民。農業
吉野善之　三九歳　千葉県生。扇浦在住。平民。酒商
斎藤駿　四〇歳　東京府四谷生（住所は静岡）。扇浦西町在住。士族。農工商兼業
川島宇八　四三歳　東京府豊島生。父島北袋沢在住。平民。大工
富田伊三郎　三八歳　東京府四谷生。扇浦西町在住。平民。西洋物商
奥山竹吉　四三歳　八丈島生。扇浦在住。平民。農業
岩田与三郎　生地不詳。扇浦在住。平民。農業

一見してわかるように、これは内地からのあぶれものたちの寄せ集めである。かれらはいわば流民である。事件判決後のかれらの消息も知られぬものが多い。おそらくふたたび日本のいずこへか流れてゆき、その生を辺境に埋めていったにちがいない。消息のわかっているものを記せば、次のようである。北川、川島、富田の三人はそののちも島に戻り、いずれも「できもの」（きれものという意）として名をとどめた。北川は扇浦で村の世話役（村長）になったこともあった。かれは昭和それも敗戦後ふたたび島に戻ってから死んだ。川島は創拓院という戒名でもわかるように、島から開拓につくしたとして感謝状をもらったことがある。明治四十年に死んだ。富田は扇浦で細々と雑貨商をしていたが、かなり早死したといわれる。岩田はすでに服役中に死んでいる。（松本健一『孤島コミューン論』現代評論社、一九七二年刊）
抗議の首謀者はいずれも明治に入ってから小笠原諸島に移ってきた人であり、抗議を支持した島

民の共同体のおおかたは明治に入ってから移ってきた日本人だったろうけれども、この新しい移住者もまた、セイヴォリーたちとおなじく、「無人島の住民」の精神を共有していた。

その後、十五年戦争の末期昭和一九年（一九四四）四月から五月にかけて島民六千八百余人が、日本本土強制移住をさせられた。

敗戦後小笠原は米国の支配下におかれ、昭和二一年（一九四六）に欧米系帰化農民に対してのみ、帰島がみとめられた。

一九六八年になって、小笠原諸島は日本にもどり、東京都小笠原村となった。一九七四年五月一日現在で、小笠原村の人口は、一六四〇人、そのうち男一一八四人、女四五六人で、男女人口の不釣合に悩んでいる。

日本の大衆思想史における小笠原諸島

小笠原諸島は、二重の意味で、日本の大衆思想史に影をおとした。一つは林子平からはじまって水野忠邦、勝海舟、栃内曽次郎という関心の系譜に見られるとおり、海防上の視野においてである。支配層の小笠原への関心は主としてこれに限られた。もっとも、明治初年に内務権少書記官小野田元熙（もとひろ）が考えたように、この島々を二〇〇〇人の囚人を収容する一大監獄として使うという構想もあったが、それは、直接にそれに反撥しておこったのではないにしても島民の大暴動以後、沙汰やみとなった。

海軍的、監獄的視点とからんで、それと対立的な考え方は、ユートピア的視野と呼ぶことができる。無量寿寺順宣、セイヴォリーたちから、小笠原島会議所襲撃の大衆をとおり、江戸時代、明治、大正、昭和にわたって、小笠原諸島という地点を借りて、ユートピア的構想力をくりひろげた人びとが何人も日本にいた。そこには、長篇小説の形をとらない数多くのロビンソン・クルーソーの物語があったと思われる。

十五年戦争下に二度目の弾圧をうけて裁判にかかった大本教教祖出口王仁三郎は、南海に渡航して理想郷をつくる構想をたてたとして訴えられている。ただし、これは小笠原島ではなく、三宅島だったとつたえられている。戦時下に文学報国会に入ることをことわったほとんど唯一の既成作家中里介山は、大正期以来未完の大長編小説『大菩薩峠』を書きつづけて、小笠原諸島らしいところにユートピアを建設するくだりを軍事統制下に記した。

介山は第二十巻にあたる『禹門三伋の巻』を書き上げたとき、その「あとがき」に「カルマはそのままでは如何にも荒涼たるものです。時々遊戯の波を挙げて業障の海に彩を加えたのが遂に此所まで来ました。これより進んで、真に遊戯三昧の髣髴を得るや否やは、作者の技倆ではなく、作者の心境其ものの進展です。……戯作もここに至ると全人格の問題となって来るのでありますといったが、執筆開始以来およそ三十年、作者の人格が年齢とともに円熟あるいは沈静の度を加えるにつれて、その心境もまた変化したと見てよい。特に時局が暗転して戦争気構えの様相を示すにつれて、彼の心境は平和と明るさにかたむき、駒井＝お松の共和国に加担

するようになったようである。（桑原武夫「駒井能登守のために」中里介山全集第十二巻解説、筑摩書房、一九七一年刊）

こうして明治維新の前夜、駒井能登守甚三郎とその仲間は、無名丸にのりこんで太平洋上の孤島におもむく。

小笠原諸島の発見者の子孫小笠原明峰は、大正時代に小笠原プロダクションをつくって小笠原諸島にわたり、陸軍要塞部のきびしい統制をくぐりぬけて、「極楽島の女王」という映画を、この島でロケーションをしてつくった。彼は十五年戦争敗北後の一九四六年に四一歳でなくなった。竹子未亡人の回想によると、飛行機の操縦をならって、父島に行って余生を送ろうなどと言うほど、この島への執着をもっていたという。戦争下の日々に大正デモクラシーの気分を保ち、それを小笠原諸島に託してくらしていた人だろう（浅沼陽「小笠原父島で映画撮影の思い出」『小笠原』一九七四年刊）。

こうしたさまざまの夢想に一つの形をあたえたものに、木下順二の戯曲「東の国にて」（一九六〇年）がある。これは、数年まえに江戸という名が東京とあらたまったばかりの明治のはじめの話で、イギリス人鉄道技師クリスティなどもくわわって新時代の若い日本人が小笠原諸島移住の計画をねる話である。しかし民間人の建白書が政府を刺激し、小笠原開発は今後一切政府の手でおこなうということになる。小笠原移住に託してきた自由の夢はどこにゆくのか。

鉄道技師クリスティが日本を去る前に日本人の青年たちに書きのこした言葉は、日本人とともに生きようとした彼自身を諷刺するだけでなく、幕末から明治、大正をとおして今日にいたる日本のユートピアン全体を諷刺したものとも読める。

人間はいかに誠実であっても、自分がぬきさしならずそこへおかれているのではない場所に対しては、結局無責任たらざるを得ない。——J・S・クリスティ

（木下順二「東の国にて」『風浪・東の国にて』未来社、一九六二年刊）

しかし、無量寿寺順宣・順道たちの生涯を考えると、ぬきさしならずそこへおかれているのではない場所に、おかれてしまう人もまたいるということを考える。

六　脱獄　1839-44

江戸開業時代の長英の評判

『蛮社遭厄小記』の中で、長英はモリソン号の話をきいた時の尚歯会における自分の位置を、「瑞皋は実学の盟主として」と書いている。

天保一年（一八三〇）、二六歳の時にふたたび江戸いりして町医者として再出発してから、天保九年（一八三八）にモリソン号について同学の人びとと議論をかわすまでの八年間に、長英は自分が実学の仲間の最高権威だという自負心をきずきあげ、その自負心をかくすことなく獄中手記に記して郷里に送ったのである。

仙台藩につかえる蘭学者として祖父大槻玄沢以来、高野長英について家庭内でうわさをきくことの多かった大槻文彦（一八四八〜一九二八）は、長英が仲間からどう見られていたかを、「高野長英行状逸話」（『医談』第五十六号、明治三二年三月四日）に記した。

伊東玄朴、戸塚静海、竹内玄同、林洞海、大槻俊斎等、皆長崎ニ在テ長英ト同塾シ長英塾長タレバ皆兄事シタリ、サレバ衆、江戸ニ移リテ開業スルニ及ビ長英、尚、衆ノ上ニ居テ医術モ亦衆に抽ンデタリ。然レドモ衆ヲ凌ギテ、儕輩ヲ呼ブニ常ニ其名ヲ呼ビ棄テニシテ敬称ヲ添ヘザリシト云。サレバ衆之ヲ憎ミタレド其術ニハ服シテアリ。患者アリテ衆、手ヲ束ヌルニ至レバ好マヌナガラ長英ヲ伴ヒテ一診セシム。長英診断シ処方スレバ往々恢復セリ。此ノ如クナレバ長英、金ニ窮スルトキハ玄朴其他ノ家ニ往キ金ヲ貸セト迫リテ五両又十両数回ニ及ビテ謝絶スレバ殆ド強奪シテ去ルヤウノコトアリシト云。坪井信道ノ妻氏、高齢ニシテ今尚生存シテ云フ

「長英さんは人のわるい御方で」

江戸開業時代の長英の評判は、こんなものだった。いばっている男だという先入見をもって見ると、長英が水沢帰国をことわったのも、帰れば出世できなくなるからだということになった。京都でついに帰郷を最終的にことわった時、長英は次の詩をつくって郷里からの使者に示したという。

学術走西域　学術は西域にはしり
双眸略五洲　双眸は五洲をおさむ
看吾業就後　みよ　わが業なるの後
天下仰余流　天下、余流をあおぐ

「詩意ノ極メテ傲慢ナルハ激論ノ結果ナルナリ」と大槻文彦は註釈をくわえている。

世界のことはおれの頭に入っている。おれの学問が一世を圧する時代がそのうちに来るぞ、という予告がこの詩である。おなじ仙台藩士として、大槻家のものから見れば、藩をはなれるに際してこんな詩を書くというのは、品のよいこととは感じられなかった。

傲慢にして実力あり、というのが、大槻文彦のつたえる長英評判記であり、その実力のほうについては、次の逸話がある。

一日蘭学者ノ集会アリシトキ衆議シテ云フ。今日ノ談話ハ徹頭徹尾蘭語ノミヲ用ヰン。若シ一言ノ邦語を出シタルアラバ罰金ヲ課セムト。既ニシテ衆相語ルニ往々、誤テ邦語ヲ出スモノアリシカド長英遂ニ一語ヲモ誤ラズ。玄朴余リニ面憎ク思ヒテ、散会シテ去ルトキ長英ヲ背ヨリ不意ニ突キテ梯子段ヨリ突キ落シタリ。長英落サレテ仰ギテ大声ニ「ゲバールレイキ」(あぶない)ト叫ビタリト云。玄朴ハ長英ノ不意ヲ打チテ思ハズ邦語ヲ発セシメ戯レニ託シテ事ヲ了セムトセシナルベシ。然レドモ長英、尚、蘭語ヲ述ベテ邦語ヲ言ハズ。是レ飽クマデ用意ノ深ク意志ノ強キ人ナリシヲ証スベク又蘭学ニ精ナリシヲモ知ルベシ。

どんなことがあってもオランダ語しか口から出てこないようにするというのは、翻訳家としての長英の心がまえが並々ならぬものであったことを示している。猛烈な速度をもってなされる達意の訳文は、このような準備があってなったもので、後年の潜伏時代に、参考書なしで蘭書の解読をつづけることができたのも、オランダ語だけの世界に自分をおいて蘭語をもって蘭語を解する練習を積んだからであろう。

長英の飢饉政策の書『二物考』『避疫要法』

天保四年（一八三三）に大飢饉がおこり、これに対してどのような政策をもってしたものかを真面目に考える武士が多くの藩にあらわれた。紀州藩の遠藤勝助は、もとは儒学者であるが、飢饉の対策を求めてひろく意見を交換する会をつくり、いくらかその内容をぼかして老人のあつまりであるとし、「尚歯会」と名づけて、江戸在住の名高い知識人をまねいた。

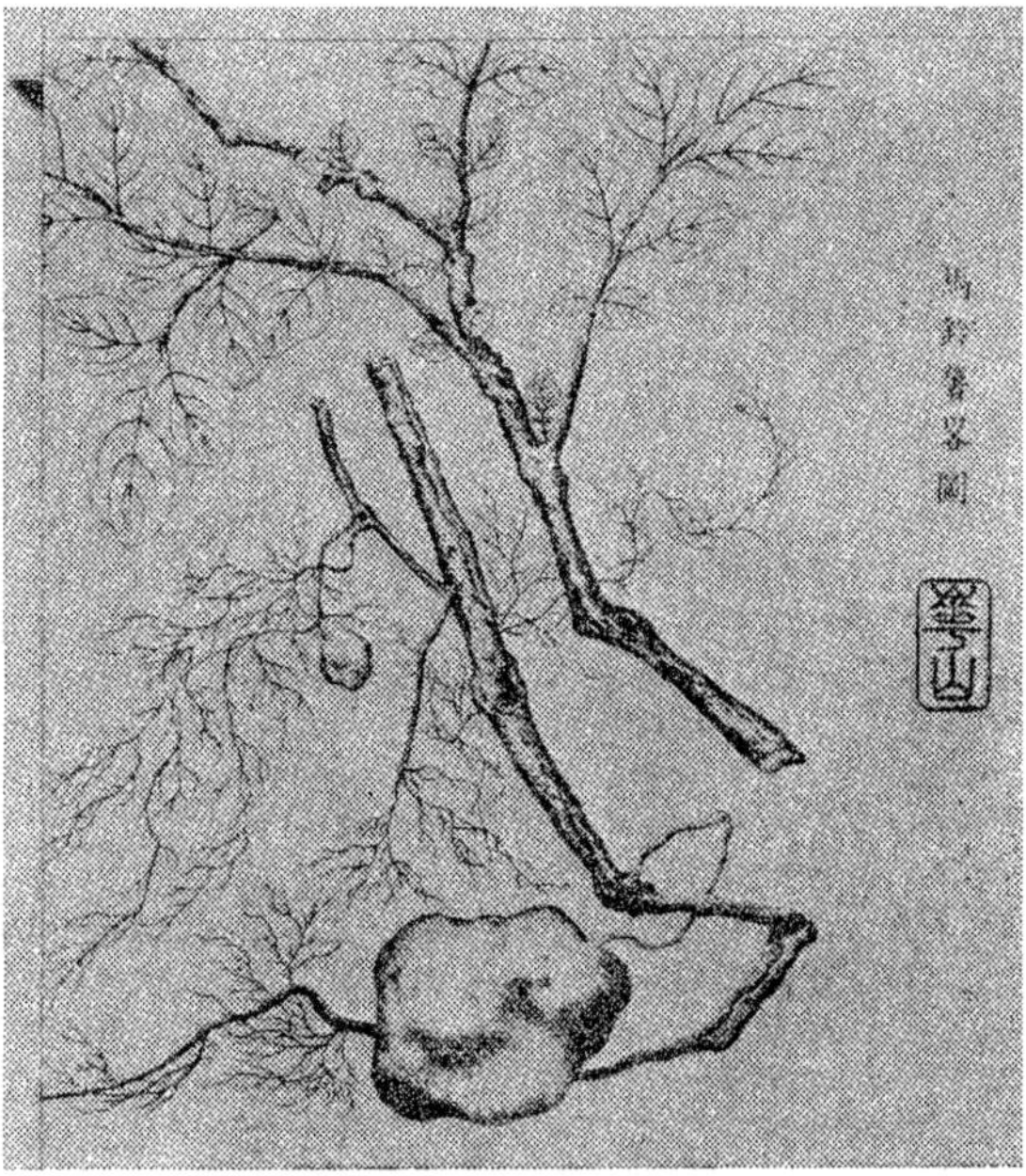

崋山筆“馬鈴薯略図”。他の一葉に，実，花，葉の部分図がある。

　この会合の産物として遠藤勝助の『救荒便覧』は書かれたし、高野長英の『二物考』『避疫要法』も書かれた。

　『二物考』（天保七年〈一八三六〉発行）は、気候不順でもよく実る早(はや)そば、じゃがいもの二種をつくって、米麦にたよらずに代用食をとってきりぬける道をすすめたもので、その植物の性質、栽培法、調理法についてはオランダの書物をひいて、こまかく説明している。序文は、尚歯会の世話役である遠藤勝助が書き、跋文は長英の弟子内田弥太郎が書いた。内容は、長英が述べたところを内田が文章にしたものである。なお、早そば、じゃがいもについてははじめに長英に教えた人は、それぞれ上州の門人福田宗禎と柳田鼎蔵であったので、この二人の校閲を得たことを記した。さしえは、渡辺崋山であり、日本の美術史に残るこの画家が、実用パムフレットに図解をかくなどということは、今日の日本の常識としてはあり得ないが、この点で日本の文化に進歩向上があったと言えるのだろうか。

福田、柳田の両名は、長英が脱獄後にたよってゆく門人たちであり、この人びとのもたらした実地報告が長英の論文の基礎となった。この二つの事実は、長英の学問の性格を特徴づける。彼が、自分の著書に「観農備荒二物考、瑞皐高野先生著、内田恭思敬記、福田宣宗禎、柳田真鼎蔵校」と題して、門人の功を明らかにしているところにも、その学風のひらかれた性格があらわれている。

長英筆の「題言」からひく。

○凡ソ生民ノ災ハ年ノ凶荒ヨリ大ナルハナシ。而シテ其荒災ノ起ル所以ノ者ハ水旱ノ二ヲ出ルコトナシ。本邦田土肥腴シ川沢四通ス。故ニ民、旱ヲ患ルコト少シ。只水患尤モ甚シトス。近歳此ノ患、洊リニ臻ル。誠トニ恐ル可シ。蓋シ我邦人専ラ食ヲ稲麦ニ資ル。而シテ稲麦ノ成熟ニ至ルヤ、其期甚タ久シ。且正常地方昼夜平分ノ頃狂風専雨頗ル多シ。其甚シキニ至テハ、樹ヲ抜キ屋ヲ倒ス。其害啻ニ田土ノミニ非ズ。直チニ生霊ヲ戕フニ至ル。若シ夫レ雨湿月ニ弥リ、時気寒冷ニシテ稲麦熟セサルノ時ニ方テ不幸ニシテ此暴風雨アルニ逢バ、歳饑エズシテ如何セン。嗚呼農民ノ力ヲ稼穡ニ用ユルヤ、雨ニ浴シ風ニ梳リ汗焦レ膏枯レ孜々汲々トシテ其成熟ヲ望ム。然ルニ忽チ此災ニ逢ヒテ一旦ニシテ其功ヲ空クス。豈悼マザランヤ。而シテ其災啻ニ農民ノミニ非ズ。誠ニ天下ノ大災ナリ。方今昇平ノ時ニ逢ヒテ人民ノ餓ニ死スル者少シト雖ドモ、米価踊起シテ一日ノ労其食ニ充ルニ足ラズ。是ニ於テ荒村寒郷ニ及ンデハ或ハ樹皮ヲ削リ、或ハ泥土ヲ淘シテ食ト為スニ至ル。其レ此ヲ以テ一旦ノ飢ヲ済フト雖ドモ其常飲ニ非ザルガ故ニ爾後一二月若クハ三四月ニシテ病ンデ斃ル、者亦少シトセズ。凶荒ノ後ニ疫疾多キハ此ニ因ルナリ。余常ニ之ヲ以テ患トナス。

ここには、長英の幼いころからの岩手の凶作の恐怖がたたみこまれており、天保の飢饉にさいしてパムフレティーアとしての彼を動かしたことをつたえる。状況の説明、問題の所在の把握は、簡単にして要を得ており、文章家としての長英の面目をつたえる。

按ズルニ北極地方ノ国、寒威凛冽ニシテ他ノ融スルコト一歳ニシテ纔カニ一二月ノミ。然リト雖ドモ其民ノ飢エザルハ何ゾヤ。是其風寒暑混ニ畏憚セザル物ヲ植テ以テ食トスレバナリ。余常ニ其種子ヲ得ザルヲ以テ憾トナス。今茲ニ丙申〔天保七年〈一八三六〉〕雨湿連綿三月ヨリ八月ニ達ス。其間ノ霽日僅カニ数フ可シ。時気ノ寒冷、癸巳ノ歳〔天保四年〈一八三三〉〕ニ過グ。各州水災多ク米価漸ク貴ク人心洶々トシテ安カラズ。今歳八月中、浣余上毛沢渡〔フリガナは原文にあるまま〕ナル福田宗禎ニ逢フ。宗禎世々瘍科ヲ業トス。其術甚ダ精シ。又和蘭書ヲ読ミ益其術ヲ研究ス。余固ヨリ交リ厚シ。一夕閑談シテ更将ニ闌ナラントス。時ニ一掬ノ蕎麦ヲ出シテ余ニ示シテ曰ク。凡ソ人ノ凶歳ニ斃ル、所以ハ糧食足ラザレバナリ。而シテ糧食ノ足ラザル所以ハ一歳数熟ノ物ナケレバナリ。此蕎麦一歳三熟スベシ。是レ救民ノ鴻宝ニ非ズヤ。余且ツ驚キ且ツ謝シテ曰ク。北極地方ノ国、穀類ヲ揀ムニ早熟ノ物ヲ以テス。此ヲ暖地ニ移サバ其成熟スルコト一歳ニ再三ナルベシ。余之ヲ欲スル所以ハ之ヲ此ニ移シ、以テ糧ヲ増シ、飢ヲ防ントスルニ在リ。余嘗テ之ヲ遠キニ求メ今ヤ之ヲ近キニ得タリ。是レ子ガ貽ナリト雖モ、実ハ天ノ賜ナリト。悦ンデ之ヲ受ク。爾後又同国伊勢街ナル柳田鼎蔵ト云フ者、一種ノ芋ヲ贈レリ。之ヲ見ルニ其形葧薺ノ如ク又土閻児ノ如シ。土俗之ヲ咬吧芋ト称ス。是レ即チ和蘭ニ所レ謂「アルド○アップル」ナリ。炮炙シテ之ヲ食フニ其淡白ナルコト薯蕷ノ如ク其甘キコト甘藷ノ如ク更ニ滋味粘気アリ。其性毒ナシ。以テ日用ノ食ニ充ツ可シ。和蘭地方、単ニ之ヲ以テ食トスル処アリ。而シテ甘藷ノ寒ヲ恐ル、ガ如クナラズ、寒地熱国ニ関セズ。荒野瘠地ヲ厭ワズシテ、一根数十塊ヲ得ベシ。余此ノ両種ヲ得テ、更ニ怡ビニ堪ヘズ。以テ荒歳ニ民ノ飢ヲ済ヒ、他日疫疾ノ患ヲ除ク物此ニ過ルハナシトス。是ニ於テ之ヲ諸方ニ頒与セント欲シ、竊カニ之ヲ社友ニ謀ル。社友善ミシテ曰ク。夫レ倉廩ヲ発ヒテ人ヲ賑済スルハ其及ブ所僅カニ一村一鎮ニ過ギズ。而シテ此挙ヤ、将ニ普ク天下万世ニ及バントス。其功徳甚ダ偉ナリ。緩フス可カラズト。因テ嘗テ伝聞スル所ノ其培養食用等ノ法ヲ記セシメ又蘭書中載スル所ノ諸説ヲ抄シ、参互錯綜シテ一小冊子トナシ、題シテ二物考ト名ケ、其種子ト倶ニ之ヲ世ニ公ニシ、以テ無能余ガ如キ者国家無彊ノ徳沢ニ浴シ、荒年ノ間ニ遊食シテ尚幸（ナオサイワ）ヒニ飢ヲ免カル、ノ万一ニ報ゼントスルナリ丙申重陽之夜〔天保七年九月九日〕　高野讓識

於東都麹街甲斐坂之大観堂

高野長英の散文は、少年のころの手紙においてさえ、事実のぎっしりつまったもので、それを今日の会話体にもどせば、誰がこう言って自分はこう言ったという脚本のように読めるような性格をそなえていた。序文などは、漠然とした情緒を表現することがむしろ普通であるのに、事実と論理でひたおしにおしており、今彼をとりまく日本の必要にこたえるために彼のもっている全知識を駆使するというふうである。

長英の達意の文章

本文に入ると、情緒莫然たる漢字成句はすっかり影をひそめ、やさしい言葉で、必要な事実のみをつたえる。

早熟蕎麦　和名　ハヤソバ｜サンドソバ｜ソウテイソバ

○此ノ蕎麦（ソバ）ノ種子（タネ）ハ其始メ何レノ地ニ産出（イデル）スルト云コトヲ詳ニセズ。近歳（コノゴロ）民間（セケン）之ヲ伝エテ処々ニ之ヲ播種（ウユル）ス。茎葉倶ニ常ノ蕎麦ニ異ナルコトナシ。唯其実大ヒニシテ且ツ早ク熟（ミノル）スルノ性アリ。故ニ一歳ノ中ニ三次成熟（ミタビミノル）スルナリ。漢名未ダ詳カナラズ。仮リニ之ヲ名ケテ早熟蕎麦（ハヤソバ）又三熟（サンド）蕎麦（ソバ）ト謂フ

このように、漢字のとなりに日常語をかなでふって、誰が手にとっても、肝心のことはわかるようになっている。形の美しさにこだわらず、達意を目的とする実務家の文章である。とにかく急場の用にたてばよいとした。その故にかえって古典としての味わいを保っている。

このあと、培養(ヤシナヒカタ)、貯蔵(タクワヘカタ)、食用(クイカタ)、醸酒(サケニツクリカタ)、性質(セウライ)、異種(カワリタネ)をねんごろに説明し、さらに馬鈴薯をとりあげて、おなじく各項目にわけて説明する。

こういう文章は、普通には日本文学史にとりあげられることはないが、虚心に人間の文章史として日本人の書いてきたものをふりかえるとすれば、『二物考』は日本人の書いた大文章の一つと言えるのではなかろうか。

おなじ年に書かれた『避疫要法』は、あとがきに飢饉にさいして疫死者が餓死者に一〇倍するほど出るのを高野翁がうれえてこの小著を書いたとあり、「内田恭(弥太郎)書、門人　上毛　高橋景作　校」とある。この小冊子の編集にあたった高橋景作は、『二物考』の早蕎麦を見せた福田宗禎とおなじく上州の医師であり、飢饉と伝染病に苦しむ農民の間をまわって治療して歩く「はだしの医者」である。この高橋景作もまた、脱獄後に長英を長くかくまうことになる。天保の飢饉にさいして長英の書いた二つの小冊子が、ともに幕臣でも藩臣でもない上州の村医との協力によって書かれたことは注目にあたいする。

長英は、岩手の飢饉の知識からおして疫病の対策を早くから考え、『瘟疫考』全二冊を、天保七年(一八三六)にあらわしたが、医者でなくとも誰でもがすぐに応用できる手引き本とし、さらに『避疫要法』全一冊を天保七年冬に書いた。

但し此は凶饑の年悪食の後流行する疫熱を治する方中にて尤も簡単なるを選み平人の手に用ひて害なき薬のみを記したれば概して此薬を以て諸疫を治し難し。然れども此方法は諸疫熱倶に其初に用ひて良効あれば、何疫なりとも恐るゝことなく速やかに用ふべし。軽症は此にて忽ち全治することを得べし。今其他の疫熱の治方は急務に非ずして又此小篓にて詳示し難ければ、別本に記して此に略するなり。覩ん人、其足ざるを咎むること勿れ。

内容は、まず病人の気力のおとろえぬうちに腹中の汚物をのぞくべきであり、吐き薬を使うか、それがない時はなまぬる塩湯を数盃のんで鳥の羽さきをのどにいれて吐けという。軽い病はこれだけでなおるし、重い場合にも、はじめにこうしておけば、死はさけられるとした。他に、疫病の人を訪問するにはどうしたらよいか、病人の部屋は窓を時々あけて空気をよくすべきだとか、死んだ時にすぐ埋葬してそのあとは掃除し窓からよい空気をいれることなどの指示がある。誰でもできることばかりで、特に専門医にたのむ必要はない。

これらの小冊子を書くことは、長英にとって、幼年期以来心にかかっていた心配に答えることであり、自分が努力してたくわえてきた知識をいかすことであって、自分本来の仕事と考えられたであろう。もう一つの系列に属する小冊子『夢物語』が原因となって獄につながれた時、自分の本来の道からはずれたことをくやむ気持が長英になかったとは言えない。獄中手記『わすれがたみ』に「然れ共、我夢物語に死する、遺憾なきに非ず」と書いたのは、もとより蘭学社中への弾圧を不当としたのであろうけれども、同時に、自分がもっとも効果的に社会につかえることのできた道すじをはなれて、直接に政治を論じる文章を草したことへの後悔もくわわっていたであろう。長英の政治的著作を全体として見る時、『夢物語』は、当時もその後ももっとも長英の名をたかくした作ではあるけれども、『二物考』『避疫要法』の二つの小冊子のほうが、重要なものではないだろうか。

長英獄中手記に描かれた先輩・小関三英像

長英にとって吉田長叔塾の先輩にあたる人に小関三英（一七八七～一八三九）がいた。彼は山形県鶴岡の生れであり、長英より一七歳年長だった。吉田塾入門は文化一年（一八〇四）であり、その後、故郷鶴岡にかえり、また仙台藩医学館蘭方科で教えていたりしたので、文政四年（一八二一）に吉田塾に入門した長英との交際はまだなかったと見られる。二人が会ったのは、三英が江戸に出て来た天保二年（一八三一）以後のことであろう。一度会ってからは、当時の蘭学者はたがいに助けあうことを必要としたから親しくなっただろうし、おなじ東北出身ということ、おなじ吉田長叔塾出身ということもその親交を深めたであろう。

三英は、長英の後援者でもあった薬種商神崎屋の助けをうけ、幕府の蘭方医桂川甫賢の家においてもらって、直接に患者をみることなく、ただ蘭学の研究にうちこんでいた。天保三年に岸和田藩の藩医となって七人扶持金五両をもらい、天保六年には幕府天文台の蘭書翻訳方を命じられて一ヵ年銀一〇枚をうけた。杉本つとむによれば、三英はモリソンの『中英辞典』を使っており、のちに天文方渋川六蔵の発表した『英文鑑』のもととなった蘭訳英文典および文法用語を翻訳した。日本で英語を研究した最初の人の一人であるという（杉本つとむ「補訂論考」『小関三英伝』敬文堂、一九七〇年刊）。

この三英は幼い時におおやけどをしてびっこになり、また顔かたちがオランダ人に似ていて「カピタン」とあだ名されるほどの異相だったので、あまり人中に出ることを好まず、語学の研究とともに西洋史の研究をしてリンデンというオランダ人の書いたナポレオンの伝記を翻訳したりした。不眠症をやみ、神経質だった。彼は天保二年四月一六日、渡辺崋山を訪問し、その学究肌であるところを気にいられて、オランダ語の不得手な崋山に文献の翻訳をたのまれた。イエスの伝記についても翻訳していたことが、蛮社の獄にさいして、追及されるであろうと察して、天保一〇年（一八三九）五月一七日、自殺した。

長英は獄中手記に、この友人の小伝を書いている。それは、小関三英の肖像としてすぐれているだけでなく、長英が三英をいたみつつ、三英と自分がどうちがうかを示唆している文章として読むことができる。

篤斎（とくさい）〈俗名小関三英〉は、出羽荘内の産れにて、壮年より蘭学に入り、自ら刻苦して蘭書を攻（おさ）め、遂（つい）に蘭社の一名家となれり。好んで西洋の歴史を修む。又蘭文に妙を得たり。従来足疾有（あり）て、其上不寝歎息の病有れば、東西奔走して刀圭の業〔医術〕をなし難く、専ら翻訳・教授を業とし、和蘭の学医を立て、先の年岡部公に使ひて侍医となり、近頃司天台に召（めさ）れて、兼て、官の和解方を勧めける。元来篤実堅固の生れなれば、法を犯す事なかりしに、蘭書中、あれこれ翻訳して花山翁に与し事もありなん。我等と交り殊に深かりしかば、讒者の訴へにて逃れ難く、又御不審を蒙りけり。去共中々獄内に入る程の事とは思はれざりしに、無二の交深き我儕、はや獄内に引れ、世間の取沙汰喧びすしく、蘭学者は不レ残召れん、篤斎も今にも囚れんなど、取々罵りけるにぞ、常さへ不寐の病に悩み、夜毎に阿片酒など用ひ、漸々に安眠する身なれば、獄内に在ては、迚も存活し難しと察しけん、元来余りに実直小胆なる生れ成し故、偏へに世評を信用し、はやまりて遂に自殺しぬ。嗚呼天下の一名匠、此に至て亡び、我骨肉と盟し親友、卒然と逝ぬ。可レ惜とも可レ悲とも詞は絶てなかりけり。常々酒席の談話に、死生は齢を以て論じ難し、吾汝誰か早く死し、誰か後に残らんや、予じめ期し難し、斯断金の交りなれば、相互ひに死に残らん者は、死せし者の碑文を勒す約せしが、今碑銘を勒すべき者は我身と成て、斯風前の燈、網中の魚に似て、今にも知れぬ身の有様社、定め難き世中也。（佐藤昌介校注、高野長英『わすれがたみ』日本思想大系55より）

三英を評して「余りに実直小胆なる生れなりし故」と書き「偏へに世評を信用し、はやまりて遂に自殺しぬ」と書く長英は、自分を実直小胆と見ていないようであるし、自分ならば人がどううわさをしようと、そういう他人を無視して自分の信条をとおして生きるであろうと考え、早まって自殺などすまいと心に誓っていたであろう。三英は、長英を、渡辺崋山に紹介したもようである。以後、三英と長英とは、オランダ語の文献についての崋山の主要な情報提供者となる。

崋山の姿勢と政治観

渡辺崋山が長英をどう見ていたかは、天保九年（一八三八）と推定される三宅友信あての崋山の手紙にあらわれている。

> 一、定平〔崋山の門人で砲術家村上定平〕事は、申さば、閣下はコニフルシテイテン〔王国〕のプロヘッソーレン〔教官〕とやらにて、定平は、スチデンテン〔学生〕プロヘッソーレンの如きものか。何れもソルダート〔兵卒〕に終りては遺憾。高氏〔高野長英〕の学、伍長に限。隊将は未なるべし。御厚恩所レ願候。（佐藤昌介校注「崋山書簡」日本思想大系55による）

伍長とは五人一組の長であり、隊将とは一〇〇人または二〇〇人の長であるという。小さいとはいえ一藩の年寄役末席として政治を指導したことのある渡辺崋山から見ると、高野長英の学問は、指導者の学問とは言いがたかった。

　蛮社の獄にひきこまれる直前の時期に、崋山は、代官江川太郎左衛門を通して崋山みずからの執筆した『外国事情書』を上申して、幕府の海防政策を世界の実状にあったものにしようとはたらきかけていた。この計画について、崋山は長英にしらせることはなかったという（佐藤昌介『洋学史研究序説』）。しらせるだけの将器として、長英を見ていなかったのであろう。だが、長英の特色は、幕府上層部の高官に影響をあたえて政治を改革することよりも、農民の間にあってはたらく裸足の医師たちとの協力によって民衆の生活条件を改善することにあった。

渡辺崋山（一七九三〜一八四一）は、三河の国、田原藩の藩士の子として江戸麹町半蔵門外の藩邸で生れた。父は市郎兵衛渡辺定通。渡辺家は、俸禄一〇〇石、代々留守居役、用人、用向加判などの重職をしめるならわしだった。家格としては上士に属するが、崋山の父は病身であり、八人の子もちでたいへんに貧しい暮らしだった。兄弟のおおかたは、食いべらしのために、幼いうちに奉公にだされたり、養子にやられたりした。八人兄弟の長男として、崋山には重い責任が幼いころからかかっていた。彼が、絵をかくことを学んだのも、これによって収入を得るためである。

天保二年（一八三一）に年寄役末席に任ぜられ、ただちに藩政改革に着手した。それはこれまでの家柄本位の家禄制とはちがって、職務本位の俸禄をさだめた格高制をしくことにあり、このような新しい理念にもとづく官僚制度を立案し推進することで当然にも藩内の旧派の根ぶかい憎しみの対象となった。

崋山は藩主の異母弟三宅友信が旧藩主の資格をあたえられて老公と称するようになってから、文政一一年（一八二八）その側用人となり、主人とともに蘭書をあつめ、蘭学者に購読してもらって海外の知識をたくわえた。蘭学の大施主と呼ばれ、小関三英、高野長英らに三宅友信からの援助をあたえて、その研究を助けた。その視野は田原藩の藩政改革にかぎらず、ひろく日本全体の政治に及び、海外の知識をもつ故に、日本の海防に切実な関心をもった。代官羽倉外記に従って、天保八年（一八三七）伊豆諸島から小笠原諸島までの巡見に行こうとしたのも、このためである。あくる年、モリソン号渡来のうわさをきいて、『慎機論』を書き、そのあくる年には代官江川太郎左衛門の頼みで『外国事情書』を書いて幕府の外交政策と軍事政策に再考を求めた。この動きは、江川と対立関係にあった守旧派の目付（のちに町奉行）鳥居耀蔵の憎むところとなり、天保一〇年の蛮社の獄という鳥居につくりあげられた事件にひきこまれる。天保一一年には田原におくられて五人半扶持をあたえられて閉門の生活をおくるが、門人が彼の暮らしを助けるために画会をひらこうとしたことが、藩内の守旧派によってねじまげられ、崋山の行状は幕府をはばからぬものであり近く問責の命が幕府から藩主にくだるといううわさがたった。これを、崋山の親戚がきいて崋山の耳にいれたことが彼の自殺の直接の原因になったと、三宅友信は『崋山先生略伝補』に書いた。崋山が「不忠不孝渡辺登」と書いて自刃したのは天保一二年（一八四一）一月一一日のことで、この時、四八歳だった。

崋山と長英における生き方の違い

崋山はゆたかな感受性をもつ芸術家であり、同時に自分のおかれた社会の規則を重んじる官僚でもあった。彼の中にあった芸術家と官僚との二つの魂は、たがいにせめぎあって彼を苦しめずにはおかなかった。長男として貧しい家庭をせおい、小藩の家老としてその破産に近い経営をたてなおそうとして、若いころからの努力をつづけた。九歳年少の長英が、養父にあまえて学資をもらい、養家をかえりみずに長崎に遊学し、大恩ある養家をすて藩をはなれて、町医者としての独歩の生涯へとふみだしたのとくらべると、崋山は、幼い頃から家庭と藩のしがらみの中にあって、いたましい。だがすくなくとも四八歳まで彼を生きつづけさせたものは、芸術家として人生に対することのさまざまの感覚的な喜びだけでなく、貧しいながらも彼の家が武士社会でもっていた名誉であり、その名誉にかなうだけの努力を自分はしているという倫理的満足であった。このひそかな生きがいが、蛮社の獄以後の彼に追訴をかけた守旧派の流言によって失われた、と彼は感じたのであろう。藩主ならびに自分の恩義ある老公に迷惑をかけ、そのことは彼自身の老母が武士社会を生きてゆくことを難しくさせる、このことは崋山にとってたえられなかったのであろう。この困窮の感覚の中には、貧しいとはいえ、こどものころから武家の長男として奮闘努力してきた彼の生涯の栄光の感覚がかくれており、その中に彼の父母、主君、老公、藩の重臣たちにたいして彼の抱きつづけて来た敬愛の念がかくされている。これと同種の感情を、長英は、幼少の時代から青年時代にかけて、彼の旧藩社会にたいしてもっていただろうか。このことがおなじ蛮社の獄にうちひしがれた時に、長英と崋山の示した反応のちがいにあらわれているように思われる。

長英には、養父の理解ある援助についてのあたたかい記憶があり、老母にたいする断ちきりがたい愛情の念がある。長英は、すでに結婚していたが、獄中書簡において妻子について言及せず、ただ老母のことのみくりかえし書くという点で崋山と長英は似ている。しかし長英にあっては、老母にたいする愛情はそのまま藩社会へのなつかしみと結びつくことはない。自分の生家が老母を追い、助けることのなかったというつれなさの思い出、自分と苦労をともにして来たやさしい兄が江戸でなくなって、その屍を前にひとりすごした時のうちすてられた感情を彼は忘れることがなかったであろう。その時の、郷党社会にたいする当然の憎しみは、おそらく青年長英を封建社会における異物として成長させる根本の動因となったにちがいない。

そのいやな記憶が今や長英を獄中にあって、崋山のような自害の境涯におちいることをふせぎ、しばらくの時期であったにせよ、彼を獄中の生活そのものから救いだす力となった。

崋山には、のちに明治に入って小学校の国定教科書にとじこめられてしまったような、封建社会の道徳にエゴの要求をしたがわせる一面があり、長英には封建社会の道徳におしつぶされない弾力的なエゴがある。崋山と長英とを二人ならべてみると、崋山は封建時代の精神をになう最後の人びとの一人、長英は封建時代をぬけでて近代の精神をになう最初の人びとの一人であると感ずる。私は近代の精神が封建時代の精神にあらゆる面ですぐれていると思うものではないが、両者にたいする倫理的評価と別に、彼らの生き方にそういうちがいがあると思う。そのちがいは崋山の自殺、長英の脱獄という行動の対照によって、表現されている。

崋山への救援の動き

渡辺崋山は、小なりといえどもかつて一藩の家老職をつとめた人であり、中央政府の高官江川太郎左衛門、羽倉外記などとも直接に親交があり、彼らは崋山の無実を知っていたわけだから、当然に救援の動きがあった。しかし、地位のある人びとは、現在の実力者である鳥居耀蔵を恐れてはっきりと運動に名をつらねることをせず、かえって絵の弟子である椿椿山が中心となって歩きまわり、その結果を『麹町一件日録』に克明に記録し、獄中の崋山あてにも報告した。

椿椿山は槍同心であり、のちに同心組頭に昇進した勤直な人物である。彼はおなじく絵の弟子である一木平蔵、小田莆川と計って、一方では牢内につながりを見つけ、他方では差し入れと秘密通信に必要とされる莫大な金額をあつめた。当時、崋山と親交のあった学界の名士たちは用心して金を出さなかった。崋山の同志だった一部の田原藩士、立原杏所、高久靄厓など画の友人がカムパに応じた。とくに津和野藩家老多胡逸斎は数百金を出したという。

椿山は綿密な計画をたてて、幕府の中心にもはたらきかけ、蘭学者仲間である下曽根金三郎が獄舎担当の町奉行であることをさいわいに崋山についての情報をあつめ、老中水野忠邦の側近小田切要助が崋山と親交のあるのを活用して裁判の進行方向を知ろうとし、また崋山を助けた数すくない学者の一人松崎慊堂(こうどう)の上書をこの小田切をとおして水野にわたした(杉浦明平「救援会の人々」『崋山探索』河出書房新社、一九七二年刊)。たとえ一時たりとも崋山の命を救ったのは、松崎慊堂の勇気あるはたらきかけにあり、そのさらにうしろにあって働いた椿椿山たちの沈着な計画と努力にあった。

高野長英については、そのような救援会のあったことはつたわっていない。長英が獄中から牢内世話役としてかせいだ金を故郷の老母に送りなどした記録があり、また『わすれがたみ』『蛮社遭厄小記』を母方の親戚に書きおくっているにもかかわらず、郷里においても、江戸市中においても、長英救援会は組織されることなく終った。

わずかに、下獄から五年目の天保一四年（一八四三）閏九月二四日付、母方の従弟茂木恭一郎あての手紙で長英は、茂木からのしらせで仙台藩の「丙君」という人が長英を仙台藩にひきとろうとする動きがあったということに感謝している。また長英の門人で漢方医加藤宗俊という人が、上野の寛永寺で将軍家の法要がいとなまれるのを機縁として、寺まで赦免のねがいを出してくれたという記事が、天保一三年一一月一六日付、森あての手紙に見える。

長英の囚人たちとのつきあい

しかし長英は崋山にないものにめぐまれていた。それは、牢内の囚人たちとのつきあいである。『蛮社遭厄小記』は長英の著作中の重要なものの一つであり、これを彼は獄中で書きあげたあと、同じ獄中にあった米吉という侠客に託して茂木恭一郎に送った。よほどこの米吉を信頼していなくては、そうはすまい。米吉は仙台の侠客で目明し頭鈴木忠助の子分であり、長く長英とおなじ獄舎にいたが、天保一二年（一八四一）になって、出獄して郷里に帰ったのである。

米吉は仙台までもどったものの、そこから前沢までは行きかねて、著作と手紙とを飛脚に託して茂木にとどけ、無事入手の返事をうけてから江戸にもどってそのことを長英にしらせた。長英は、飛脚賃その他で米吉にかりができたので、その謝礼を送りたいが、転牢のために二〇両の借金ができてしまって思うようにならないと言って、長い感謝状を書いている。このころ長英は、獄則に反する品をもっていたというかどで、手鎖をはめられており、その不自由の中で、この天保一二年四月一八日付の米吉あての手紙を書いたとある。

○御申越しの白石無宿太郎吉事は未だ入牢は無之候　多分溜預けと存じ申候　入牢いたし候はゞ宜敷頼可申候　もし又急に御裁許有之　御帰国被成候はゞ一寸卜まで一筆御遣し被下度候　手紙一封御頼申上候　扨長々の惣体なんぎいたしすでに弐拾両余もかりになり　きるものは皆々くいつくし候て　牢はなくなり候上　又々手鎖に相成り誠に以て当年は極悪敷年に候然今年正月元日見候八卦通りゆへ無是非とあきらめ居申候　尤当六月よりは　うんひらけ候卦ゆへ御安心可被下候　又来年はきっと〳〵出牢と申八卦は　おとゝしの夏見置候ゆへ何れ来年は　ゆる〳〵と御目にかゝり候事も叶可申候　手ぢょう中よふ〳〵と一筆書き認め申候　何も跡よりゆる〳〵と可申上先は此間の御返事御礼申上度　早々斗申上候　以上

四月十八日　　　百の長印より

米吉様

尚々御旅宿は何町何やに候や一寸御知らせ被下度候

いかにも心をうちひらいて米吉に対している、のびやかな文体である。彼を獄中にある間だけ利用しようというのでなく、出獄後もつきあってゆくのが当然だという気風が見える。この手紙には、長英が八卦を信じているところが見えておもしろい。

米吉にはその後も連絡をとっていたらしく、弘化一年（一八四四）長英脱獄の年の一月一二日付の米吉あての長い手紙がのこっている。この中で長英は、此上共に無御見捨（おみすてなく）　何分他人とは不被思召（おぼしめさらず）厚く御まじわり可被下（くださるべく）候一入（ひとしお）力に存候

と書いている。長英は米吉の親分で目明し頭の鈴木忠助にたのんで仙台藩にはたらきかけていたらしく「鈴親方」へよろしくたのむと言っている。米吉は長英を助けようとしている漢方医加藤宗俊のところに鴨を送ったりしたらしく、そういう心づかいはしないでくれと長英は書いている。また長英の老母美也は米吉のところで世話になっていたらしく、その御礼に麁酒（そしゅ）一樽奉呈するとある。

また、獄内消息として、国分町の徳兵衛が入獄以来七度も拷問をかけられて気の毒だ。何とか死罪をまぬかれて遠島になるようにと心がけている。このことを彼の親類につたえてほしい。常印は遠島になったが元気でいるというしらせがあり、その手紙を送るからその兄弟にしらせて安心させてやってくれなど、こういうしらせを、米吉はもって歩く役をつとめていたのであろうが、獄内における長英の役割も自然としれておもしろい。それはあくまでも、獄内同囚のものの安全を守る役割であった。

牢の種別――揚り座敷、揚り屋、大牢、百姓牢、無宿牢

長英の入った牢は、小伝馬町にあり、表五二間二尺、奥行五〇間、総坪数二六七七坪余あったという。そのまわりには高さ七尺八寸の練塀がめぐらされており、塀の上には忍びがえしがほどこされていた。門は西南に面し、その反対に裏門があり、裏門の外には堀があった。正門右側の塀にそうて役人の長屋があり、そのつきあたり南端に牢屋奉行石出帯刀の屋敷があった。牢屋は、奉行の

小伝馬町牢屋全図

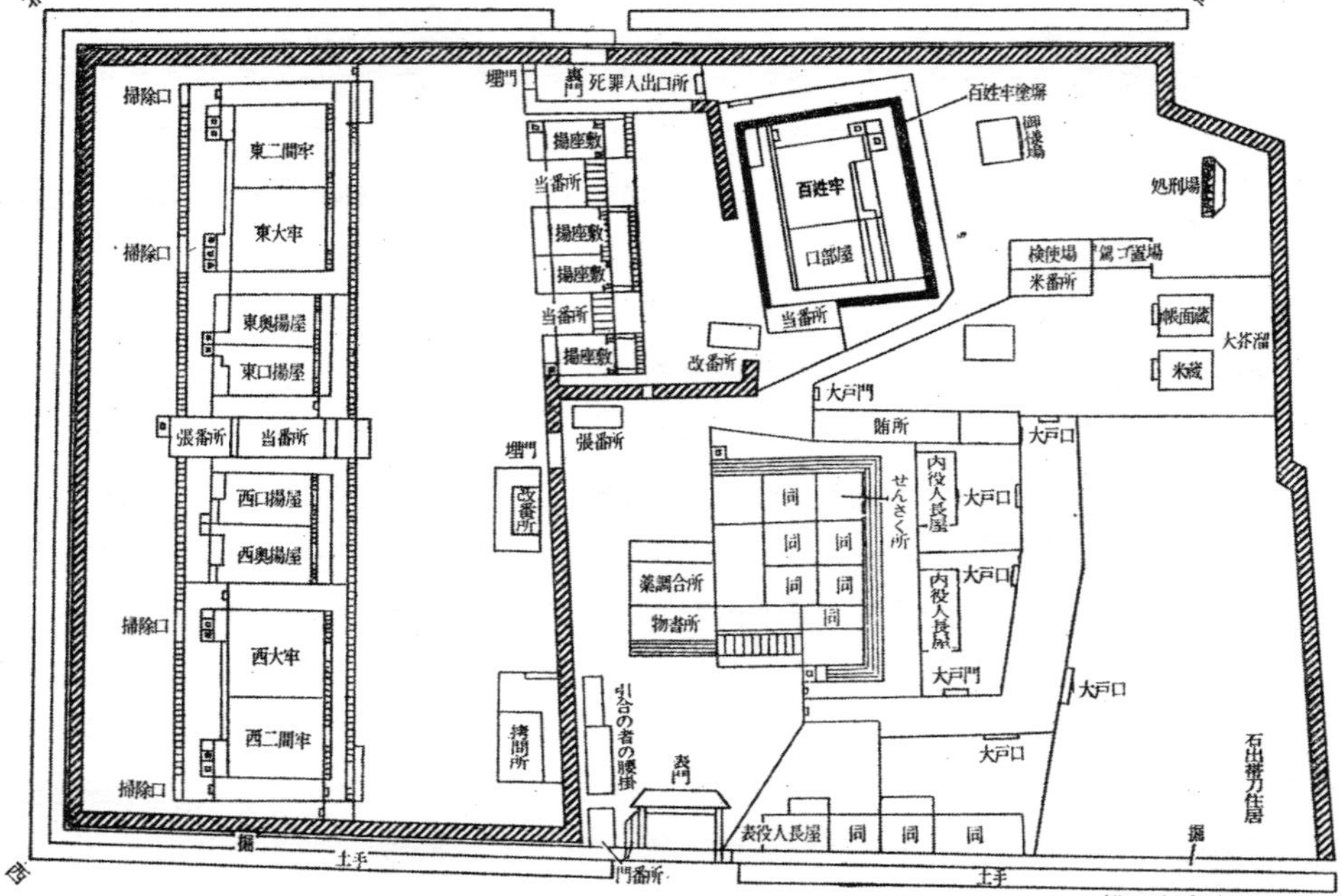

（瀧川政次郎『日本行刑史』より）

屋敷と反対の西北部にあり、東西大牢二房、東西二間牢二房、百姓牢、揚り屋各一房、揚り座敷四房があった。牢屋敷の中央に、同心のつめ所、まかない所、薬煎所があり、東南部に首切り場があった。

囚人は牢外の社会でしめていた身分に応じてそれぞれちがう牢屋にいれられた。揚り座敷は、御目見（おめみえ）以上の大身の旗本、それに準じる格式の高い僧侶をいれるところである。揚り屋は、御目見以下の旗本、御家人、大名の家臣、士分のあつかいをうける僧侶、医師をいれるところであり、ここに崋山はいれられた。無量寿寺順宣もここにいれられた。長英は、医師といっても藩医ではなく、町医者であるから、揚り屋ではなく、百姓町人の入る大牢、百姓牢などにいれられた。さらに無宿のものだけをいれる無宿牢がある。なぜ大牢、二間牢を東西二つに分けたかというと、喧嘩の仲間がたがいに殺傷して牢にいれられた場合、囚人を別々に収容する必要があったからだという（滝川政次郎『日本行刑史』青蛙房、一九七二年刊）。

小伝馬町の牢屋は、未決の囚人、あるいは既決の囚人で、まだ遠島、斬首などの刑の執行のないものをおく場所であって、現代のように懲役とか禁錮の執行の場所ではない。だから多くの囚人はここに定着することがない。長英のように永牢を申しわたされると、自然に牢内で重きをなすことになる。幕府は各監房に一二人の役つきを任命して牢内の自治を計った。

名主　一人
添役　一人（病人の手当）

角（すみ）役　一人（囚人の出入りに気をつける。隠居）
二番役　一人（右におなじ）
三番役　一人（病人の手あて）
四番役　一人（衣類の世話）
五番役　一人（食物のあらため役）
本番　一人（食物をはこぶ）
本助番　一人（食物の容器をあらう）
五器口番　一人（食事の世話）
詰之（つめの）（本）番　一人（便所の番をする）
詰之助番　一人（便所の番と病人の世話）

牢内の役人数は『牢獄秘録』によると、大牢は九〇人、二間牢は八、九〇人、揚り屋は三、四〇人から二四、五人、女牢は多い時で三〇人という（石井良助『江戸の刑罰』中央公論社、一九六四年刊）。

五年にわたる大牢のひどい暮らし

牢内はせまいところに人が多くいれられているので大へんな苦しさで、崋山は獄中からの手紙で同囚の無量寿寺順宣の病気の時の苦しみようと、これに対する獄医のなげやりな投薬を怒って書いている。崋山のいたところはともかくも上級のもののおかれる牢屋だから、これにくらべて長英のおかれた大牢はもっと苦しいところだった。

獄中手記『わすれがたみ』に、長英は書いている。

頃しも五月中浣の事なれば、暑気旺盛なるに、今歳は取分暑さ強く、高楼へ登り、窓戸を開き、納涼するだに凌ぎかねるに、まして日光も透射せず、風気も流通せぬ陰鬱の処に、数十人鱗次充填〔うろこのようにびっしりつまってならんでいること〕して有るなれば、其熱さ堪難く、病人の臭気、汚穢不浄の諸気に交り、一種異様の臭気となり、牢内に散満する物から、其臭さ譬ん様なく、久敷此内にあらんには、中々存活せんとは思われず。さる上に、昨日迄も健かに有し人の、今朝は病に斃れて死するもあり。御用の声〈御仕置者有時は、鍵役人、獄外に来りて告げて引出す也。是を御用の声と云〉と諸共に、出る間もなく一片の血煙と消行もあり。斯目出度御代に生れ来て、か丶る哀き事を見たり聞たりするもせらる丶も、皆是前世の宿縁に有なん。されども、今日は人の身の上、明日は我身の上と思はば怖しき。身の毛もよだち、涙に咽ぶ計り也。さはあれ共、此所に有者は、皆是殺レ人放レ火の擬皮〔ごろつき〕、落魄無頼の悪根〔悪もの〕なれば、物の情を知るべうもなく、互ひに励み励まされ、心の底を鬼となし、今病んで死するにも、自若として呻吟せず。今引れて斬る丶にも、莞爾と笑つて出行ぬ。昔戦争の世に、忠臣義士の死を恐れざる有様は、斯社あらめ。善悪の二つは姑く不レ論、今昇平の代に当りて、人心柔弱なるに、斯る潔死の勇断は殊勝に見へて、いとゞ憐れを催しぬ。（佐藤昌介校注、高野長英

(『わすれがたみ』日本思想大系55による)

蛮社の獄でこの牢屋につながれた八人のうち四人までが、わずか半年のうちにここで死んだのだから、大牢の暮らしがどんなによくないものだったかがわかる。死者はすべて大牢から出た。しかし、おなじ場所にあって長英は生きながらえた。満五ヵ年以上を大牢で過したのである。このことは、長英が医師としての活動、手紙その他の代筆、役人との交渉、裁判での弁明の仕方についての助言など、牢内の大衆の必要とする知識人の役割をよく果したことに由来する。それだけではなく、武士社会ではあまり評判のよくない長英は、しいたげられたものと無法者の社会においては、魅力のある存在であって、好かれ、信頼されていたようである。牢屋奉行石出帯刀は長英に心をくばったというが、牢内の無法者から嫌われているならば、それはかえっていじめられる原因となったであろう。長英には何の背景もなしにとおるだけの力がそなわっていたと考えられる。何よりも彼には、少年時代から、何度裏切られても、しょうこりもなく無法者を信じる力があった。

獄中五年の生活は、すでに中年に達した長英にとって、自己教育の仕上げの場となった。ここで彼は、法外の人々の間にあって自分が生きることができるという自信を得たし、ここで生きることができるならば、日本のどこに行っても生きられるという一種の自在感をもったであろう。獄中の体験は、長英にとって拘束の場でもあったが、自由獲得の場でもあった。

長英ははじめは添役、のちに牢名主となって畳二〇枚もらってその上にらくに寝起きするようになり、新入りの囚人のもってくる金をもらうなどしてかせいで、老母におくっている。かせぐだけではなく、遠島を命ぜられたものたちに餞別の金を送ったりなどもしている。さらに牢外の政治状勢に思いをめぐらして、それにあわせて自分を救いだすための策をめぐらし、天保一四年（一八四三）には幕府の政治に役だてるために獄中で万国地理学書百巻を翻訳することをねがいでたり、懲役囚のおかれた石川島の人足寄場に治療におもむくことを申しでたりした。

しかし、天保一三年（一八四二）、長英入獄第四年目には鳥居耀蔵が町奉行となり弘化一年（一八四四）には、蛮社の獄当時の老中水野忠邦が一時しりぞいていたのにふたたび老中となり、長英の眼には前途が暗いものに見えた。

長英の獄中漢詩

長英獄中最後の年にあたる弘化一年一月二日、長英は手紙とともに幅四寸長さ二尺六寸五分の白紙に漢詩を数首爪書きして送っている。字には筆勢があり、はっきり読めるが、最後のほうになると、字を消したところなどもあって、この部分だけは一〇〇年たった今では判断しにくい。

曽盟刎頸幾男児　　かつて刎頸をちかう幾男児
今日分憂果是誰　　今日うれいをわかつ、はたしてこれ誰ぞ
〔旧蘭学社中の人びとが保身のために獄中の長英を助けようとしないことへの憤りが見える〕
喜得乾坤未棄我　　よろこびを得たり、乾坤いまだ我を棄ざるを

豈無再会謝恩時　　あに再会して謝恩するの時なからんや
　右呈茂君足下
〔このあたりは脱獄する計画をまだたてていないようにみうけられる。いったん追われる身となれば、再会することはあっても、それは謝恩の機会とは言い難いからである〕

＊

白首彎腰不厭忙　　白首彎腰(わんよう)せわしきをいとわず
庖厨細事指揮詳　　庖厨(ほうちゅう)の細事(さいじ)指揮つまびらかなり
柝声半夜驚残夢　　柝声半夜残夢をおどろかす
身在獄中主座傍　　身は獄中主座のかたわらにあり
〔江戸で長英が医院と家塾をひらき来客も多かったころ、白髪で腰のまがった母が台所できびきび指図していたころの思い出であろう。そして夜まわりの拍子木をたたく音に眼をさます〕

＊

十二年前寓麹坊　　十二年前麹坊にすまいし
医原上梓校讐忙　　医原上梓校讐せわし
星移物換事還変　　星うつり物かわり事また変ず
徐唱仏名送夕陽　　おもむろに仏名を唱えて夕陽をおくる
　右前辰歳刻医原枢要今茲同又在獄中追放昔不堪〇〇〇

〔これもまた麹町にすみ『医原枢要』という生涯の大著を校正していたころの意気さかんな日々を思い出して、今とひきくらべ、南無阿弥陀仏をとなえて、一日一日と自分のおとろえゆく時間を甘んじてうけているという詩である。長英が、八卦だけでなく、仏教をも信仰していたことがわかる。のちの金毘羅まいりの詩に見るように彼は神道についても信心をもっていた〕

＊

嘗占窮厄得明夷　かつて窮厄をうらないて明夷を得たり
微運已知不可医　微運すでに知るいやすべからざるを
誤触竜鱗履虎尾　あやまって竜鱗にふれ虎尾をふむ
長存鶴膝屈鴎児　ながく鶴膝を存して鴎児に屈せん
晴陰鎖戸昼矇暗　晴陰戸をとざして昼も矇暗たり
霜露沾衣夜惨悲　霜露衣をぬらして夜は悲惨
心緒万分難説尽　心緒万分して説きつくしがたし
夢魂偶会故人時　夢魂たまたま故人に会うの時

右述懐

〔あやまって竜のうろこにふれ虎の尾をふんだというのは、自分が政治上の計算をあやまって今度のわなにおちたという感想であり、自分に正義のあることを信じながら、『夢物語』を書いたことについては軽率だったと考えており、これからは鶴の才幹をかくし保ってカモメの群にしたがっていようとのべてお

り、ここには脱獄の気配さえない〕

*

三拾五年為罪人
〇〇〇〇廬孤身
苦辛世界秋風急
〇〇霜〇老〇臻
　〇〇〇甲辰〇之〇〇〇〇〇

〔この判読されていない爪書きの詩の中の「苦辛世界秋風急」という一行だけは、日本をめぐる世界状勢の切迫を感じとっているもので、阿片戦争のしらせもとどいていただろうし、ヨーロッパ諸国によって包囲されている日本の状況についてのうれいをのべたものとも読め、この一行だけに、脱獄の動機とひびきあうものをもっている。脱獄後の長英の兵学への傾斜は、村医への共感とともに、獄中の長英の中にあった、なお方向のさだまらぬ関心を示している〕

念頭をはなれぬ老母の姿

「母を夢む」という漢詩にあるように、獄中の長英の念頭から老母の姿がはなれたことがない。実の兄弟はすでに死に、身よりとしては、長英にとっては母一人である。天保一三年（一八四二）七月二二日付の茂木恭一郎あての手紙には、母がもう死んでいるのではないかと心配して、もしまだ生きているなら、母の手で「たっしゃ」ということを一四、五字で書いてもらって送ってほしい、それができないならば、てのひらに墨をぬって手判をおして送ってほしいと頼んでいる。おなじ手紙の中で、音信不通となっていた異母兄後藤勇吉のことにふれ、骨肉というものはもはや他にないのだから、そのうちに手紙をかくし、何かかたみのものを贈りたいとも言っている。愛憎の念はなおも長英の心の中でせめぎあっていたのであろう。しかし、その後の手紙はなく、後藤家からは何の反応もなかったらしいところを見ると、長英の側から異母兄との交際を回復したという形跡はない。実母と、実母の弟妹につらなる何人かの親戚たちが、長英を郷里につなぐ感情だった。彼らは、長英の愛情にこたえて、長英がおたずねものになってからも、その手紙をひそかに保存して今日につたえた。

脱獄の道をえらぶ

弘化一年（一八四四）一月から六月の間に、長英の心中に変化があった。それは突然の変化というよりも、少年時代に故郷を出てからゆっくりと熟してきた傾向の到達点だった。長英は、武士社会の法をまっこうから見すえて、これと対立して生きる道をえらぶ。長英の脱獄の目的は、獄内でいつか病死するよりも、獄外で生きのびるという道をえらんだものであろう。

おなじ年の六月三〇日未明、伝馬町の獄舎が火事になり、慣例にしたがって囚人の切放（きりはなし）になった。この時、牢屋奉行石出帯刀は次のように申しわたすしきたりがあった。

途中神妙ニ分散致さず　私差図の場所へ立退き申すべし、もっとも申渡相守り、立退候へば、先格これ有り、銘々御仕置筋の御寛恕もこれ有るべし、なほ、私よりも其の段急度相願遣す可き間、心得違仕らず、差図の場所へ参着すべし。

差図の場所とは、両町奉行所のいずれか、または本所回向院であった。切放後三日間に定めの場所に来れば、『御定書百箇条』にきめてあるように、囚人の刑を一等減じることになっていた（石井良助『江戸の刑罰』）。

『日本近世行刑史稿・上』（日本刑務協会、一九四三年刊）によると、切放は、一五回おこなわれている。長英の時とそれ以後の四回をのぞき一一回の先例があったわけだから、牢名主として牢獄の慣例に通じている長英が、指定の場所に帰ってからの寛容な処置について知らなかったわけではないだろう。

現に、長英の同時代人でありおなじく蘭学者であり、おなじように鳥居耀蔵におとしいれられた砲術家高島秋帆は、入獄中に三度の失火（天保一五年六月三〇日、弘化二年三月二七日、弘化三年一月一九日）に際してたちのき、ふたたび帰ったために罪一等を減ぜられ、中追放となっている（有馬成甫『高島秋帆』吉川弘文館、一九五八年刊）。

中追放とは、武蔵、山城、摂津、和泉、大和、肥前、東海道筋、木曽路筋、下野、日光道中、甲斐、駿河にたちいれないということである。この判決をうけるまでに、秋帆は四ヵ年辛抱したのである。秋帆に例をとらずとも、『御仕置例類集』（名著刊行会、一九七三年刊）を見ると、文政一二年(一八二九)に無宿者権八が死罪申しつけられるところ類焼に際してたち帰った故に重追放、湯屋で盗みをはたらき入墨の上百日過怠牢を申しつけられた遊女若松は釈放、おなじ年に無宿者清吉は先に入墨されたのち盗品を身につけていたから死罪にあたいするが重敲にかえられるというふうに、罰を軽くされている。

牢内雑役夫・非人栄蔵との経緯

刑が永牢から一等減ぜられて、重追放あるいは中追放ですむであろうというのに、なぜ長英は、かえらなかったか。それは、『嘉永雑録』所収の記録の示すように、彼自身が計画して、牢内雑役夫・非人栄蔵に金一一両をわたして牢屋に火をつけさせたからであろう。

栄蔵の人相書をあげておく。

非人頭千代松手下
小伝馬町一丁目小屋頭長兵衛抱非人
此方入墨　栄蔵

一、生国放生津村
一、中肉
一、鼻ひらき候方
一、髪之毛短く

一、歳三十二、三位
一、顔四角張候方
一、眉毛濃き方
一、両手屈伸不宜様に相見え候

これは、高橋梵仙が見つけて、『岩手日報』『岩手民声新聞』に一九三五年七月に発表したもの。

南和男「高野長英の脱獄」（『日本歴史』一九六八年九月号）は、長英が放火させたと推定できる根拠をいくつかあげている。

弘化三年（一八四六）五月に、南町奉行遠山右衛門尉景元は上申書（牢屋敷出入取締方之儀ニ付申上候書付）に次のように書いた。


穢多頭弾左衛門支配非人頭千代松手下小伝馬町壱町目河岸小屋頭長兵衛抱非人ニ而欠落いたし候栄蔵儀永牢相成居候ものに馴合、牢屋敷内え附火いたし候段、不届ニ付、此段御仕置申付候、就而は是迄牢屋敷番所出入改方之儀は牢内取締之第一ニ候処、非人其外時々立入見知居候ものニ候迚、得と立入候子細をも不相糺段は、仮令前々仕来ニ候共如何ニも不取締之儀、既栄蔵不軽不届之所行にお及び候仕儀ニ成行候付、向後取締方之儀是迄之仕来ニ不拘厳重ニ相改（『嘉永撰要類集』二十一・牢屋舗之部）

おなじく弘化三年五月の南町奉行所吟味方与力上申書（牢屋敷御取締之儀ニ付勘弁仕候趣申上候書付）は、はっきりと長英を名ざしている。

当四月十八日御仕置被仰付候非人栄蔵儀、永牢相成居候囚人長英と馴合、牢屋敷内え附火致し候、就而は同所門出入改方之儀仕来ニ不抱厳重ニ相改候様、山城守殿御書取を以被仰渡候ニ付勘弁仕可申上旨被仰渡候

こうして非人栄蔵は、火災後しばらくしてとらえられ、死刑になっている。同じ文書は、火つけの方法についてものべる。

非人栄蔵儀去辰年六月中永牢囚人長英より頼受、火道具等隠持、夜中用向有之之体ニ仕成表門より立入、御椽場脇え附火致し候。

なお、『日本近世行刑史編』におさめられた史料によると、「天保十五年（弘化一年〈一八四四〉）六月二十九日夜八ツ時過牢屋敷御様物置所出火ニ付書留」というのがあり、この中に、

弐　合六拾三人之囚人急火ニ付いつれも切放し

内

座敷もの壱人、雑人六人不立帰

とある。二つの牢から仮りに出された囚人は六三人、この中、全体をひきいる牢名主の長英は、たちかえらざる七人の中の一人となって消えたのである。

「高野長英御裁許写」抜粋には、とらえられた時の栄蔵の自白にもとづいて、次のような役所の判定がある。

同年〔弘化一年〕六月中、牢屋敷へ立入候非人栄蔵と申者え金拾壱両差遣し、品々獲能同人を申

透し置、長英儀は逃去行衛相知不申、怪火一条に付非人栄蔵召捕に相成、
高野長英より被頼附火候趣申立候

これらの史料をほりおこした上で南和男は次のようにつけくわえる。

「また長英はいかにして非人栄蔵と『馴合』ったかに疑問を感じるむきもあるかも知れない。しかし長英は入牢三年目の天保一二年（一八四一）以来牢名主である。牢名主の地位と権限からすれば牢屋下男はもとより雑役の非人との接触はきわめて容易であり、牢外との連絡はもっぱら彼等の手を経ていたのであるから少しも不自然ではないのである」

牢を出た長英のむかうところは、敬愛する小関三英、渡辺崋山を欠く武士社会の蘭学社中ではなく、かつて彼に救荒二品種を示した村医柳田鼎蔵、福田宗禎、『避疫要法』を編集した村医高橋景作、獄中で知りあった宿屋主人田村八十七の住む上州であった。

後世から見ると、長英の行動の前提となった歴史的判断はまちがっていた。彼の脱獄からわずかに一年後の弘化二年（一八四五）に老中水野忠邦はやめさせられ、町奉行鳥居耀蔵は終身禁錮されてこれより三十余年、世に出ることがない。長英はあと一年辛抱すればよかった。この後の六年間に、長英には兵書の翻訳の他にほとんど見るべき業績はないのである。しかし、後世から見て彼の判断が現実にあっていたかどうかを言うのでなく、彼が生きていたその時の状況を彼がどのように生きたかを見る時、法にしたがわないで生きる道をえらんだという彼の判断が一つの思想として私

たちの前におかれる。そこには知識によってつくせない思想の機微がある。

七　同好の士　1844-49

同郷の蘭学者・大槻俊斎を訪ねる

小伝馬町の牢獄がやけおちてから三日間が、長英にとって、つかまる心配なく町を歩きまわれる時間だった。

彼はまだ、小伝馬町から近い下谷練塀小路まで、数人の囚人仲間と一緒に歩いて大槻俊斎をたずねた。ただちに一人にならぬところに、長英の人がらがあらわれている。牢名主として、行き場のないひとたちをつれて歩いてきたものだろうか。

大槻俊斎（一八〇四〜六二）は仙台藩白石城主片倉氏の家臣で桃生郡赤井村に生れた。長英と同年同郷の蘭学者である。一八歳の時に江戸に出て高橋尚斎、手塚良仙、湊長安、足立長雋についてまなんだ。湊長安は、吉田長叔の門人であり、またシーボルト門下でもあったので、この縁で同郷の長英とも会ったであろう。

のちに長崎に遊学し、水戸の別家長沼侯の医官となった。天保一二年（一八四一）には、高島秋帆に頼んでたねをもらって種痘を神崎屋源造の娘の子に施して成功した。江戸における種痘のはじまりであるという。相当の冒険心をもつ医者だったのだろう。

弘化一年（一八四四）六月三〇日のあけがた、俊斎は、訪問客があることをねどこできいた。長髪の人と他に二、三人が門前にたっていて、門弟が、どなたかときくと、伊東玄朴のところから病人のことできた、門をあけてくれと言ったそうだ。俊斎は高野長英であることをさとって屋内にいれ、これからどうするつもりかときくと、友人の伊東玄朴その他をたずねるつもりであるが、こんなふうていでは具合がわるいから、何か着物を貸してほしい、それからひげをそりたいからカミソリを貸してほしいと言った。

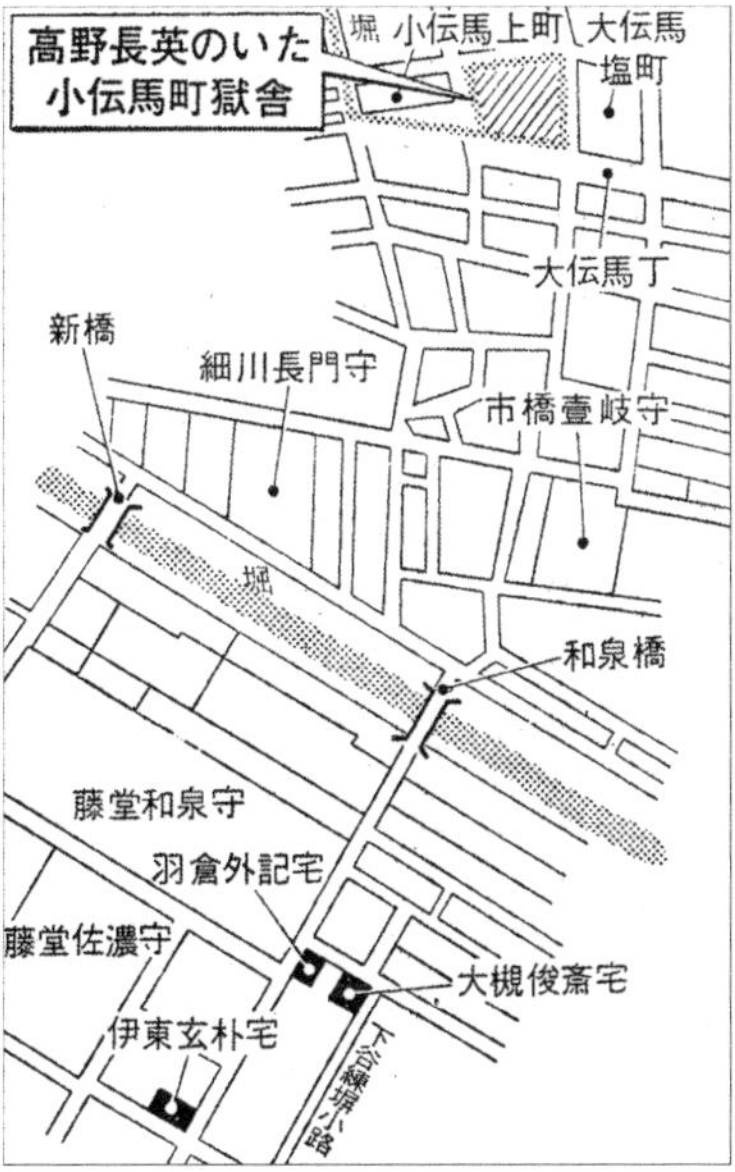

俊斎が、家には床屋がかよってくるので、カミソリは置いてないとこたえると、長英はそうかと納得した。三日以内に獄にかえったほうがいいと忠告すると、長英は、わかっている、心配するなとこたえた。帰りがけに、おもちゃ箱の中に木刀を見つけて、それをくれと言った。俊斎は、せがれのおもちゃで何の役にもたちませんと言ってことわろうとしたが、長英はこれでもよいと言っ

て、有無をいわせず、もっていってしまった。ただし、俊斎の孫弐雄の話では、これは実はほんものの刀をわたしたのだが、世をはばかっておもちゃの刀と言いなしたのだと、母からきいたそうである（青木大輔編著『大槻俊斎』一九六四年刊）。

俊斎は、長英にやった刀のことが気がかりで、町方の同心大関庄三郎に相談したところ、おもちゃならば、別におとがめもないだろうが、自分から役所にとどけ出ておこうと言った。その後、長英と一緒に俊斎をおとずれた仲間が本郷のあたりでつかまり、この男が、長英が大槻俊斎をたずねて刀をもらったと話したので、このために俊斎は何度も奉行所によびだされ、三年の猶予をあたえるから長英をさがし出せと申しわたされた。

俊斎、閉門を命じられる

青木大輔編著『大槻俊斎』によれば、弘化一年八月一五日付で、俊斎は郷里仙台の兄に次のような手紙を出している。

竜之進様
態々(わざわざ)関根伝次郎指下(さしくだし)候ニ付啓上仕候
時下秋冷相催(あいもよおし)候処被為揃益々御機嫌能(ますますごきげんよくそろわせられ)奉恭賀候
随て拙家無異消光罷在(かわりなくしょうこうまかりあり)申候間　乍憚(はばかりながら)御放念被成下度(なしくだされたく)奉願候　扨(さて)関根指下候儀は五日書(かき)十一日出(だし)書状中申上候通り、不慮之災禍出来(しゅったい)候ニ付不得已(やむをえず)長英行衛(ゆくえ)相尋(あいたずね)候儀に御座候　十一日出書状中委敷(くわしく)申上候通り尊君様ニも前沢辺迄も御探索被下度(くだされたく)奉存候得共　時節柄(がら)御田作方も御忙(おいそが)敷(しく)奉存候間御不都合ニも候ハヽ、同人斗(だけ)御遣(つかわ)し被下候ても如才は無之候儀奉存候　金五両相渡遣候得共万一不足仕候ては難儀に及候儀ニ御座候間、御手形三両か四両も御かし遣し被下度奉願候　左候得者御国之内通行中は右を旅料に致し正金は他国にて遣候様　為仕度(つかまつりたきため)過分之物入中ニ付漸五両為持遣候事ニ御座候　深ク御□察被成下度奉願候　しかし深く御案思被下候儀ニも無御座候間必々御心配被下間敷(くだされまじく)奉願候

清人の事も伝次より御聞取可被成下候外申上度儀海山御座候得共私直々罷下(まかりくだり)候も同様之儀ニ付何事モ文略仕候　取込中匆々如此御座候以上

八月十五日当望〔弘化元年？〕　　大槻俊斎

大竜之進様

尚々時下折角御自愛可被在候　且今般態々物入致候儀ハ是ニて公辺へ御奉公向ニも相成名前も不出躰(いでざるてい)ニも相成候儀ニ御座候間　必(かならず)御心配被成下間敷候

これは長英の訪問から一ヵ月半たってから書いた手紙である。不慮の災禍がおこり、やむを得ず長英の行方をたずねることになったため、仙台に関根伝次郎をおくるとあり、兄さんみずから前沢あたりまでさぐりに行ってくれとたのみ、おいそがしくて難しければ前記の関根伝次郎をやってくださってもよいという。関根には金五両わたしておいたが、それで足りない時には、兄さんから手

形で三両か四両、貸してやってほしいとある。

　こうして大へんに御迷惑をかけるけれども、これは「公辺へ御奉公」になることでもあり、こうやってお金をいろいろつかうことで自分の名前は公に出ずにすむことになるから心配しないでくれ、と言いそえてある。

　こうしてさぐったけれども、思わしい結果は得られず、俊斎は三年の猶予期間のすぎたあとで、町奉行所に出頭して行方がわからなかったと報告し、弘化三年（一八四六）四月一八日閉門を命じられた。

　この時、五月一日付でまた兄に手紙をおくって、この閉門は大抵三〇日位の見こみであり、「もはや是ニて雑波理埒明大慶仕候事ニ御座候」と書いた。弘化三年は脱獄三年目にあたり、上州から東北と逃げた長英が江戸にもどって窮している時であり、このころ俊斎はまったく長英に思いやりなどなかったことがわかる。

　俊斎の閉門は、彼の考えたとおり形式上のことにすぎず、俊斎はやがて、自分たちでたてた種痘所が万延一年（一八六〇）に幕府の所管となって西洋医学所と名をかえてからその頭取となり、五〇人扶持をあたえられた。西洋医学所は明治以後の東大医学部の前身である。

　大槻俊斎は伊東玄朴と生涯を通じて親しく、俊斎がなくなった時、玄朴は、「君ヲ知ルモノハ我ニ若クハナシ」と言ってみずから筆をとって碑文を草した。

　数ある長英の友人のうち、大槻俊斎宅と伊東玄朴宅のみが、長英の捕らわれていた小伝馬町の獄舎に近かったことは、歴史の皮肉である。

伊東玄朴（一八〇〇～七一）は、肥前神崎郡の生れで、シーボルト門下の出世頭である。江戸で開業し、佐賀藩医をへて、幕府の医官となり、幕府の侍医として法橋、法印の位にすすんだ。平生、玄朴をたずねて患者のまえで悪口をいってきた長英は、そのためにかえってたずねにくかったのかもしれず、脱獄後に玄朴をおとずれた形跡はない。たずねたら、ひっくくられてしまうと思ったのかもしれない。

漢方医の加藤宗俊・尚歯会の遠藤勝助らを訪ねる

獄をはなれた第一日目、長英は、まず下谷の大槻俊斎を訪問したあとに、牛込の赤城明神境内にある漢方医加藤宗俊をたずねた。この人は長英釈放のために努力してきた人だから、ここで休ませてもらい、しばらくねむったのち、夜に入ってここを出て、四谷の相之馬場にある尚歯会の世話役をしていた遠藤勝助をたずねた。ここで長英は身仕度をととのえることができて、その夜のうちに去っていった。

そのあとに伊東玄朴をたずねたという説があるのだが、はっきりしたことはわからない。安心して人をたずねて歩くことのできるあと二日の間に、長英はおそらく、麻布六本木近くに住む妻子のもとにたちよったであろうし、そのために気をくばってくれている鈴木春山、内田弥太郎たちをたずねて今後の相談をし、おたがいの連絡方法について打合せをしたであろう。

高野長英人相書

大原長恵倅　蘭學醫師　高野長英

一 生國陸奥
一 歳四拾貳三位ニ而ふけ候方
一 丈高ク
一 太り候方
一 面長ニ面角張り候方
一 色白ク
一 眉毛薄ク
一 眼尻下リ黑目赤キ方
一 鼻キク（大ノ字脱カ）高キ方
一 口大キク唇厚キ方
一 耳常體
一 額ヶ小鬢の邊えかけそばかす有之
一 髮厚ク
但最初ハ坊主ニ候へ共六ケ年程在牢いたし居
當時野郎ニ相成居可申由
一 足ニ毛多ク有之
一 齒並揃ひ入齒之樣ニ見へ候
一 言舌静ニ而分リ候へ共少々鼻へ懸リ候方
一 内鰐ニ歩行
一 大酒之由
右之通リ御座候巳上

（富山県富山市発見）

苗字大原とも申候よし、又者後
藤志津摩と名乗候儀も可有之候　高野長英

一 歳四十七、八位　一 丈高く
一 中肉より太り候方　一 鼻高く
一 色赤ら顔ニ而白き方
一 眼細く白目の處きばみ有俗に銀眼と申候よし
一 眼の外ニそばかす少し有
一 月代前の方ははげ居　一 髮厚き方
一 髮大いてふ　一 眉毛薄く太き方
一 高聲の方にて少々鼻え懸り
一 奥州言葉の樣に有之
一 額にそばかす樣の染有之由に候へども碇と有無分り兼ね候
但寺院神職虛無僧の類並に温泉の場所別而御探索被成下候樣仕度奉願上候　以上
右の趣今日立御飛脚而御國許え申遣候樣　御飛脚番右筆之申付候

（青森県弘前市発見）

大原長恵倅　蘭學醫師　高野長英

一 生國陸奥　一 歳四十二、三位に而ふけ候方
一 丈高く　一 太り候方
一 面長にて角張候方　一 色白く
一 眉毛薄く　一 目尻下り黑眼赤き方
一 鼻大きく高き方　一 口大きく唇厚き方
一 耳常體

苗字大原とも申候由又は後藤
志津摩と變名致候由も有之　高野長英
六ヶ年以前亥年中永牢相成居去月晦日逃去
野羽織半天股引を着し大小を帯可申哉も難斗
一　歳四十七八位
一　丈　高く
一　中肉より太り候方
一　色赤顔にて白き方
一　鼻　高く
一　眼細く白眼の処きはみ居候
　俗に銀眼と申候由
一　月代前之處はげ居
一　髪　厚く
一　髪　大いてふ
一　眉毛薄く大き方
一　高声之方にて少し鼻に掛り
一　奥州膽沢郡水澤出生
一　額にそばかす様の染有之由

（新潟県直江津市発見）

一　額より小鬢之邊へ懸てそばかす有之
一　髪厚く　但最初は坊主に候得共六ヶ年程在牢致居間當時野郎に相成居
一　足に毛多く有候
一　歯並揃ひ入歯の様に相見え候
一　言舌静に而分り候得共少々鼻へかゝり候方
一　内鰐に歩行　一　大酒呑候由
右之もの共行來嚴重可相尋旨町奉行鳥井甲斐守様御組定廻り様方より被仰付候間組下並手下非人共早々呼寄前書人相體と細密に爲申含其持檀中精々穿鑿致見當次第捕押引連れ可訴出事
　但捕押引連候節之諸入用は賃銭渡遣す

（群馬県吾妻郡大笹発見）

町醫大原長恵伜　高野長英
一　生國陸奥　一　年齢四十二、三歳位ふけ候方
一　丈高く太り候方　一　面長く角張り候方
一　色白く眉薄し　一　目尻下り黒目赤き方
一　口大きく唇厚し　一　體尋常
一　顔額より鬢の邊にかけてソバカス有之
一　髪厚く初めは坊主に候へ共六ヶ年在牢致し候へば當時は野郎に相成よし
一　足に毛多在之
一　歯並揃へ入歯の様に有之
一　言舌静にて分り候へ共少々鼻にかゝり候　以上

（神奈川県発見）

その後、長英の消息はない。おなじ水沢出身の佐々木高之助、いまは津山藩医箕作阮甫の養子となり蘭学をおさめて当時、銅版着色の世界全図とその解説書『坤輿図識』全七巻を準備しつつあった箕作省吾（一八二一〜四六）は、仙台藩の医官桜井元順あての手紙に、

去月二十二、三日夜、小伝馬町百姓牢焼失、乗虚長英出奔。俊斎方へ町同心共参同人中相尋候由。何方へ奔り候や。定てリュス〔ロシア〕抔と案候。御考如何。

長英の門人・水村玄銅宅を訪ねる

ひと月ほどたったある夜、今日の東京都板橋に住む水村玄銅という医者の家に、長英は突然あらわれた。玄銅は長英の門人で、長英在獄中、釈放運動をしている。水村家には、天保一四年（一八四三）正月の日付のある東叡山あての嘆願書の写しが残っていた。おそらく、これは江戸の漢方医加藤宗俊が中心となってすすめた赦免運動の文書だろう。

その全文の写真が清水秀夫「板橋と高野長英先生」（『日本医事新報』一九三四年四月一四日号）にのっている。

麹町隼町住居
浪人医師
高野長英
当卯三十八歳

右長英儀伝聞之風説相認草稿文面不相応之議論有之不埒ニ付永牢被仰付候旨天保十己亥十二月十八日筒井紀伊守様於御役宅被仰渡候間親類一同奉恐入候然処長英義極老之実母有之日夜愁歎仕且当人之外介保可致者壱人茂無之処前条之次第ニ而実ニ不便之有様ニ御座候間何卒安心為仕度此度
文恭院様御法会ニ付格別以御憐愍右長英儀茂御赦免被成下置候様其筋江
御声懸之程偏奉願上候此段御聞済被成下置候半ハ老母並親類一同広大の御慈悲与冥加至極難有仕合奉存候依之此段奉願上候　以上

天保十四年癸卯正月

東叡山

御役所

玄銅の兄・高野隆仙宅にかくまわれる

水村玄銅は長英を家にあげ、しばらく(一両日とも一週間ともいう)、かくまってから七月末日の夜、みずから案内して埼玉県北足立郡尾間木村の生家にゆき、実兄高野隆仙に託した。隆仙もまた長英の門人で、蘭方医である。

隆仙の家は今も畠の中にあり、町中からは遠く、人をかくまうのに地の利を得ている。隆仙の弟が、町中から長英をここまで移したことも、うなずける。この家を私たちがおとずれたのは、一九

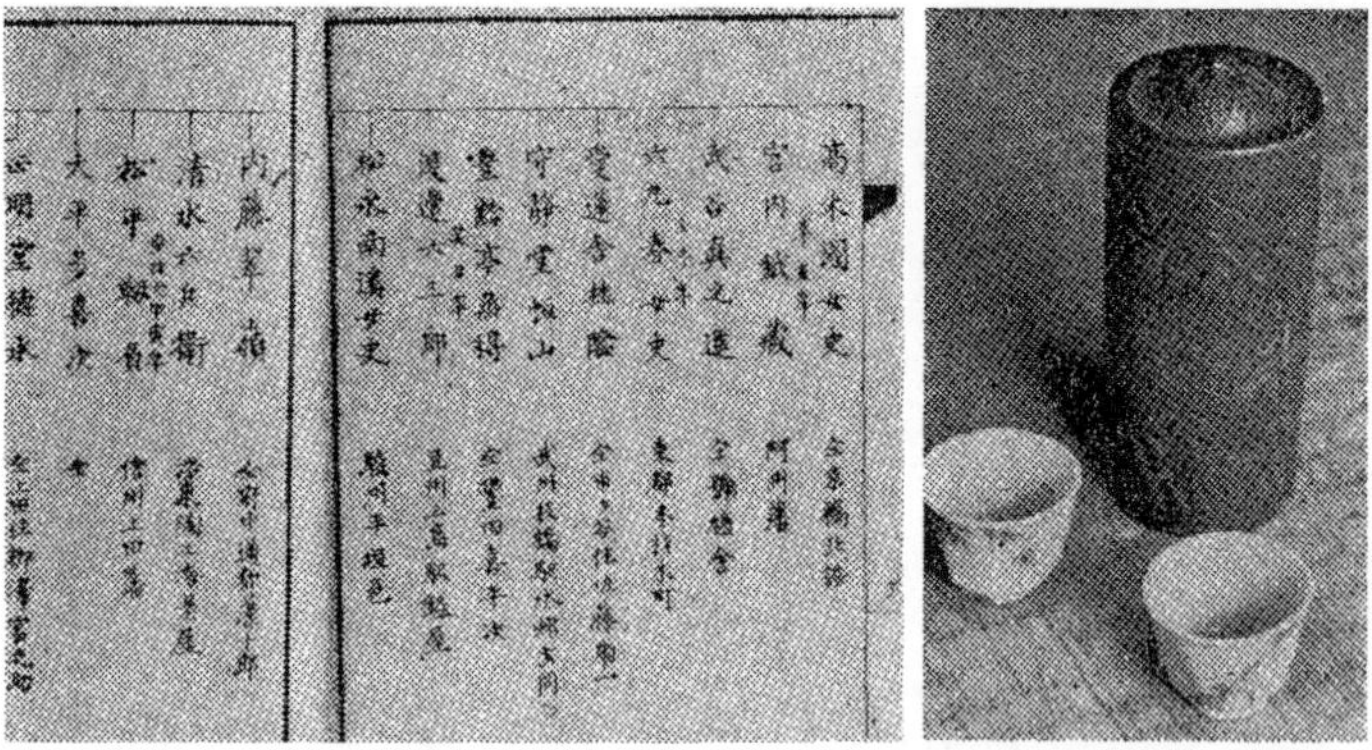

玄銅は『煎茶綺言』に守静堂恒山の号で名をつらねている。右は兄隆仙の煎茶茶碗。

七四年五月三〇日のことである。

現在の当主高野太郎は、東北大学土木工学科出身で、徳島県土木部長、福島県土木部長、兵庫県土木部長をつとめて、一九六二年に故郷のこの家にもどった。ゆったりとした風格の老夫妻だった。その居間には、長英全集と高野長運著『高野長英伝』初版、普及版、戦後版がそろっている。

このあたりは、鎌倉時代にひらけたところで宇治川の先陣で名高い佐々木高綱の領地だった。そのころから、この家は、大（尾）間木に住んでいるという。家の前の畠を横切ったところに墓があり、徳川二代将軍のころ、元和二年（一六一六）のころからの墓がある。

江戸時代には、ここは武州足立郡大間木と言い、天領で、代官は百姓を大切にしていた。そのことがさいわいして、高野隆仙が、長英をかくまった罪でつかまっても、旧家の百姓の嘆願の結果、早く釈放されることになる。

高野隆仙（一八一一〜五九）は父の代からの医者で、家には寛政時代のころからの医書が残っている。長崎に行ったこともあるそうだ。学芸のことは何でもやる性分で、自分で工夫をこらして天体観測をしたり、ヨーロッパの太陽暦の根拠を説明したりした。電気をおこす実験などもして、こどもがピりっとておどろくと、よろこんでいたという。

この辺は「湯里（ゆり）の郷（さと）」と呼ばれて、文人がつどうところでもあった。ここは浦和水系で、よい水が出る。隆仙には、この水で煎茶をたてるというたのしみがあった。弟の水村玄銅は売茶東牛翁の系図につらなる宗匠の一人である。

浦和連、大間木連などという連歌のあつまりがあり、京都まで連歌をおくって版木にして本をつくったものだ。弟とともに隆仙はその世話役でもあった。この連歌仲間も、のちに隆仙の命ごいにくわわることになる。

捕まった隆仙、口をわらず

隆仙は自分でつくった手帳に何でも書きこむことにしており、漢詩の平仄の練習だとか、薬の処方箋のメモだとか、即興でできた俳句などがおなじ帳面に記してあって、うしろに大きな空白がのこっている。趣味と仕事をわけない気風であったことがわかる。

隆仙の妻波留（はる）（一八一五〜八五）は男まさりの気性で、隆仙が一〇〇日間勾留されていた時などは、張番の岩という岡っ引などにいっぱい飲ませて獄内の事情をさぐるということもあり、役人をおそれなかった。もともと隆仙は蘭方の外科医で、このへんにけんかがあると、その治療をたのま

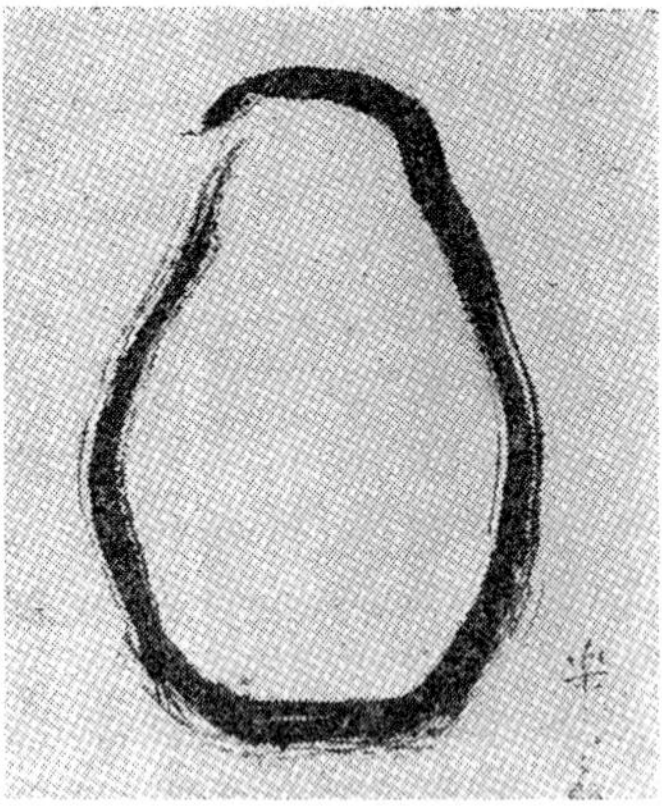

隆仙筆“だるまの図”

れたりしていたので、侠客にもうけがよかった。

長英が来た時、その頭を波留がこの家でそったそうである。

長英は、はなれの茶室にとめてもらった。隆仙はこの部屋を「蔵機堂」と名づけて、この部屋にこもって、著述する習慣だった。今もふだんは使われていない様子で、一〇〇年余りの間大切に保たれて来たことがわかる。

現当主、太郎によれば、「わたしらは、この部屋のことは『新座敷』と呼んでいました。もともと隆仙は、この部屋には家族もいれなかった。家の者は飯をこの家において、そのまま母屋のほうに帰ってゆく習慣でした」

長英がこの茶室にとまったのは、五、六日ほどであった。出立にさいして、隆仙が、お金を用だてしましょうかというと、いらぬとこたえたそうである。ただ、自分がたちよったことを七日ほど黙っていてほしいと言った。

長英がそう言いおいて大宮の方向に立ちさったあと、そのあくる日の夜になって、同じ大宮のほうから迎え駕籠が来た。患者をみてくれというたのみだったが、隆仙は、それを捕方の手がまわったと見て、危険を感じて、あぶない文書は全部もしてしまえと言って出ていった。だから、この家には長英のゆかりの文書はほとんどないという。

隆仙は、鴻ノ巣のヒカタというところの同心詰所まで駕籠でひかれていって、石ぜめにあったが、約束の七日はおろか一〇〇日たっても口をわらなかった。

隆仙がつかまったときいて、近所の百姓が金をあつめて嘆願書を書いて役所に出した。役所では隆仙をつかまえておいても得にならないので、やがて釈放した。隆仙は石ぜめのために病になり、かえりは、駕籠にやわらかいふとんをしいてもらって、かつがれてきたという。

その時から病身になり、病のために患家をまわることが不自由になった。安政六年（一八五九）一〇月一日、四八歳で死ぬまで、ついに回復しなかった。

隆仙の娘登以と養子縁組した玄良（一八三二〜六二）は、隆仙のやっていた寺子屋の助手であった。この玄良は医者もしていたが、文久二年（一八六二）三月一三日、三一歳でなくなった。登以（一八三四〜一九一五）は二八歳で未亡人となり、安政の大地震のころは酒井侯に奥女中として仕えていたという。未亡人としてとおし、八一歳まで生きた。登以は長英をかくまったころのことをおぼえており、子や孫に話した。

玄良と登以の子である玄正も医者だった。その子孝四郎は攻玉舎で近藤真琴にまなんで数学者となり中学の教師をした。その子が現当主、太郎である。高野家は、隆仙の時代には貧しかったが、その死後、家計はかえってらくになった。隆仙は、あまり金を患家からとらず、その故に近所に信望のある医者だった。

隆仙の著書として、『上池菴黴瘡治験録』、彼の処方をつたえた『蔵機堂常用方』などが残っている。一九五九年二月一二日、この土地で高野隆仙没後一〇〇年の記念祭がおこなわれた。

長英、知人の多い上州で過ごす

大宮をとおって高野長英は、上州に入った。

逃亡者となった時、長英にとって、これまでとは別の日本地図が見えたであろう。少年武士として水沢から江戸にむかった時、青年医師として長崎から江戸にむかった時とはちがう表情をもつものとして、日本列島はこの時、長英の前にあらわれたにちがいない。

すでに何度も長英の獄中書簡にあらわれているように、生きてひと目、母の顔が見たいという切実な望みを彼はもっていた。その目的は、彼を故郷の方向にむける。しかし、御尋者としてはもっとも見つけられやすい水沢そのものには入りたくないし、ましてそこに住むことができると考えているわけではない。城下町に近い前沢の実弟の家に、おそらく母は身をよせているのでそこまで、いったんは行こうと考えたであろう。

母にひと目会うという目的を別にすれば、長英の目的は、生きのびて時勢のかわるのを待つということであっただろう。そのためには、自分を長くかくまってくれると期待できるところを、広くない日本から選ばなければならない。脱獄直後のもっとも困難な時期をすごす場所として、彼は上州を選んだ。

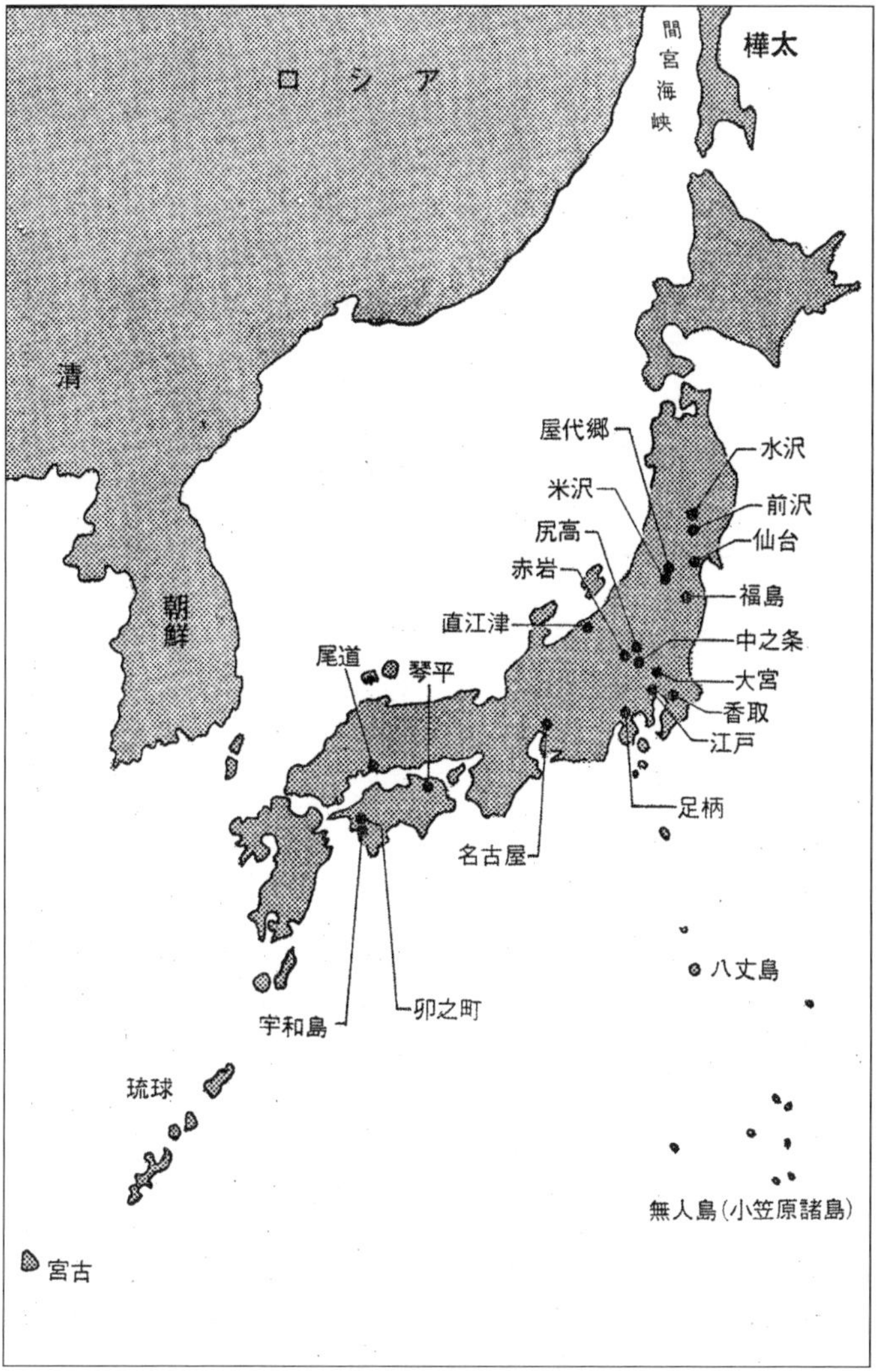

＊高野長英が脱藩後に、かくれ住んだといわれる地名をあげてみた。

かつて獄中から立原杏所あてに手紙を送り水戸近くに住む希望を述べたこともあり、またこれまでの水沢との往復には仙台、福島をとおっている。これらの地方を、今度は長英は選ばず、上州にしばらく身をひそめる計画をたてた。

ところで、上州には、長英が江戸で開塾以来の知人が多かった。先輩格では境町の蘭方医村上随憲(一七九八〜一八六五)。この人とは吉田長叔塾の同門であり、長英がこの人あてに送った手紙は鳳凰の模様のうきでた上質の巻紙を使っているところを見ると、先輩としてたてていたものらしい。

随憲の次男の子孫である村上倭文子(一九〇二年生)が、お孫さんの経営する村上スポーツ店の一室で一九七四年五月二日に述べたところによると、長英は、蛮社の獄に下る二年前の天保七年(一八三六)に境町に来てこの近くの漢方医福田、おなじく漢方医伊丹、井上六左衛門の経営する井上屋などにとまって、患者を治療した。福田の家ではとまって著述をしたらしく、九〇歳まで生きていた福田のおばあさんが、長英が「いわしのような眼をしてものを書いているのを見た」と語りつたえていたそうである。いわしのような眼というのは、充血した眼のことをいうのだろうか。書きものに熱中する長英の様子があらわれている。

この村上随憲のところには、長英が歯科について書きのこした文章がのこっていたそうである。

村上随憲がもっとも古い友人だったらしいが、彼を訪ね、またそのころ上州にいた、いとこの遠藤養林(玄亮)を訪ねていった下獄前の上州旅行で、長英は、柳田鼎蔵、福田宗禎、高橋景作などの新しい友人を得た。この三人が天保七年に長英の著作『二物考』『避疫要法』をうみだす原動力となったことは前にのべた。

天保九年に、長英が新しく移った家は江戸の大火で焼けてしまった。その時は余分の金のたくわえなどなく、前金なしで上州から材木をおくってほしいと柳田、福田両氏にたのんでいる。それで新居をたて、なお支払いがすぐにできず、しばらく長英の側が借方にまわっていた様子である。こうしたつきあいの中で、長英は、上州の友人たちが困難にさいして頼みがいのある人びとであることを知っていた。そこにまた上州旅行当時たちよったことのある中之条の鍋屋旅館のあるじ田村八十七に、獄中で会うということもあり、上州とのきずなは、さらに深くなった。

足立郡尾間木村を出て中仙道を大宮にむかった弘化一年（一八四四）七月末から、郷里に姿をあらわしたといわれる弘化二年一〇月まで、一四ヵ月に及ぶ期間のおおかたを上州各地ですごしたものと推定される。

江戸の大槻俊斎がきびしくとがめられて長英探索を命ぜられたり、尾間木村の高野隆仙が与力同心詰所で石ぜめにされるということがあったが、この間、幕府は、長英の手がかりをまったくつかむことはできなかった。

江戸から遠くはなれた日本列島の南端天草にまわってきた御触書（おふれがき）にまで、長英の人相書が入っていた。大庄屋に残っていた御用触写帳にもとづいて書かれた松田唯雄『天草近代年譜』（図書刊行会、一九七三年刊）によれば、弘化二年五月二日の項として、
脱獄者高野長英御尋（たず）ねの人相書、郡中に廻はる

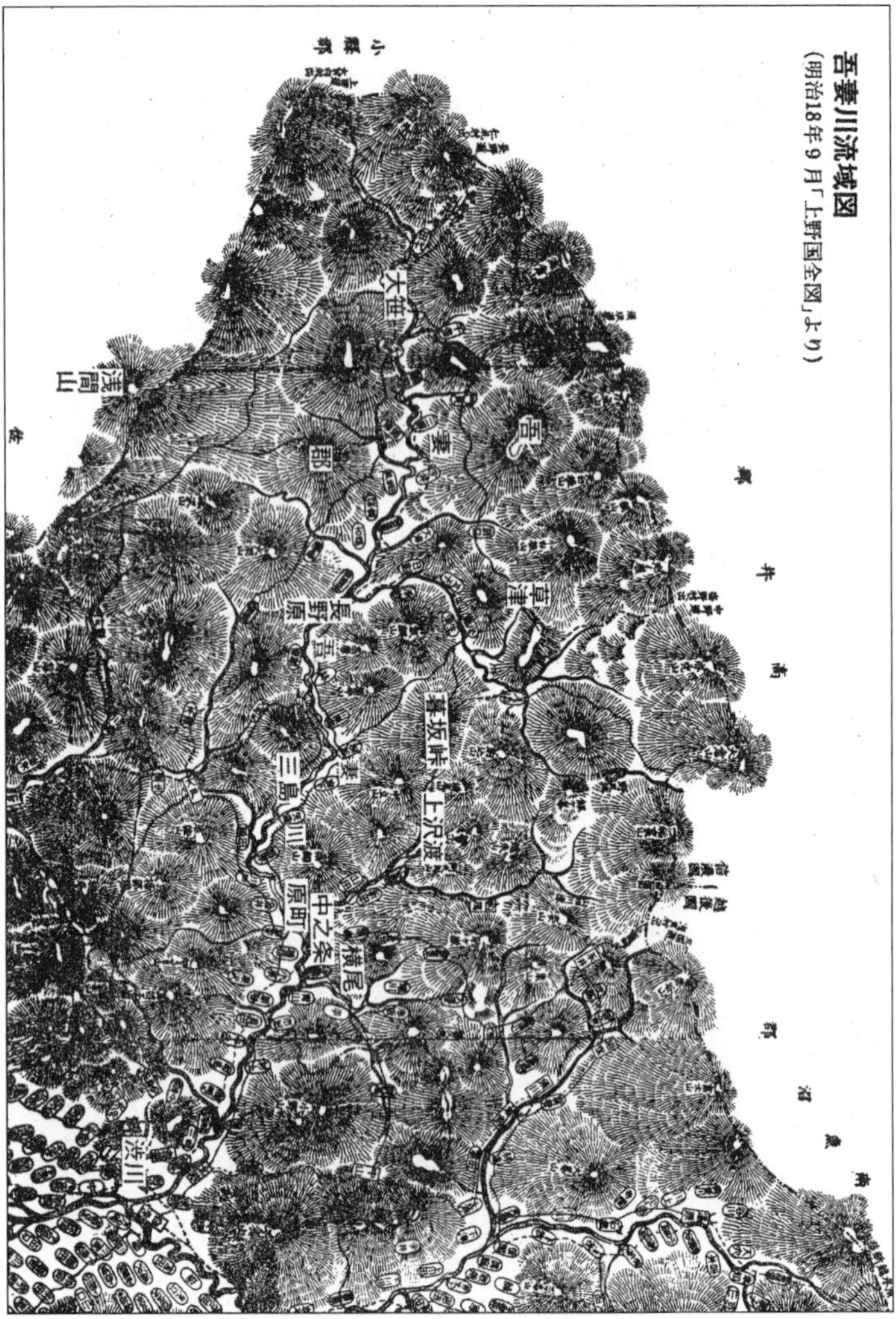

吾妻川流域図
（明治18年9月「上野国全図」より）

とある。北にむかってもおなじような御触書はまわっていたであろう。世界地誌の研究者箕作省吾は、長英がロシアに亡命したかもしれぬという希望的観測を記したが、彼としてはどのような経路でそれが実行し得ると考えていたのだろう。

上州と無宿者

幕末から明治はじめにかけて、上州は無宿者の本場であった。江戸に流れて来て上州無宿を名のるものが多かっただけでなく、上州にもどっても各地をわたりあるいて無宿者として生きる人間が多くいた。旅に出ている間は自衛上、刀をもっていることが、武士以外のものにも許されるという法律のぬけ穴を利用して彼らは法律を公然とやぶり、上州長脇差をさしてわたりあるいた。

萩原進『群馬県人』(新人物往来社、一九七五年刊)によると、ばくち場をかしてその席料をとって暮らすやくざにとって、堅気の旦那衆がバクチに使う金がなくては、暮らしてゆくことはできない。その点で上州は中仙道、三国街道など主要な道路がとおっていて路上の宿場町がさかえ、さらに宿場の後背地に蚕糸織物業をもっていたので現金の流通がさかんだった。

それにくわえて、中世の戦国時代以来、村の力で村を防衛しなければ、いくらでも戦国領主たちの使役にかりたてられるという困難に応じて、地侍集団ができており、その伝統をやくざがひきついで村を守るという役割を果したという。そのもっとも名高いものが国定忠治(一八一〇~五〇)と大前田英五郎(一七九三~一八七四)であり、忠治の子分は上州各地で七〇〇人と言われ、英五郎の子分は上州の範囲をこえて三〇〇〇人と言われた。

代官羽倉外記は、忠治の処刑後、忠治が村民の立場にたつ側面をもっていたことへの洞察をふくむ小伝『赤城録』を書いた。忠治が岡っ引を殺してからも数年上州各地でかくまわれていたこと、英五郎のばくち場の駒札が上州では幕府発行の貨幣とおなじく通用したことなどを考えあわせると、中央政府、地方政府の支配のおよばぬ政治の場がここにあったことがうかがわれる。国定忠治も、大前田英五郎も、ともに高野長英の同時代人であり、忠治、英五郎の活動を許した上州人の気風が、長英の潜行をも許したものと考えられる。

群馬県吾妻郡の中之条という町は、明治中頃までは上州で名だたる町の一つだったらしい。この町の鍋屋旅館は、今の当主田村喜代治が一三代目にあたるという。十返舎一九が書いた『諸国道中金の草鞋』(一八二〇年刊)という戯作にも出てくる。

〔旅 人〕去年もここのうちへ泊ったが、此(この)うちの様に愛相の好いうちはない。私は朝立つ時、名残り惜しくて忘れられないから今年もわざ〳〵ここに泊りましたが、どうも来ると帰りたくないうちだから、いつその事いつ迄もここのうちにおいて呉れると、私はしんしやうをしまってここのうちへ引越します。

〔やどや〕おはたごさへお出しなさるなら、いくたりでも、いつ迄なりとおいてあげませう。御馳走せぬかはり忙しい時は働いてもらひますから、わたしの方もかつてでございます。

こうして一九は、「宿のおやぢ、至つてきさく者にて面白き男也」と書き、「愛相は外(ほか)にたぐひも仲之条なべ屋のうちの居心のよさ」という狂句をのこしている。

この旅館の当時の主人田村八十七は、中之条と原町とのあいだに市をたてることをめぐっての争いがあった時、町田明七という人と村を代表する二人として江戸におくられ、小伝馬町の獄につながれた。ここは天領であるので、江戸におくられたのである。そこで、牢名主となっている高野長英に会った。長英とは、かねてからの知り合いで、田村八十七の名は長英入獄前の天保九年（一八三八）の福田宗禎あての手紙にすでに見える。

小伝馬町では、長英は、

「この人には、しゃばで世話になったので、今夜ここにとまるについては、客にしてほしい」

と牢内のみなに計ると、

「はあ」

と言ったそうである。

鍋屋旅館にある田村八十七（号は渓山）筆の「韓信股くぐり」のびょうぶを前にしていると、この大きな図柄から見て、村の利害を一身にひきうける太っぱらな性格を感じる。胆力のある自分を屈して暴漢の股をくぐる韓信に、筆者は自分をなぞらえていたのだろう。

伝馬町の牢内の話が、この鍋屋の家中で代々語りつたえられて今日に至っているところから言って、沢渡、赤岩、伊勢町、横尾の各地に潜伏した長英が、牢内から長英より早く出てこの旅館にもどっていた田村八十七からさまざまの便宜を得ていたものと推定できる。

鍋屋旅館の「瑞皐の間」、沢渡温泉の「穴小屋」

先代の当主田村辰雄によると、長英はこの旅館の土蔵にかくまわれていたことがあるという。八十七の娘リウ（里宇）は長英の顔形をおぼえていたそうである。リウは、明治に入ってから、長英の薬用のさじや長英筆の竹の絵、オランダ語で書いた学訓をはった扁額などをゆずりうけ、長英を尊重することを子どもに教えた。その子喜八は、一〇〇歳まで生き、一九六四年になくなり、その子辰雄は、私がたずねた一九七四年四月三〇日には八五歳で、話をしに見えた。

当主の案内で、この宿屋を見てまわったが、ここに長英ゆかりのものが大切に保存されているだけでなく、「瑞皐（ずいこう）の間」という部屋があることを知った。いうまでもなく瑞皐は長英の号である。明治以来何年にもわたってこの旅館では長英が記念されていたのである。旅館の庭には、長英の詩の一節、「双眸呑五洲」（大槻如電のつたえた作では呑（のむ）が、略（おさむ）になっていた）を彫った石がたててある。

かくれた活動を語りつたえるところには、詩と真実がまざりあってくる。その二つを分けることはむずかしい。

私が高野長英の伝記を書こうなどとは夢にも思わなかった一九五一年の夏、私は中之条からあてもなく歩いて、沢渡温泉に達した。それまで沢渡という名前などきいたこともなかった。何日か滞在するうちに、宿の前に大きな碑があり、それは昔、高野長英をかくまった土地の医者の記念碑だときいた。風呂に入って宿屋の主人の話をきいていると、近くに長英がかくれていた「穴小屋」という大きな洞穴があるという。

親切な主人の案内でいってみると、それは近くどころか往きかえりにまる一日はかかるところで、沢渡から草津に通ずる道からはなれて山の中を相当歩いたところにあった。洞穴そのものは大きくて、何人も一緒に住める岩屋のようなものだった。しかし、ここに長英がひとりで住み、沢渡の温泉から食物をはこんでもらうということは、私にはとても考えられなかった。長英は、夜になると、山からおりてきて蛇野川で釣をしたというので、そこの橋は晩釣橋と名づけられているが、実際に歩いて見ると、これもありそうなこととは思えない。

明治から大正にかけて冒険ずきの少年たちが群をなして「穴小屋」まで遠足にでかけて来て、彼らの空想に土地の古老の言いつたえがまざり、だんだんに尾ひれがついて、ここに長英がかくれたということになったのではなかろうか。うわさ話は、ともかく、おもしろくなる方向にむかって一方的に進むものだから、一日の山歩きでくたくたにつかれて風呂につかりながら、私は、そんなふうに考えた。しかし、ともかく、ここには、少年の夢の中に高野長英は生きている。

長英塾の太忠宗禎、上州の蘭学を育む

長英と親交のあった福田宗禎の家はもう沢渡にはなく、家伝の品々は新井三郎夫妻のもとにある。新井夫人は、福田宗禎の曾孫である。以下は一九七四年五月一日、中之条の原町に新井夫妻をたず

ねた時の聞き書きである。

福田家の先祖は関根浅右衛門といって、武州粕壁（春日部）から仇討のために諸国をまわって歩くうちに、仇がすでに死んだときいたので沢渡にすみついた。そこの温泉宿の福田喜左衛門という人の後家さんをもらい、入りむこして医業をはじめた。これが初代福田宗禎。温泉があるので、病気をなおそうとしてここにあつまる人に医術をほどこすのに便利だった。妻は宿を経営し、夫は医を業とした。これが代々つづいた。

五代目が太忠宗禎で、この人は蘭方のききめを知って、もっと知りたいと思って江戸に行き、高野長英の塾に入った。長英より一三歳年長だったが、その門人となる。上州の蘭学の口火をきったのは、この太忠宗禎だという。彼は宿屋経営のため裕福であり、往診にゆく時には、沢渡から出て草津街道を白い馬にのって行った。越後のほうまで出かけたという。宗禎の肖像を見ると、でっぷりふとった僧形の人である。

すでに中年に達した太忠宗禎が沢渡から江戸にかようのは大へんなことだった。長英は宗禎にオランダ語の外科医学書の要解を書きあたえたという。その要解は美濃判横罫紙三一枚から成り、オランダ語の原文に日本語で傍註をほどこしてあって、漢文に返り点をほどこしてあるように読める。長英もまた宗禎のために誠意をつくしたことがわかる。

太忠宗禎は、天保一一年（一八四一）一二月二八日に四九歳でなくなった。長英在獄中のことである。そうすると、私が沢渡の旅館できいた、宗禎が脱獄後の長英をかくまったということはあり得ない。しかし、宗禎夫人はここで宿屋をつづけていたのだし、旧知の長英がこの家をたよって来てかくまわれたということはあり得ることである。

太忠宗禎なきあとにも、その未亡人おすみ（溝呂木の木暮氏の出）は長英に対してゆきとどいた心くばりを示したようであり、その子の文同宗禎は、明治に入ってから、大槻如電がたずねていった時、前にあげた長英の詩「双眸は五洲を略む」を暗誦したという（大槻文彦「高野長英行状逸話」）。

此詩ハ何ニ記シテモ無カリシヲ長英ノ門人上州吾妻郡沢渡村ノ医、福田宗禎ノ子ノ暗誦シテア

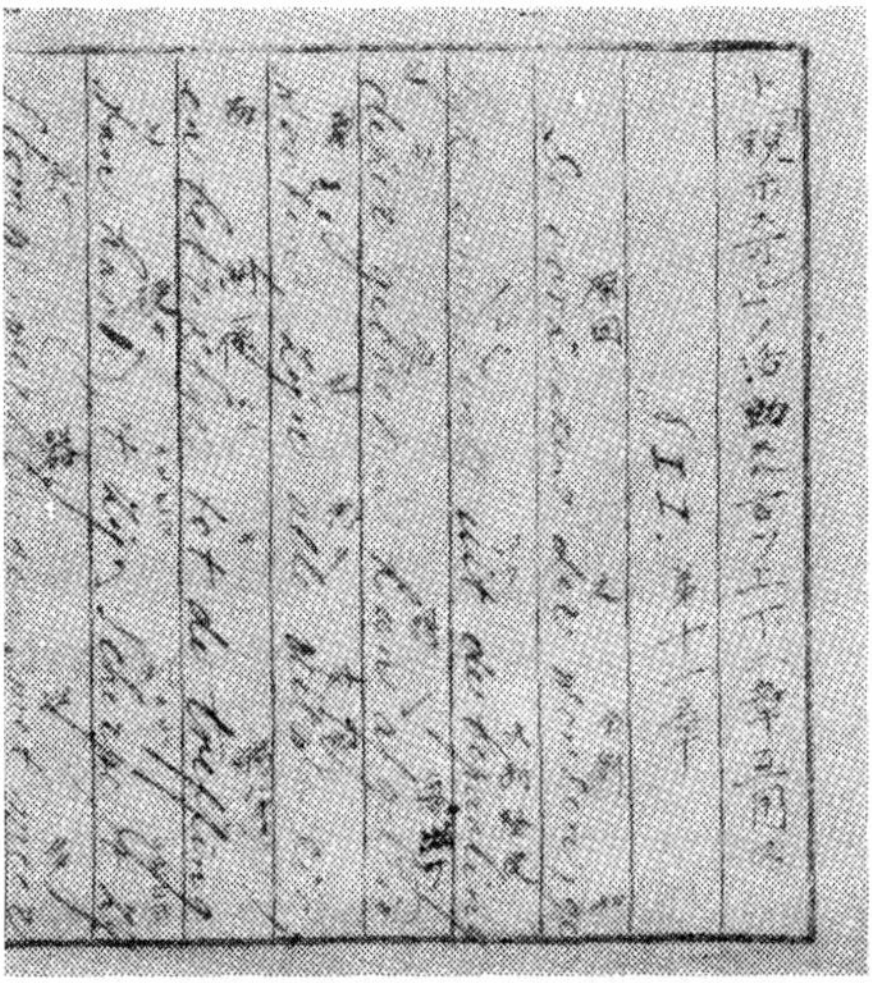

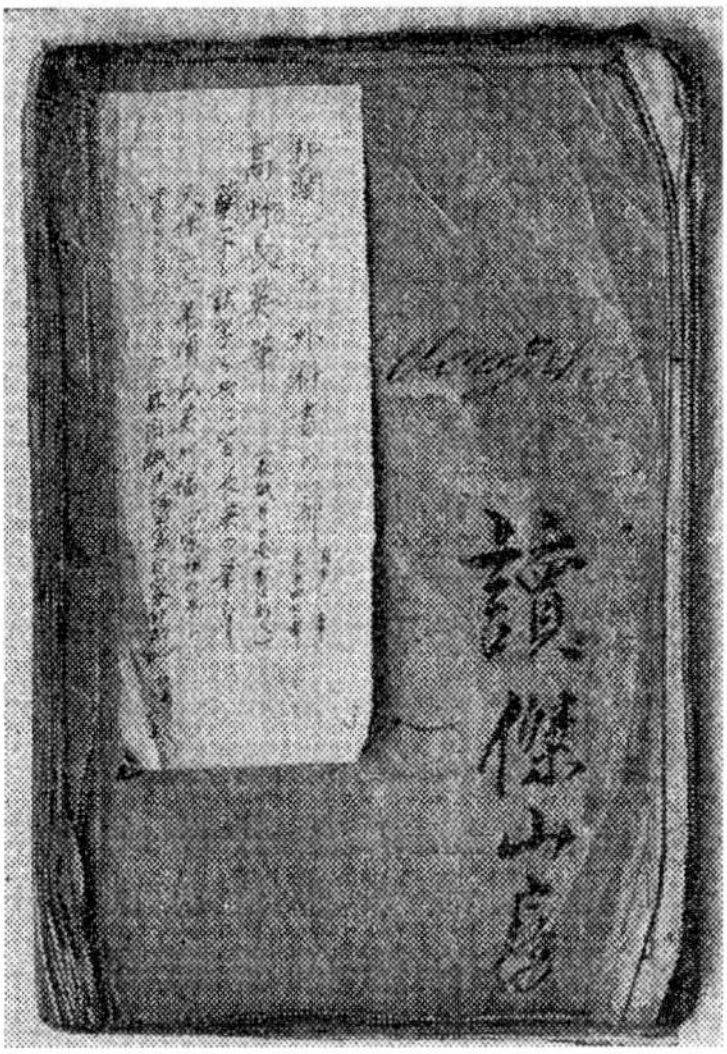

外科医学書の要解。表紙（下）には、のちの家人による付箋があり、「蘭字も訳文も共に皆長英の筆なり」「罫用紙は福田家自家印刷」とある。

リシヲ大槻如電、先年聞テ書留メテ置キシモノナリ

この文は明治三二年（一八九九）に発表されたもので、この文の筆者大槻文彦の兄大槻如電が詩の暗誦をきいたのは少なくともこの前にあたる。如電が『洋学年表』初版を発表したのは明治一〇年（一八七七）のことであり、彼が沢渡村までたずねていったのも明治のはじめから明治三二年までのことである。当時、長英は明治新政府が贈位したり推賞したりする人物ではなく、上州の山間の温泉村で、家の中で語りつがれている人物としてあった。

なお、太忠宗禎の日記は、天保六年（一八三五）一〇月から天保七年一二月三一日までの分と、天保一〇年九月末日一日分とだけが残っており、その中に長英についての記事がある。天保七年八月七日の項に「高野瑞皐先生来」とあり、以下は

“研究室　したたる水は, 力によらずして, 何度もおちることによって, 石をうがつ　1836　高野長英”

長英から教えられた処方のこと、長英門人の消息、長英に教えられたオランダ語の学訓のことである。

その学訓は、長英のオランダ語筆跡のとおり、長さ一尺二寸・幅八寸の黒色のあつい板の上にきざまれている。

福田宗禎はこれを自分の書斎においたであろう。彼の死後、その子たちが、この扁額の由来を母

からきいたであろう。

そしてさらに八月一一日の項に、『枢要』上木のために金三両を貸したことが記されている。

八月十一日　高野瑞皐出立。枢要上木に付 del ie kopan（ママ）借遺す。

これによって見ると、長英のこの時の上州訪問の目的は、彼の大著『医原枢要』の出版費用調達にあったもののようで、福田宗禎、柳田鼎蔵、原沢復軒（野田在住）などが頼みに応じたらしい。

こうして江戸を中心として各地の現場の医者たちからあつめた金で、生理学という基礎科学の体系的著述の予約出版を計画した。それは、藩侯の援助、あるいは幕府の組織にたよって翻訳をすすめて、社会の上層部にのみ利用できるような出版の形とはおのずからことなる方法だった。その出版費用の相当の部分を、長英は上州であつめたものらしく、この時の手ごたえが、さらに獄中の長英を上州にむかわせたのであろう。

長英に重んじられた門人・高橋景作

高橋景作（一七九九〜一八七五）は、寛政一一年二月一五日に、上州の吾妻郡横尾に、名主高橋喜四郎右衛門政房の長男として生れた（小林文端「長英門下高橋景作伝について」『群馬文化』第四号、一九五七年刊）。

横尾は今では中之条町の一部になっているが、幕末には独立した村だった。

小林文端によれば、高橋景作ははじめ信州の伊藤廉里について儒医道を勉強した。景作が三二歳の時、天保二年（一八三一）高野長英が上州沢渡温泉に来て福田宗禎とともに患者を治療するのを見て、蘭方をまなぶ志をおこした。おそらく、おなじ年に江戸に出て長英の塾に入門したのであろう。この時、長英二八歳、景作三二歳。長英は景作を重んじ、自分の講義の筆記、講義録の編集校正、不在中の代診をまかせた。長英塾の塾長の位置にあったと見られる。景作の家にのこる『蘭学繙巻得師　全』というオランダ語の文法書には「拡充居先生〔長英のこと〕口授　高橋盈若沖筆記」とあり、景作が長英の講義を教科書につくるだけのオランダ語の力をそなえていたことがわかる。景作は藩医としてまねかれたといわれるが、それをことわって、村にかえって患家を見ることをえらんだ。

天保八年（一八三七）一月一四日、景作の父がなくなった。おそらくは看病のために、その前年、あるいは前々年から帰郷している期間が多く、長英著『避疫要法』〔天保七年刊〕の校閲の仕事を終えたころから故郷にあって、村医者としてはたらいたものであろう。それは、横尾での彼の本の貸出し帳を見るとわかる。

この「書籍出入帳」は、文政一一年（一八二八）から嘉永一年（一八四八）までの二〇年にわたる記録である。本と言っても写本が多く、それらは当時たやすく金でかえるものではなかった。写本の貸借をなかだちとしての上州吾妻渓谷の蘭医と蘭癖家の交通がおこなわれたようであり、たとえば伊勢町の柳田鼎蔵などもさかんに景作方をおとずれて一泊している。ここまで歩いてくるということは中年すぎの医者にとってはかなりつかれることだっただろう。写本の中でも長英著『瑞皐

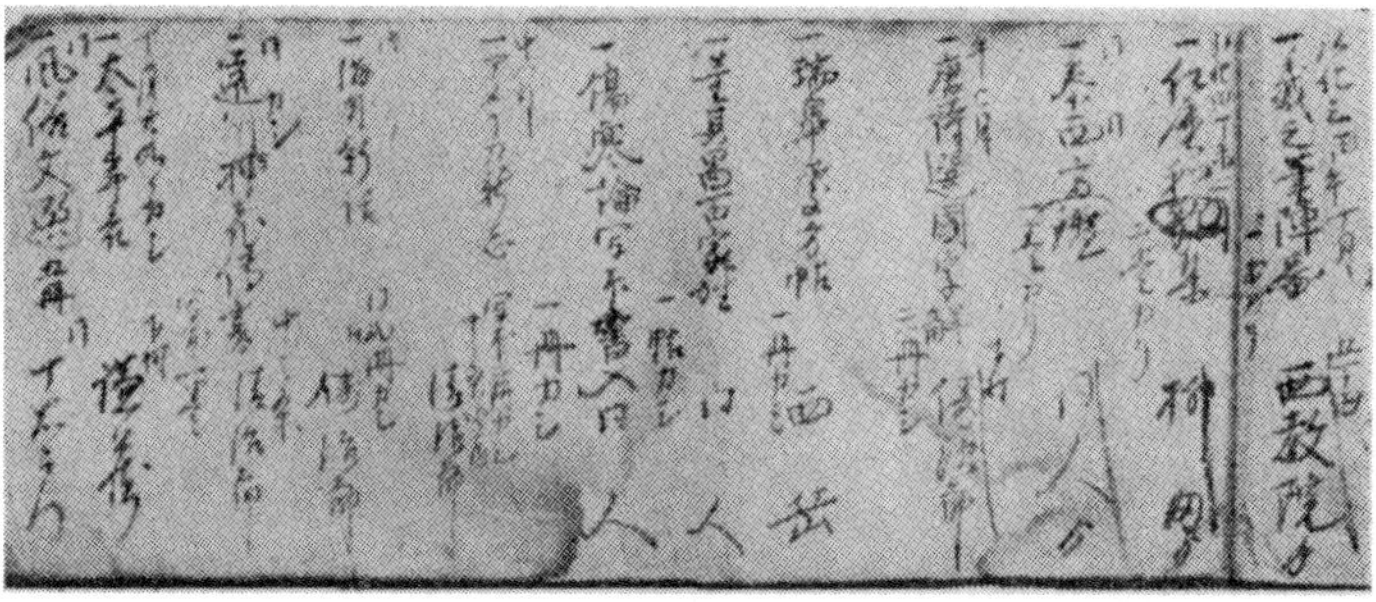

「書籍出入帳」弘化４年７月の項に「**瑞皐処方帖，一冊カシ，西岳**」とみえる。

処方帖』などはよく人びとの間を動いていたようである。

書物の貸出しは天保八年（一八三七）以後、九年間にわたってやめられている。これはモリソン号渡来のころからであり、崋山、長英をめぐって幕府目付鳥居耀蔵のわなが張りめぐらされる時期である。そして貸出し再開は弘化二年（一八四五）、町奉行鳥居耀蔵、老中水野忠邦失脚のころからで、蘭学への弾圧はこの時期にはゆるんでいた。まだしかし貸出しは断続的で、弘化四年以後はじめて旧の如く貸出しをするようになる。このころ長英はすでに江戸にもどっており、上州にはひそんでいなかったものと思われる。

景作は二〇冊ほどの、細かい字で書きこまれた日記をのこした。これらのうち、嘉永六年（一八五三）以後のものは、「此日記永年勿失(うしなうことなかれ)」と記されたまま、昭和のはじめまで土蔵の梁につるされていたという。

これほど大切にされていた永年保存のこの一束と別に、天保九年、天保一〇年を記した一冊は、古い引き出しの中から表紙のとれた形で出て来たという（高橋忠夫「高橋景作と高野長英」『鼎』

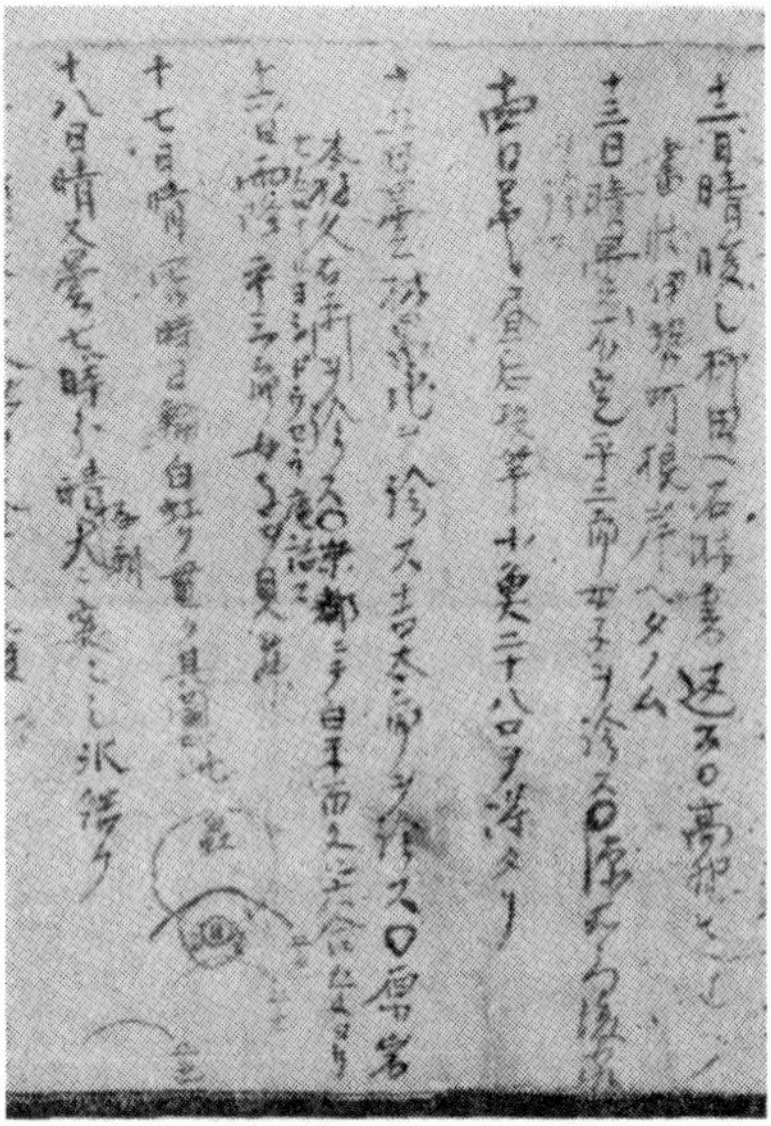

天保９年８月の景作日記

一九七四年七月号）。

代官・根岸権之助、長英をかくまうか

そしてこの一冊にだけ、長英に関する記事があった。

天保九年（一八三八）六月五日には、「高野先生江書状ヲ出ス」とあり、八月一二日には「高野先生ヘノ書状、伊勢町根岸ヘタノム」とある。「伊勢町根岸」とは、中之条に近い伊勢町に住む根岸権六（権之助、権太夫ともいう）のことであろう。

権六は旗本保科家の代官だった。その邸は二〇〇〇坪の広さがあり、部屋数は一一、他に土蔵二棟、酒蔵一棟、長屋一棟、厩四つがあった。代官とは言え、二代目以来の世襲で権六はその九代目であり、いちいち幕府の言うことをきいていたわけでもないらしい。

まして九代目の権六は若殿様を遊廓につれていって謹慎を命じられたという、人をくったところのある人物だった。この家の経済は、旗本からの給料に全面的によりかかっていたのではなく、酒造業をいとなみ、上市屋という屋号で薬屋もやっていた。そこで、長英とのつきあいも自然にできたわけであり、長英から根岸秀蔵にあてた榛名山周辺の薬草をつんできてくれとたのんだ手紙がのこっている。家伝の薬として淋病の薬があり、一回できるめがあるという評判だった。これは長英からおそわったとも言われる。

この代官邸に長英がかくまわれていたという言い伝えもある。根岸恭治は、曾祖母からこんなことをきいたことがあるという。

汚ない爺さんで、日向ぼっこをしながら蚤取りをしていたそうだ。幼児の目には四十代の長英が爺さんに見えたのであろう（根岸恭治「根岸権之助と長英」『鼎』一九七四年七月号）。

長英をかくまったと言われるこの根岸権之助は明治八年（一八七五）七月七日まで生きていた。代官が長英の友人だったのだから、この中之条のあたりにいれば、彼はなかなかつかまえにくい人だったのだろう。

現存の高橋景作日記

1冊目	天保 9年	(1838)
	天保10年	(1839)
	欠	
2	嘉永 6年	(1853)
	欠	
3	安政 2年	(1855)
4	安政 3年	(1856)
5	安政 4年	(1857)
6	安政 5年	(1858)
	欠	
7	安政 7年	(1860)
8	万延 2年	(1861)
9	文久 1年	(1861)
	欠	
10	文久 3年	(1863)
11	文久 4年	(1864)
12	元治 2年	(1865)
	欠	
13	慶応 3年	(1867)
14	慶応 4年	(1868)
15	明治 2年	(1869)
16	明治 3年	(1870)
17	明治 4年	(1871)
18	明治 5年	(1872)
19	明治 6年	(1873)
20	明治 7年	(1874)

高橋景作日記の空白の意味

横尾の高橋景作にかえると、この人は、明治七年に死ぬまで毎日の記録を克明に書いておく習慣だったが、天保一一年（一八四〇）から嘉永五年（一八五二）までの一三年間の日記を欠いている。

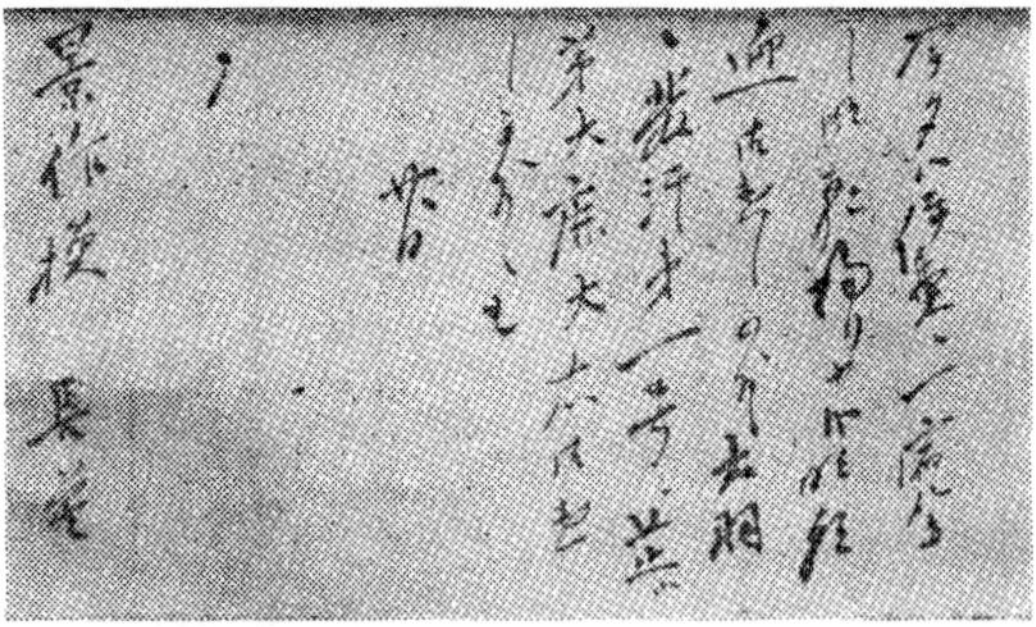

高橋景作宛の長英の手紙は２通残っている。

この一三年間に日記をつけていなかったという可能性はのこる。天保九年、一〇年につけはじめた時の習慣が一度消えてしまって、また一三年たってから嘉永六年になってトンネルをぬけでたようにあらわれてきたのかもしれぬ。しかし、その場合にも、日記をつける習慣さえもかくしてしまうほどのトンネルとは何か？　それは長英にふりかかった不幸と、その不幸に対する景作の深い関心ではなかったか。

この期間に長英はまず疑いをかけられ、次に獄中にあり、やがて脱獄して上州にかくれ、さらには日本各地を放浪し、捕らえられて自殺し、死後も有罪の判決が出て、何時、さかのぼって門下生への追及の手がのびぬともかぎらなかった。いくらか安心できるようになったのは、幕府の政策がはっきりとかわった嘉永六年（一八五三）くらいからである。もっとも、そのあとでも、万延一年（一八六〇）に開国の責任者井伊大老が水戸浪士に暗殺されるということがあったから、ほんとうに安心というわけにゆかない。

小林文端によれば、高橋景作は明治新政府にかわってからも、自分が罰せられるのではないかという警戒心をといてはおらず、高野長英塾への入門を、長英入獄直前の時代である天保からずらして、文政九年（一八二六）から同一一年（一八二八）までのこととして、以後は故郷で長英とは無関係にすごしてきたように、熊谷県庁あての履歴書に記している。それは彼の死の前年、明治六年（一八七三）のことである。

文珠院にかくまわれる

景作は、天台宗の文珠院に、長英をかくまったという。この寺の住職は、景作の門人であったし、この文珠院は、同じ中之条にあって長英門下の福田宗禎の親戚の屋敷内にあった。福田家の系図によって見ると、太忠宗禎の弟忠兵衛（喜左衛門）は都筑家の中屋敷に入り、妻おとうとの間に、おとよ、喜八郎、おもとをもうけた。その中で末娘おもとが、おなじ都筑家の上屋敷に入って、上屋敷五代目伊藤太の妻となった。都筑家は、吾妻郡高山村大字尻高戸室にあり、本家は上屋敷、分家は中屋敷、下屋敷と呼ばれて、虚空蔵山の裾に三段に屋敷をかまえていた。この屋敷内に文珠院があった。

もう一つ、下屋敷の林左衛門利勝の妻は、長英と前から面識があり、獄中で再会した中之条の町田明七の娘である。こうした関係から、おたずねものをかくまってもらうのに、高橋景作としては頼みやすかったであろう。

今では文珠院の堂はなく、井戸跡と青面金剛と弥勒菩薩の石仏があるだけだという。上屋敷も中屋敷もなくなり、下屋敷だけが残っている。

下屋敷六代目和平の妻はなによると、黒い着物をきた人がじいさまの病気をなおしてくれたという言いつたえがこの家にのこっているそうである。（都筑公子「都筑伊藤太と高野長英」『鼎』一九四九年七月号）

長英は文珠院に二ヵ月あまりいたと高橋家では言いつたえられている。代官の根岸権六が長英のために悪くはからわないとはいえ、長英逮捕をとめる権限はもとよりないので、幕府の手がまわってきたというしらせを伝えるぐらいのことしかできなかったであろう。

景作の五代末裔当主を訪ねる

長英は、尻高の文珠院を出て、景作に案内されて山脈づたいに利根郡の境までゆき、そこでわかれた。この山道をゆく時、景作はころんで顔にけがをした。どうしてけがをしたのか、長く語らなかったが、ずっとあとになって顔のきずのいわれを家人に話したそうである。

利根郡に入って沼田から越後にむかったのか、口碑をつなぎあわせても、その径路はわからない。今日、上州の地図をひろげてなるべく同じ道をとおらずに、長英滞在の言いつたえのあるところをつなぐならば、熊谷→渋川—伊勢町—中之条—沢渡—赤岩—原町—中之条—伊勢町—横尾—尻高…沼田→越後という順路が考えられる。中之条の鍋屋、伊勢町の柳田邸が、通過のつど、しばらくのかくれ家となっていたのではないか。しかし、それは今日の眼によるものであって、今日からでは想像できないさまざまの困難があっただろう。この吾妻渓谷を最後に出るのに、長英が赤岩あるい

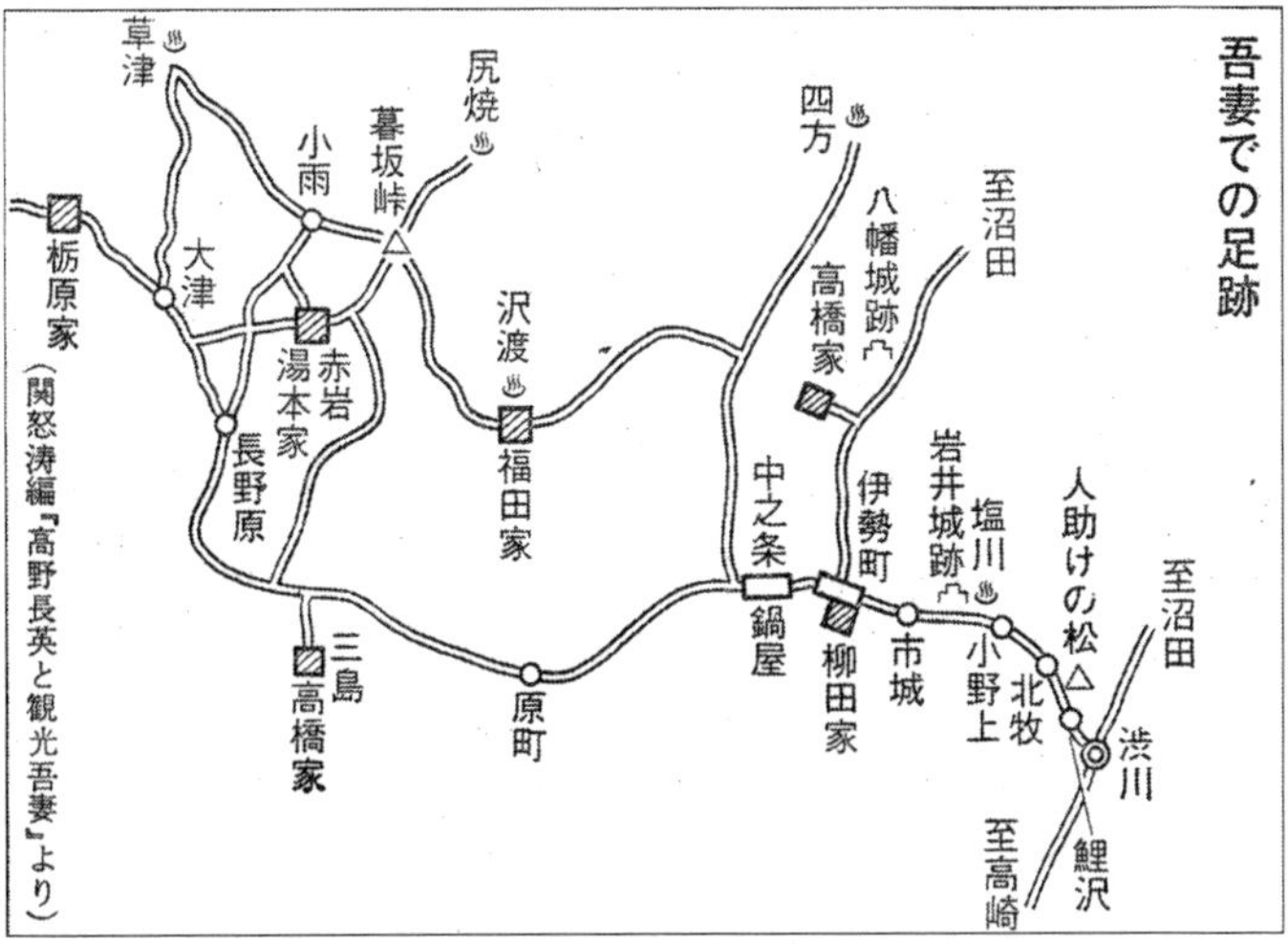

（関怒涛編『高野長英と観光吾妻』より）

は沢渡から草津をとおって渋峠をこえて越後にむかったか、それとも尻高から利根郡に入り、利根川をこえ沼田をぬけて越後にむかったかは、確定できない。

一九七五年五月一日に、私は、中之条町東小学校校長の高橋忠夫を訪問した。この人は、高橋景作から五代目の当主で、一九一八年生れ、静かで控え目な人である。同氏の家は、高橋景作の旧宅で、景作より前の代からあるというわらぶきの広い家である。となりに土蔵があり、そこに、景作の遺稿がのこっている。

高橋景作は一二石で、名主としては、このあたりでは小さいほうである。大きい名主は六〇石くらいだという。自宅で医療をしていただけでなく、前橋に分院をもち、そこまでかよっていた。長英が、この家にかくまわれていたということは、こどものころに親からきいた。幕府の詮議はきびしかったけれども、この家の中にふみこまれることはなかった。自分が叔母からきいたところでは、長英は景作宅に身をよせ、その後、近くの文珠院にかくしてもらった。しかし、そのころから前橋に往診にゆくのをやめて近所の患家だけをまわっていたというのは、気がねがあったのかもしれない。

日記で見ても、オランダ語を忘れぬようにつとめており、オランダ語医学書からの翻訳を七〇代までつづけている。伊勢町の柳田鼎蔵とのおたがいの宅に泊っての何日おきかのつきあいが長年月にわたってつづいているのも、オランダ語を解するというつながりを上州において保つために大切な縁だったのだろう。彼はまた自分と孫とに、種痘をほどこしている。

景作の子は啓助、その子は弁次。万延一年（一八六〇）六月二六日に生れ、昭和一六年五月一九日になくなった。弁次は横浜法律学校を卒業し、さらに東京法学院で法律および経済学をまなび、郷里にかえって農業に従事。温度の調節を計って「高橋流」のカイコの飼い方をあみだした。明治二七年（一八九四）から合計六期、一三年六ヵ月の長きにわたって名久田村（横尾はこの村に属す）の村長をつとめた。「脱俗仙骨の一異人」と評されたと村史に書いてある。

この人について、高野長英のおとしだねだといううわさがつきまとったが、もとより、年代から見て、あり得ないことである。

「おとしごといううわさは家で言われたことはないが、よそから言われる」と高橋忠夫は言う。追われているものをかくまうということは、そうしたうわさをわが身にせおうということに他ならない。高橋景作が長い年月にわたってつけた日記を読み、晩年までつづけたオランダ語医学書の翻訳を見て、この人の努力的な生涯を考えると、かくまう人の心のひろさが、かくまわれる人をしのいでいることを思う。

赤岩の名医・湯本俊斎宅に「長英の間」

吾妻郡六合村に赤岩という部落がある。ここに湯本俊斎（一八一一〜四三）という漢方医がおり、『産婦意得鑑（こころえかがみ）』『示蒙捷啓（じもうしょうけい）』『公用補胸雑録』などの著作をのこした。彼は、この赤岩に住んでいて、営業のためには草津に出ていって医療をしたのだという。

やはり、上州のこの吾妻川渓谷で代々温泉宿をいとなむ、川原湯の萩原好夫の話では、温泉が歓楽的になったのは近年のことで、昔は病人が治療に来る場所であり、病人があつまるところだから医者も多くその近くに住みついた。そこに、実際に治療に役だつものだから蘭方が入って来た。上州の蘭学はこのように吾妻川周辺の温泉宿とむすびついて発達したものだという。沢渡の福田宗禎、赤岩の湯本俊斎は、草津、沢渡の温泉の近くに住む名医だった。

湯本俊斎の孫にあたる人が現当主、湯本貞司（一八九三年生）である。この人の話（一九七五年五月二日）によると、

「私が一五歳の時から、家の蔵から何から全部しらべてみたが、長英の書いたものがあるときいていたがなかった。沢渡の福田宗禎の孫娘をもらった郷土史研究家の新井信儞さん（前出新井三郎の父）がこの辺の長英研究の権威で、その新井さんが家にとまりこんで長英ゆかりのものをさがした

が出ません。何も出てこないから、いかさまもんのような気がして、何か一つ出てほしいと思うのだが、出ない」

ほんとうにここに一三〇年前にかくれていたとしても、何も証拠がのこっていないというのは、事の性質から見て当然のことだと思う。

だが、この家には、二階に一部屋、長英の間と言いつたえられていて、ふだんは決して使われない一部屋がある。それは今もひっそりと保たれていて、他家に嫁に行った娘が、一週に一度かえって来て泊る時の他には使われることがなく、部屋には何一つおかれていなかった。長英がそこにいたかどうかはわからない。

今も"長英の間"として大切に扱われている。

だが、観光客がおとずれるということもない、この山中の小さい村に、長英の間としてつたえられ、保たれている場所があるということを重く見たい。この伝説そのものが一つの事実であることは疑い得ない。

この家は享和三年(一八〇三)につくられたそうで、二階の長英の間のふすまをあけると、ひろい屋根裏に出られ、そこから縁の下までおりて屋外に出られるようになっている。縁の下は二〇畳敷くらいで天井が高く一種の地下室兼物置である。沢渡の福田宗禎など近くの医者でこの家の構造を知っている人が、長英をここに紹介してとめてもらったとしても不思議はない。長英の上州潜伏時代は、この家の歴史では、分家の順左衛門が俊斎の子の後見をしていたころという。

長英への援助者・柳田鼎蔵

中之条に近い伊勢町の柳田鼎蔵（一八〇〇〜？）は、柳田虎八義敦著『柳田家譜伝』（一八九一年写本）によると、赤穂城主浅野氏の侍医柳田隆朴から出ている。浅野内匠頭の殿中刃傷で家がたえてから、流浪して上野の吾妻郡伊勢町に住みついた。それ以来、代々医者をして、また地主として大いに産をなした。柳田隆朴を初代とすると、三代目の隆庵のころには南庭の蔵に小作米数百俵が収められるほどになっていた。したがって四代目の鼎蔵は、家の財産をさらにふやすなどということを考えない学究になった。

鼎蔵（禎蔵とも書く）の人となりについて、柳田義敦は、『家譜伝』の「逸事録」として、こんなことを書いている。

> 隆庵正妻ノ腹ニ子なし。妾はつ一子ヲ挙グ。（蓋シ禎蔵ナリ）。然レドモ自カラ謙テ敢テ驕ラズ。常ニ我子ヲ呼ブニ敬称ヲ用ユ。人怪ンデ之ヲ問ヘバ曰ハク『我子ニ非ズ。隆庵大人ノ子ナリ』ト。故ニ家内又妻妾ノ不和ヲ見ルコトナク常ニ和気洋々タリシト。

妾腹の子として、正妻のとりしきる大家族の中にあって、鼎蔵が他人に対して思いやりのある性格をもつようになった事情がわかる。長英と相知ってから、彼にもっとも大きな援助をあたえる一人となった。その間接的な証拠は、彼の家に、長英の著述の大部分が大判写本およそ一二〇冊として保存されていたことから推しはかることができる。おそらく長英自身からおくられたと見られるシーボルトの筆蹟も、この家に保存されていた。いかに長英が柳田鼎蔵の援助を多としていたかがうかがわれる。

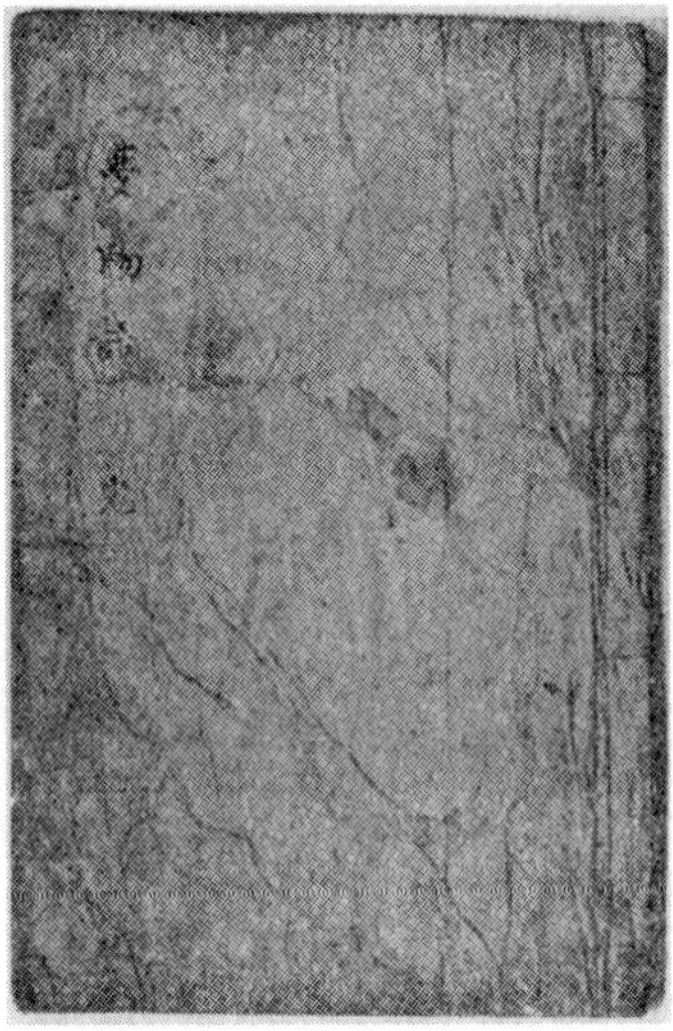

ここには天保年間に危険文書だった『夢物語完』（写本）が、一階茶の間の仏壇のうらの壁の中にぬりこめられていた。しわだらけになって色あせた水色表紙の和本であるが、中身は美しい文字で今日でも読める（右の写真）。明治二〇年代に、納戸の掃除をしている時、おかしいと思ってしらべて見たら見つかった。長英の本は一二〇冊もあったのだが、『夢物語』だけが、こんなふうに壁の中にぬりこめられていた。これは、一九七五年四月三〇日に柳田鼎蔵からかぞえて七代目にあたる柳田隆養（たかきよ）の語るところである。この家にも、床の間のうしろに抜け穴があり、そこに長英がかくれたとつたえられている。長英脱獄後にこういう大がかりな仕掛けをするとは考えられず、産をきずいた隆庵（鼎蔵の父）が自分をまもるためにつくったのかもしれないし、『夢物語』ぬりこめと考え

あわせれば、鼎蔵は幕府の蘭学者弾圧にさいして自分自身を守るためにこのからくりを用いることを考えていたと思われる。長英をかくまうについて、すくなくとも、このからくりについて教えただろうと思われる。

一階奥座敷には床の間が二つあり、男床（おどこ）、女床（めどこ）になっていた。女床はいくらか高いところにしつらえてあり、その下に何かかざりものをおき、上部の袋戸棚の奥に入ると、人間一人が抜け穴に入れるようになっていた。その抜け穴の入口にある袋戸棚の戸の上には、六歌仙の絵がかけてあり、その上にはつり天井がしかけてあった。

浅野家からの流浪をもってはじまった柳田の家には何度かの栄枯盛衰があった。初代隆朴、二代養庵。三代隆庵、この人が医術においても経済においてもやりてだったらしく、この代から使用人三〇人くらいいるようになった。四代鼎蔵の時にもこの盛況がつづき、幕府の手先もこの邸内にふみこむことはなかった。五代弥作、六代佐忠太、七代四郎助のあたりで家産がかたむき、家作と田畑を売却する悲運にあった。八代敦真、九代虎八、この人は中之条の町長をつとめた。

そして現在の当主、一〇代隆養になって住みなれた伊勢町の邸を人手にわたし、前橋市に移って自宅で骨董のあきないをはじめた。この家の栄枯盛衰を語る現当主の態度は、いかにものびやかで明るいものだった。手ばなした邸の敷地は一万一一〇三坪あったという。昔の家まで自動車を運転してつれていってもらったが、今そこに店をもつ人びとに対しても悪びれるところなく、あいさつをかわしていた。ここには、「高野長英先生滝留記念医師柳田鼎蔵邸跡」という石碑がたっている。

長英滞在の言いつたえをもつ家々

長英が上州をはなれた弘化二年（一八四五）から二〇年余り、長英についてのうわさは彼とともに助けた人びとの間だけでかわされていたらしいし、長英をとめた家々の内部の断片的な言い伝えとしてつたわっていったであろう。明治に入ってから、長英のことを話してもいいという気運が、上州におこって来た。新井信彌筆の『群馬県吾妻郡誌』（一九二九年発行）によると、「明治二十四五年の頃、柳田鼎蔵氏の孫虎八氏（後父の名を襲ぎて阿三郎と改む、大正十一年没す）は、その友根岸件次郎氏、小板橋謙三郎氏等と共に、長英の遺品及蘭書を陳列して、小規模ながら一の展覧会を開きたることあり。惜しいかな、その時の出品目録等は、今尋ぬるに由なし」とある。展覧会は、長英滞在後四七年のちに開かれたのだから、このあたりにいたころの長英の姿を見たことのある人もいただろうし、そういう人びとがゆかりの品々を見にあつまってうわさばなしを交換したであろう。

長英滞在の言いつたえをもつ家としては、上州には、渋川の木暮足翁、伊勢町の柳田鼎蔵、根岸権六、横尾の高橋景作、中之条の望月俊斎、田村八十七、町田明七、尻高の都筑伊藤太、文珠院、大笹の栃原重次郎、野田の原沢復軒、原町の矢島俊同、三島の高橋元貞、赤岩の湯本俊斎、沢渡の福田宗禎の家々があげられる。

長英研究家の関怒濤によると、吾妻渓谷のこの小さい地域に長英ゆかりの石碑が四つあるそうである。木の記念碑をあわせると、記念碑は六つになるという。（関怒濤編『吾妻郡碑文集』一九六七

年刊）

江戸末期にはうわさばなし、明治初期には遺品展、その後は石碑、さらに戦後になると、長英を記念した小冊子がこの吾妻渓谷から何冊も出ている。萩原進『上州路の旅と伝説』（一九四九年刊）、関怒濤編著『高野長英と観光吾妻』（両毛新聞社、一九五八年刊）、特集「高野長英と上州」（月刊郷土文化誌『鼎』一九七四年七月号）、それに、吾妻高校社会研究部『わが郷土』の「高野長英来郡考」の特集（一九五九年刊）もくわえらるべきであろう。

おおっぴらに言ってはならないとして幕末の二〇年余りをそれぞれの家の中、蘭学ずきのサークルでおさえてきた衝動が、明治以後の一〇〇年間に時間をかけてあらわれてきたものと見るべきであろう。その伝承は歴史学の実証の基準にかなうものとは言えないけれども、その語りつぎの根もとには、江戸末期のこの土地の人びとの、むくいを求めることのない共同の努力があった。

直江津の大肝煎・福永七兵衛にかくまわれる

上州尻高の文珠院からはなれて、山をこえて沼田に入り、そこから長英は直江津にむかったという。上越市の郷土史家渡辺慶一の『一茶と長英と諭吉』（一九五四年刊）および「高野長英・直江津へ隠れて百三十年」（『新潟日報』一九七三年一二月一九日、二〇日）によると、長英は、越後蒲原郡上甲島村七郎右衛門の弟清吉とともに直江津町の和算家小林百哺をたずねた。百哺は長英の門人ではないけれども、長英の門人内田弥太郎が和算家でもあるので、脱獄後の数日間の内田との相談で、たよりになる人として小林百哺の名をきいていたらしい。

小林百哺は、自分の私塾のむかいの福永七兵衛にたのんで長英をかくまってもらった。七兵衛は、直江津の大肝煎（おおきもいり）であり、廻船問屋と酒造業とをいとなんでいた。滞在すること二ヵ月に近く、七兵衛のもち船にのって直江津から新潟にむかったという。当時、小林百哺は高田藩に召しだされて市振から鉢崎までの海岸に二二ヵ所の砲台をきずくことを命ぜられ、その設計をしていたが、この仕事に長英は助言するところがあったそうである。

実母に会って後、仙台・福島へ

弘化二年（一八四五）一〇月に長英は老母に会ったと言われる。しかし、このことを美也ははっきりと人に語ることはせず、長英の帰ってきた夢を見たとだけ言っていたそうである。どこで会ったかもはっきりしない。おそらくは、当時、脱獄直前の手紙を送った前沢の茂木恭一郎の家ではなかったか。たとえ一夜であるとはいえ、町内のおおかたが顔見知りであるような水沢にたち寄ったとは思われない。

生きて実母に会うという、脱獄後の一つの目的を果して、長英は反転して仙台に行く。ここで名取郡玉浦村字早股に隠居している旧知の仙台藩士斎藤徳蔵をたずね、昼食のふるまいをうけた。徳蔵は、着物ひとそろえと金一両を長英におくったという。徳蔵の孫にあたる斎藤永儀は明治三〇年代に仙台市大町で運送業をいとなんでいたと高野長運の『長英伝』にあるから、長運は、この人から上記の逸話をきいたのだろう。

仙台から福島にむかう。ここに「あぶとう」と呼ばれる油屋藤兵衛の薬屋があり、鈴木藤兵衛から四代目にあたる芳太郎が今も福島市本町一丁目四六番地に「油屋薬房」をひらいている。ただし、もとの店のあったところから少し移ったということで、家も幕末のおもかげをとどめない。

一九七四年一一月五日、油屋薬房をたずねて鈴木芳太郎夫人からうかがったところでは、高野長英におそわったという薬数種があり、今でも時々注文があるそうである。神授散（胃薬）、甘硝石精（風邪薬）、しまりん（性病薬）、鎮驚丹（ちんけいたん）（頭痛薬、万病薬）。なかでも「鎮驚丹」は、「和蘭大医故正四位高野長英先生遺法」とすりこんだ印をおして売っている。

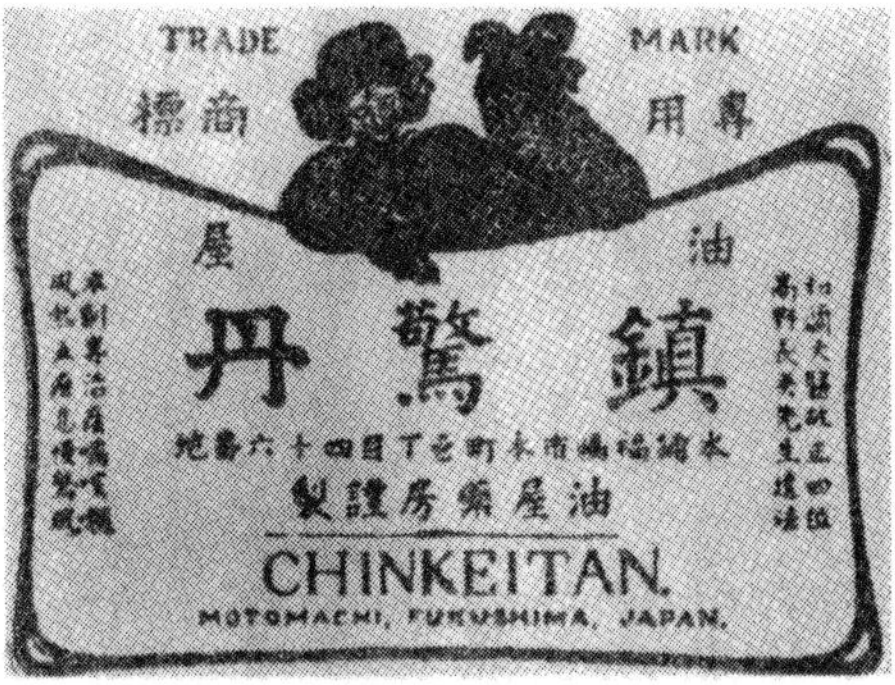

“鎮驚丹”のふくろに押してあるスタンプ。

米沢の侍医・堀内忠寛宅の土蔵にかくまわれる

長英は福島から米沢にむかい、米沢侯侍医堀内忠寛（素堂、花仙、花遷、香雨。一八〇一～五四）を訪ねた。

忠寛の孫、堀内亮一の書いた『堀内素堂』（杏林舎、一九三二年刊）は、長英の世話にあたった忠寛のすぐの妹運（うん）（のちに御側医筆頭有壁道穏に嫁す）のつたえたことを、その曾孫有壁一雄からきいたものとして記している。忠寛には弟一人、妹三人があり、早く父を失った弟妹に長男としてよくつくした。一八歳の時に彼が妹たちに書きあたえた『思のまま』という長文の一冊は、父親がわりになって母への孝養その他の心得を説いたもので、妹たちへの配慮がよくわかる。だからこそ、妹たちは兄の言うことを、自分の生涯を左右することであっても、よくきいたのであろう。

弘化二年冬の或る日、一人の男が、忠寛の門を訪れた。書生の取次ぎで忠寛が会つて見ると、それが長英であつた。併し書生等の手前一旦素気なく断つたので、長英は悄然として立去つた。それから忠寛は家人に気付かれぬ様、裏より出でて之を追ひ、自ら引いて自宅裏で土蔵に導き入れた。そして密かに妹運女を招き、何事によらず兄の申す事承引するや否やを尋ねた所、運女は何事にまれ違背すまじき旨を答へたので、改めて兄一生の頼みとて、長英が食事、身の廻り等の世話を何人にも知らす事なく為す様、申し付けたのであつた。当時家には門下生等人の出入繁く、同じ家に起居する書生もかなり多く、賄も家族書生皆一様であつたと云ふから、運女の苦心は一通りではなかつた。長英亦之を察して、毎日流涕して之を謝したといふ。

長英がこの家をはなれてから、忠寛は彼の書いたものすべてを焼きすてたので、堀内家には長英の手紙も著作も何一つ残っていないという。忠寛がこのように慎重にしたのは、彼が父死亡の文化八年（一八一一）わずか一〇歳で家をついで五人扶持一〇〇石をあたえられ、それ以来一家をせおう責任をになって来たからであろう。

忠寛は、江戸に遊学して杉田玄郷、青地林宗などの蘭学者、古賀穀堂などの漢学者に師事したのち、文政五年（一八二二）二一歳の若さで藩侯の侍医に任命された。すでに隠居した上杉鷹山はわざわざ忠寛を呼んで、若くして抜擢されたが慢心しないようにと注意したという（堀内淳一「米沢藩々医、堀内家とその周辺」『日本医学雑誌』一九七二年三月号）。

こうした藩侯からの特別の計らいと一家への責任は、長英をかくまう際に細心の注意をはらわせた。この故に、すぐの妹運の他には長英の世話をさせなかった。にもかかわらず、日ならずしてこのことは藩にもれ、忠寛は罰をうけ、始末書をとられた。堀内家としては、長英の名は一家の危険とむすびついて記憶された。

忠寛の妻貞（てい）は、明治二三年一二月三一日、八三歳になるまで生きていたが、その晩年、仙台の医師伊藤容斎というものがたずねてきて、貞に長英のことをくわしくたずねた。すると彼女は、「長英をかくまった往年の罪を調（しら）ぶる役人」と思いこんで、せっかく近衛師団附一等軍医となった次男亮之輔もこれで免職になると考えて心配で食事ものどにとおらなくなった。貞の孫亮一は東大医学部の学生だったが、このことをきいて誤解をとき、祖母をなぐさめたという（堀内亮一『堀内素堂』）。

亮一は祖母から「蘭学同社中で高野長英ほど偉く学問のあった善良な人はなかったが、友人のために世をはばかる罪人となり、おしいことに終をよくしなかった。之全く悪友のためであるから、おまえも将来友達をえらぶことに注意しなさい」ときかされて育ってきたという。この長英観が忠寛や運と同じとは思われないが、家人それぞれがこの事件についてちがううけとりかたをしたのであろう。

この家に長英のあたえた恐怖が、五〇年の長きにわたってつづいていたことがわかる。このことからかえって、忠寛が長英をかくまったことがどれほどの勇気を必要としたかをうかがうに足る。

堀内忠寛は、父忠明が上杉鷹山公の指示で杉田玄白についてまなんで以来、父の代からの蘭学者とのつきあいをひきついだ。フーフェランドの原著をオランダ語訳から日本語にうつした『幼々精義』全七巻（一八四三年刊）の訳業があり、これは日本で最初の西洋小児科医書として医学史上にのこっている。他に『保嬰輯要』『幼々瑣言』『幼々一言』など小児科にかかわる著作が多く、『骨譜』というしゃれた題の著述もある。漢詩、俳句をつくる風流人としての一面をもっていた。嘉永七年（一八五四）三月一八日、五三歳でなくなった。

一九七四年五月三一日、東京医科歯科大学の研究室に忠寛から五代目にあたる堀内淳一教授をたずねた時、前に記した資料を見せていただいたあとで、米沢の堀内忠寛の家はもうなくなって、今は文房具屋になっているときいた。長英をかくまった場所がそのままのこっているのは、米沢から三里ほどのところにある屋代郷（やしろごう）の高橋家膳の家で、そこをたずねてみたらよかろうということだった。

堀内忠寛は、自宅の土蔵にしばらく長英をかくまったのち、さらに人目につかぬ場所として、門人高橋家膳が、上杉藩とはちがってかえって幕府からのとがめをうけにくい天領に住んでいるのをさいわい、この人に長英を託した。

上は，高橋家膳旧宅。はなれの病院で，右手前が門。下（右）は，壁紙の下張りにつかわれているオランダ語の辞典。

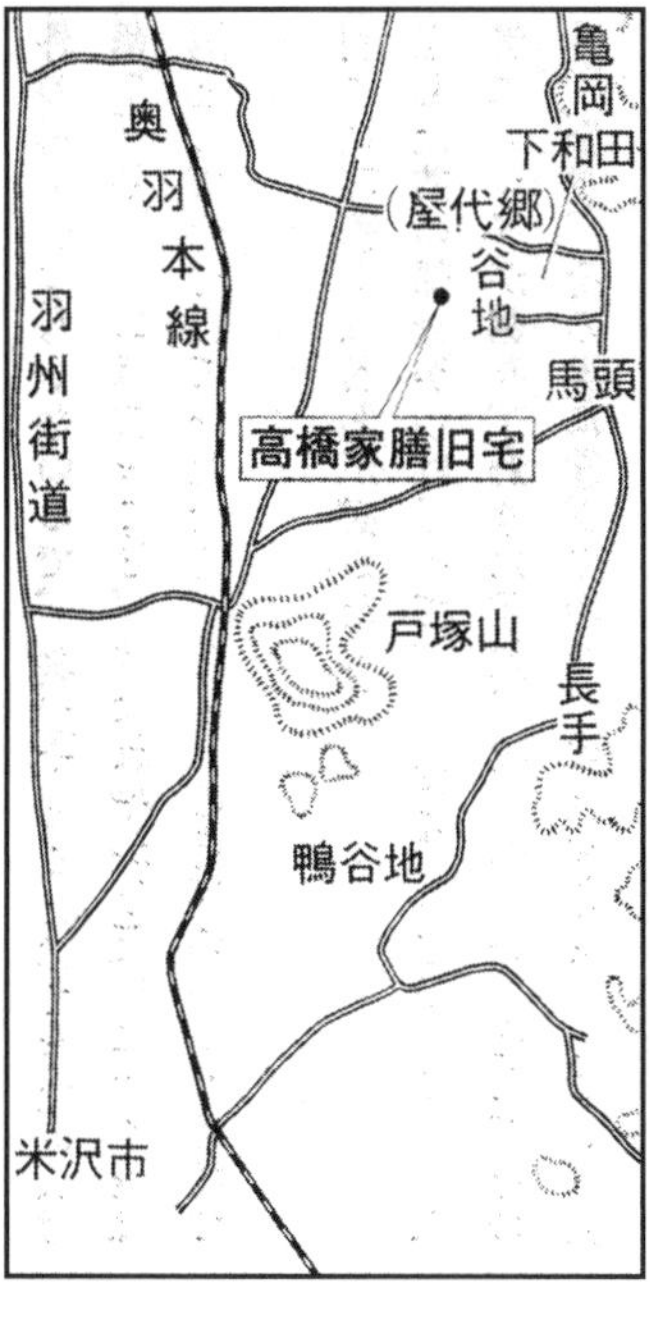

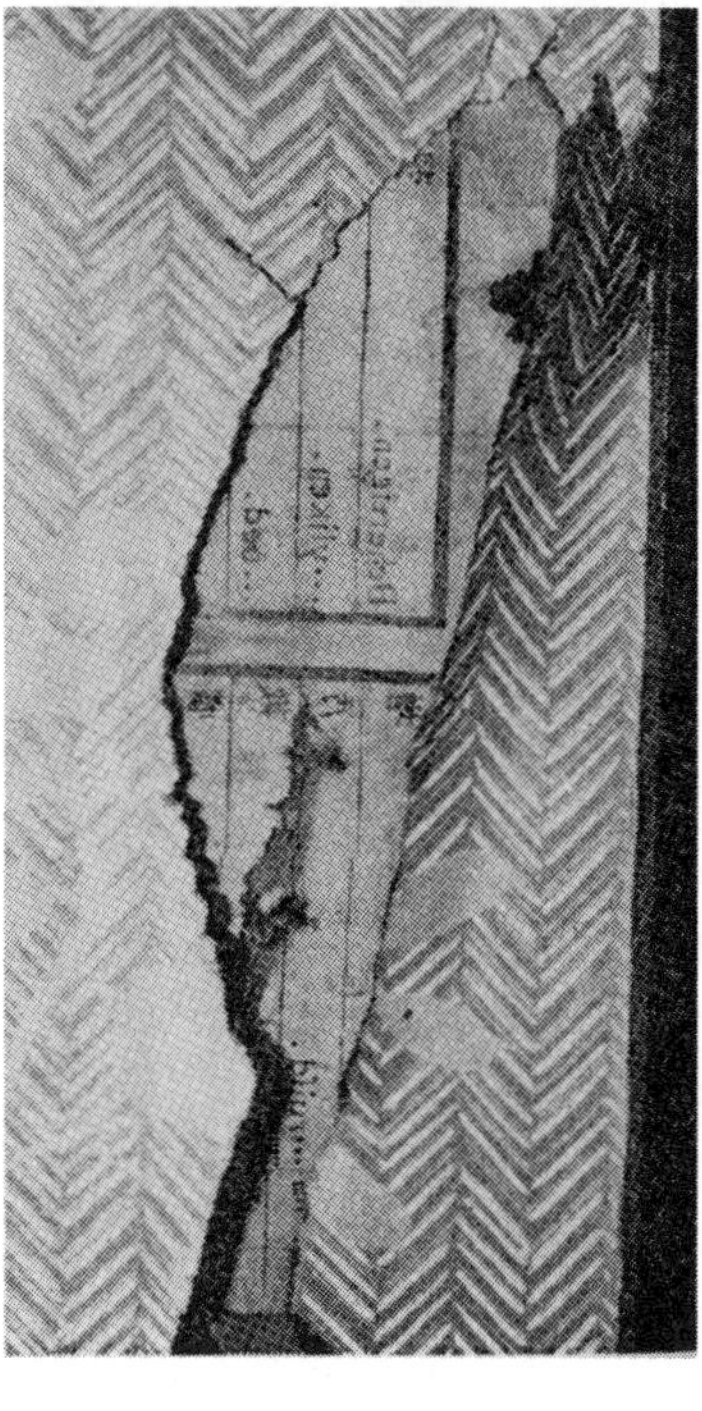

忠寛の門人・高橋家膳宅にかくまわれる

高橋家膳の旧宅は、近所の家々から遠くはなれていて、今も畠なかの一軒家である。この家の二階から見張っていれば、捕方が近づいてくるのが、かなり遠いうちにわかるし、裏口から逃げる支度をすることもできる。

昔は大きい門のあったらしいところを入ると、すぐ左手に、これまた巨大なわらぶき屋根の土蔵がある。そこは米蔵として使っていたものらしい。しかし、長英は、ここにかくれることも考えただろう。土蔵の入口には深いひさしがついており、それは雪をよけるためのものらしい。この辺は冬には雪が五尺くらいつもるそうだ。

高橋家膳の子孫は東京に移っていて、ここに残る家には人の気配がない。一九七四年一一月七日に訪れてみると、この家の管理をまかされているのは、近くの和田部落に住む鈴木留之助であった。七四歳。

「おれのおやじがここに来て、この家の馬の世話をしたもんだ。ここをたずねる人は、いつも馬にのってやって来た」

この人のなつかしげに昔を語る口調をきいていると、この家が高橋家膳の時代に接続しているように感じられた。

門は昔は錠のかかる大きい門で、土蔵のむかい側、門を入ってすぐ右に本宅があったという。今はないその本宅のうしろに、はなれやがあり、それが今のこっているこの家だ。はなれやの便所に近いところに、馬二頭いれる馬小屋があった。

堀内亮一によれば、馬小屋二つのうちの一つに畳をしいて長英を隠したということで、それはあるいは、この部分をいうのかもしれない。野外の馬小屋はもうないので、判定することはできない(堀内亮一「高野長英先生と堀内忠寛」『日本医事新報』一九三四年二月一〇日号)。はなれやから便所に行く道は廊下になっており、これは、はなれやが病院として使われていたため、とまりの患者のかよう便所でもあった。

はなれやは、病院でもあるから、本宅と別に炊事場と風呂とが必要だった。

はなれやの中に入ると、一階には、門に面した前の部分からはじめて、①床の間つきの八畳、②八畳、このわきに階段がある。③六畳、この奥にカマドがあり、わきに④炊事場、⑤風呂、そしてその奥に、⑥六畳ほどの土間、⑦四畳半部屋、⑧四畳半、その奥に⑨雪の時などの馬おき場、そこから廊下をへて⑩便所、という構造である。

「その人(長英)が来てから、ここを病室に使うのをやめて、その人ひとりがここにいた。つねの部屋はここ(二階のまん中の部屋をさして)で、人が来るとむこう(二階裏の壁にぬりこめられた窓なしのまっくらな部屋)にかくれて、じっとしていた」

長英のことを、長英とも高野長英とも呼ばずに、「その人」というのが印象的だった。いかにも、自分たちがかくしている人で、その人へのあからさまな言及を今もさけているという感じがある。

一階から二階にのぼるのは、やや急な階段で、箱階段になっている。それは一階の側からは引き出しとして使われているもので、ここは病院であるから、この階段が薬入れであり、病院の薬局というわけだった。

階段をのぼると、しめきった家のむっとする空気で、座敷と廊下に大きなムク鳥が六羽ほど死んでいた。家の内部に巣をつくっていたのが、何かにおどろいて外に出ようとしてガラス戸にぶつかって死んだものらしい。

このガラス戸だけは、長英の時代にはなかったものだが、それをわりびきすると、見に来る人のほとんどない、しめきったままの二階の部屋は、いかにも長英が昨日たち去ったばかりという感じをのこしていた。

二階は門に面した部分から、門にむかって右側に廊下がめぐらされており、ここに立って見ると、遠くの畠のむこうに馬にのってこちらに向う人びとが何者であるかをおおむね判定できる。長英がここにいたのは冬だから、雪の中を来る馬上の人の姿を見わけることはたやすくできただろう。

前から順に①六畳、②六畳、③ぬりこめられたかくれ部屋の六畳、の三つの部分から成っている。まん中の六畳が、鈴木留之助の説明によれば、長英のつねの部屋で、そこには床の間が二つしつらえてある。左のほうの床の間の壁ははげていて、その下張りが見える。やぶれている所に顔をよせて見ると、それはオランダ語辞典の数葉だった。幕末当時の蘭学学習のなごりであろう。高橋家膳の子孫が不要になった昔の本を明治以後に下張りに使ったものか。

二階の天井裏に、渋紙につつんで四〇冊ほどの本がぶらさげてあるのが近頃になって見つかったそうで、その中に、長英自筆とされるオランダ語文法書があったという。

このはなれやの外に出て、もう一度、門のあとのところまで来ると、門のわきの一角に、たてながの自然石の碑があり、高橋家膳の記念碑で台座に二四人の門下生の名がきざまれている。門のわきに林檎の木があるけれども、老人によればそれは昔からあるものではないそうで、昔からあるものは、椿の木と梨の木であり、梨は天保梨と言って、「これくらいのもの」と指で小さい輪をつくってみせた。

老人はかつて本宅のあった跡をさして、

「そっちの家は立派だったよう。このへんでは見ないほどだった」

と感慨深げに言った。

米沢をはなれた長英は、福島県石川郡川東村の江藤長俊という友人の家によったが、長俊は留守だったのでそのまま江戸にむかった。長俊はあとを追ったが、行方がわからずのちに人づてに書面を長英に送った。長英からは、その返事として、「後を追ふ君のありとは白河のあしの限りにいそぐ夕ぐれ」という歌がとどいたという話がのこっているそうである（高野長運『高野長英伝』）。

長英、江戸に戻る

弘化三年（一八四六）晩春のころに、長英は江戸にもどってきた。高野長運によれば、麻布藪下に裏店をかりて、そこに妻子とともに住んだという。長女のもとはすでに七歳であり、やがて長男融がうまれる。

長英にとって、獄外にあって生きるということが、脱獄の目的であっただろうということは前に書いたが、彼が生きるということの重要な部分として、危険をおかして老母に会いにゆくということをともかくも果たし、今は妻子とともに暮らすということをかろうじてなし得たのである。

もともと長英には家産があるわけではなく、入獄前にしても渡辺崋山をとおして田原藩から翻訳援助のわずかの扶持を得ていたにすぎず、入獄後には牢名主として得たかせぎの一部をさいて、故郷の老母に送るとともに麻布の妻子にも送っていただろうが、その収入の道も脱獄後には絶えた。江戸で妻子とともに人目をさけて暮らすようになってからも、親身に世話してくれる内田弥太郎のような門人に生活上の負担をかけつづけるわけには行かない。

そこで長英のできることとしては、わずかに翻訳があった。その翻訳にしても、かつての『医原枢要』のような原理的学術書をえらんで紹介するというのでは、急場の衣食の役にたつものではない。米国船、英国船、仏国船、デンマーク船の来航がさかんで、幕府ならびに諸藩に国防の必要がひろく感じられている時勢に応じて、この時から、長英の翻訳は主として兵学に限られるようになった。のちに長英の訳した『三兵答古知幾（タクチク）』などは写本一部が五〇両の高値を呼ぶに至ったもので、当時におけるその需要がどれほどのものであったかがわかる。

江戸にもどってきた当座は、長英はまだ兵学の翻訳に専心するつもりはなく、足柄上郡にかくれて内田弥太郎から頼まれた天文学についての翻訳を仕上げた。『遜謨児(ソンムル)四星編』『星学略記』である。その中の『四星編』の翻訳を完成して内田に送るにさいして次のような手紙をそえた。

> 愛情は勇士も覆没(ふくぼつ)の難を受くるの暗礁なり。嗚呼々々(ああ)可想可思(おもうべしおもうべし)。愛に因(よ)って大義を失し、病に沈んで心事違(たが)ひ、百端の庶務一時に萌出し、多冗紛乱(たじょうふんらん)、訳業に暇(いとま)なく、匆々唯諾(そうそういだく)を違(たが)へず、言を食(は)まざるの証(あかし)までに拙訳致(いたし)候。御憐察可被下候(ごれんさつくださるべく)。

天文学の翻訳にこのような情緒を記すとは、これが、妻子を世話してくれた門人内田弥太郎の依頼にこたえる訳業であったことを思いあわせる時、はじめて理解できよう。長英は今日残っている獄中の著作においても老母にたいする哀惜の念のみを語って、妻子については書かなかったが、彼の中にはつねに妻子への配慮があり、この天文学の訳業を仕上げるにあたって、表にあらわれたのである。

『知彼一助』における対欧米国防策

弘化四年(一八四七)の晩春、長英はふたたび江戸にもどり、妻子とともに暮らしたり、内田弥太郎の家にかくれていたりして、『知彼一助(かれをしるのいちじょ)』という国防上の論文を書いた。

この論文は、阿片戦争以後のさまざまの危険にそなえて、日本を守るために西洋の防衛法について知っておけば助けになるという趣旨で書かれた。もし西洋の兵が琉球を占領するとすれば、ここからわざわいがおこるであろう。琉球の人びとが西洋の風にまだなじまない今日、ここに西洋の兵力が及ばないように考えるべきだ、としている。

書かれているのは主にイギリス、フランス二国の地理、経済、兵制であり、きわめて具体的で要領を得た情報をあたえる。今日から見て、長英独自の見識を示していると思われるのは、そのアメリカ論であって、ヨーロッパ人が外地を占領してうばいとるようになったのは、クリストファ・コロムブスのアメリカ発見にはじまるとし、アメリカは当時は日本にとっての北海道のようなところであり、そこに住む人びとは弓矢をもつだけであったので、それを鉄砲でおどし、わずかのめぐみをあたえてあざむき、服従をしいた。それまで西洋人は独立自治の道を歩いてきたのに、この時以来、国外との通商をとおしてたやすく利益を求めようとする気風が生じたとなげいている西洋人がある、と紹介している。

とくにその頽廃はスペインにおいていちじるしく、たやすく海外に利益を得ようとする気風はついにスペインをおとろえさせて弱小の国にしたとある。ただしオランダ、イギリスは、勤勉の気風を失うことなく、通商によって国を富まして来たとし、海外貿易の仕方にさまざまの流儀があることを述べる。

これらの情報を整理して述べた上で、どのような政策を為政者がとるべきだという点については述べることをしない。これは、『夢物語』ですでにこりたのであろう。政策をたてるのは当路の人がなすべきで、筆者自身としては、そういう政策をたてるさいに参考となるような情報をあたえるだけだという含みである。

この小冊子には、「弘化竜集丁未四月下旬　環海識す」と署名してある。西暦一八四七年五月下旬、長英がまだ宇和島にむかって出発する前に書いたものだということがわかる。「環海」とは、そのころ彼が名のっていた号である。

この論文で重要なことは、彼が欧米諸国の外地侵略をきわめて現実的に見ていることである。彼らの流儀をよく知るならば、彼らに効果的に対抗し、彼らに対して、日本を守ることができると、長英は考えていた。

長英、宇和島藩領に入る

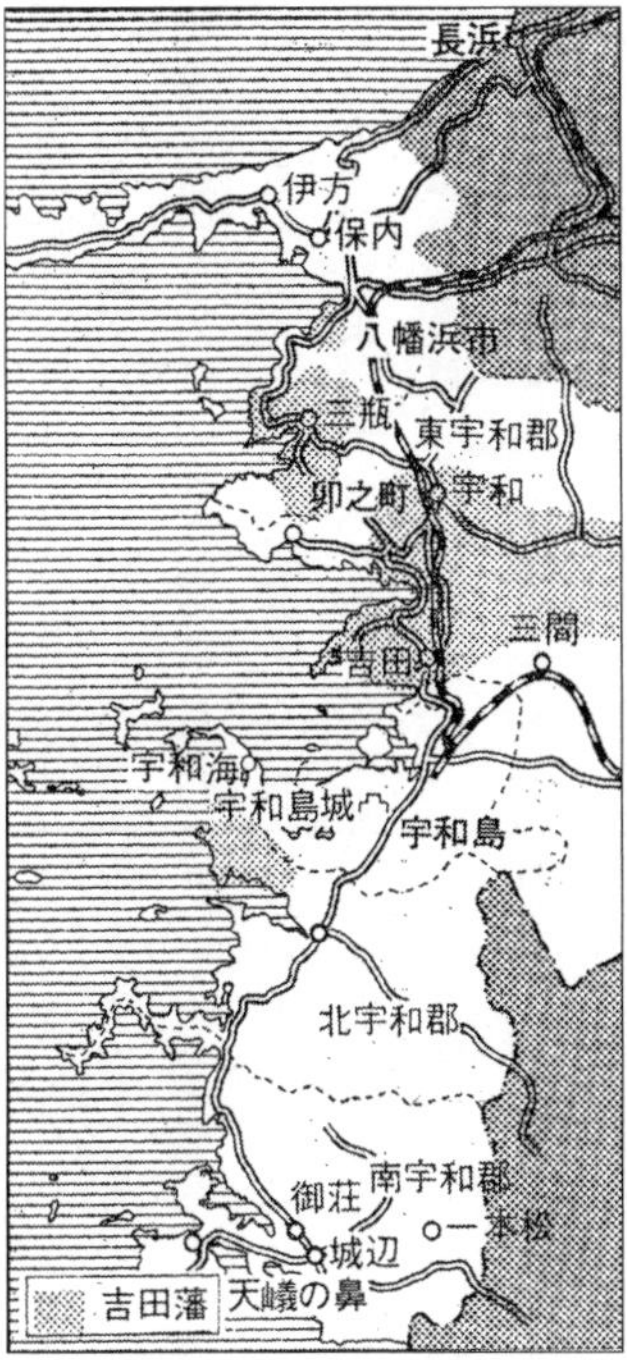

嘉永一年（一八四八）、長英は、四国の宇和島藩領に入った。伊達家家記編集所の村松恒一郎が「高野長英宇和島潜伏中の事実」（一九一二年一二月一八日、温知会での講演速記録）で伊達家の記録をもとにして述べたところによると、宇和島藩主伊達宗城（一八一八〜九二）は、早くから外国事情に関心をもち、『夢物語』の著者に会おうとし、伊達家に出入する医者伊東玄朴のなかだ

ちで三宅土佐守の邸で長英に二度ほど会った。

その後、長英の入獄、脱獄があって彼の行方がしばらくわからなくなっていたところ、家臣松根図書が幕府与力内田弥太郎宅で長英に会い、そのことを主君につたえた。宗城は、長英を宇和島におくることを考えて、工夫をこらし、自分が国許に帰ってから、信頼のできる家臣とうちあわせをした上で、嘉永一年（一八四八）三月、宇和島を出発して江戸にむかった。

いっぽう長英は、おなじ年の二月三〇日に藩医富沢礼中、護衛の足軽二人とともに江戸を出発して宇和島にむかった。両者は宇和島藩の大坂屋敷で会ったものと推定される。というのは、藩の記録に、「三月二十一日大坂屋敷にて富沢礼中に蘭書を賜ふ」とあり、さらにまた「富沢に羽織を賜ふ」とあるからで、おたずねものの長英をつれての道中を藩公みずからねぎらったものと解される。

嘉永一年四月二日、長英は宇和島につき、はじめは町会所にいて、のちに家老の桜田数馬の別荘に移り住んだ。あくまでも、蘭学者伊東玄朴の門人伊東瑞渓ということにして、この変名の下で四人分の扶持をあたえられ、別に、「時々申し出し候節」に翻訳料をわたすというとりきめになった。

藩命によって谷依中、土居直三郎、大野昌三郎の三名が長英についてまなぶことになった。この三人の他に、自発的にならいたいと申し出たもので、二宮敬作の子、二宮逸二がくわわった。谷依中はあまり勉強しないので、のちに藩からしかられているが、他の三名はまじめに習ったらしい。なかでも逸二は、自分から言いだしただけあって、「逸二鋭敏ニシテ進歩著シク我等ノ及ブ処ニアラザリシ」と土居直三郎は書きのこしている。

蘭書の授業と砲台作成計画

長英宅での授業は、はじめにオランダ語文法、次に『三兵タクチーキ』のオランダ語原文一字一字について講じてもらい、これをおぼえこんで、それぞれが帰宅して、宿題としてこれを日本文に訳して、翌朝持参して長英になおしてもらうこととした。はじめは朝早くから正午まで毎日通学することにした。あとになると授業時間が延長され、往々にして夕方まで稽古をした。長英は英語はできなかったが、そのころ伊達宗城が幕府からかりてきていた英語字書が藩の文庫にあったので、これを使ってオランダ語の本にひかれている英語をも読みくだしていた。

長英はオランダの兵学者スチルチイスの著書を訳して『砲家必読』一一冊をあらわした。これは人目をはばかって、「谷簡、土与、野輔」の三人の著としてあるが、谷、土居、大野三者はただ清書しただけで、まったく長英の執筆にかかるものと、土居は証言している。清書も三人にて手わけし、できあがるとすぐ藩公にさしだしたものだから、土居たちはその一部さえもっていなかった。後年になって大野昌三郎が、東京の本屋でその古写本を見たそうだと土居は書いている。宇和島藩では大いにこの本を使ったらしく、全一一冊中の一冊しか今日では残っていない。

作家貴司山治は、昭和のはじめに小説の材料をさがすうちに、神田の古本市で一山三円の雑書の間から、『砲家必読』一一冊の完全なひとそろいを買って、この本を四〇年間も座右においていたという（貴司山治「高野長英の烏有本」『毎日新聞』一九六八年六月一一日）。

長英は、宇和島から南に一一里ほどはなれた、土佐に近い深浦湾に、砲台をつくる計画をして、嘉永一年(一八四八)一一月二二日から一二月一日にかけて一〇日程の調査旅行を試み、測量に従事した。御庄村のテンギ(天岐とも天儀とも書く)というところである。この砲台は嘉永三年四、五月ごろに完成した(菅菊太郎「御庄久良台場と高野長英」『伊予国南宇和郷土史雑稿』一九三八年刊)。

御庄砲台の下見旅行にさいして長英に同行したのは、砲術家板倉志摩之助、松田源五左衛門であり、他に長英門人土居直三郎もいた。この中の松田源五左衛門が、宇都宮九太夫とともに奉行となって安政二年(一八五五)三月から一二月にかけて宇和島湾に樺崎砲台をつくった。この時には村田蔵六(大村益次郎)がまねかれてここに来ており、長英の『砲家必読』を大いに活用して、この砲台をきずいた。長英の書物はいつも空論ではなく、それを読んで実地におこなえば、現実に何事かが成就するという、いわば地図の如き性格をもつ論文であった。そのためにかえって珍蔵されることなく、つねに流用され藩の文庫からも失われたのだろう。

樺崎砲台には大砲が五門すえつけられたというが、これらは実戦に使われる機会はなく、ただ一度活用されたのは、慶応二年(一八六六)、宇和島をイギリスの軍艦がおとずれた時であり、この砲台が礼砲をうったということが、アーネスト・サトウの『一外交官の見た明治維新』に見える。

学識の反映された司書の仕事

もう一つ、長英が宇和島でしたのは、司書としての仕事である。伊達宗城は長崎からかなりの数のオランダ語の本を買ってもっていた。それらを自由に読みこなす人は、まだ宇和島の蘭学社中からは出ていなかったようである。長英は、蘭書の文庫に目をとおして、どの本に何が書いてあるかの摘要をつくり、どれだけの本が藩の見地から言って翻訳を必要とするかの見つもりをつくることを頼まれた。

『高野長英全集』には、長英が伊達宗城あてに出した「訳業必要之書籍目録」全一冊というのが入っている。これは、長英が必要と考えた書物の表であって、オランダ語、ドイツ語、フランス語、英語の辞書ならびに文法解読書からはじめて、代表的と思われる陸軍兵書、騎兵教練法、築城術、水戦兵書などの名をあげてある。辞書類一四部、兵書類は四部にわかれ、この時の長英に課せられた仕事が兵書の翻訳にかぎられていたことを示している。辞書類は、ヨーロッパの兵書の翻訳に欠かせないので、必要とされたのである。長英自身の関心が、これほどに兵書だけにこの時期に限られていたとは信じがたい。

すでに買ってある本の分類をまかせられる彼の百科全書的な関心は自在に動きはじめた。

宇和島の伊達記念館所蔵の高野長英関係資料として見せていただいたもののうちに、三つの書物目録があった。その中でとくに「蘭書目録」(次ページの写真)とある巻紙には、原書名を記した上に摘要を記した付箋がはりつけてあり、「一　チュッケイス著述　千八百十九年　アールドレイクス

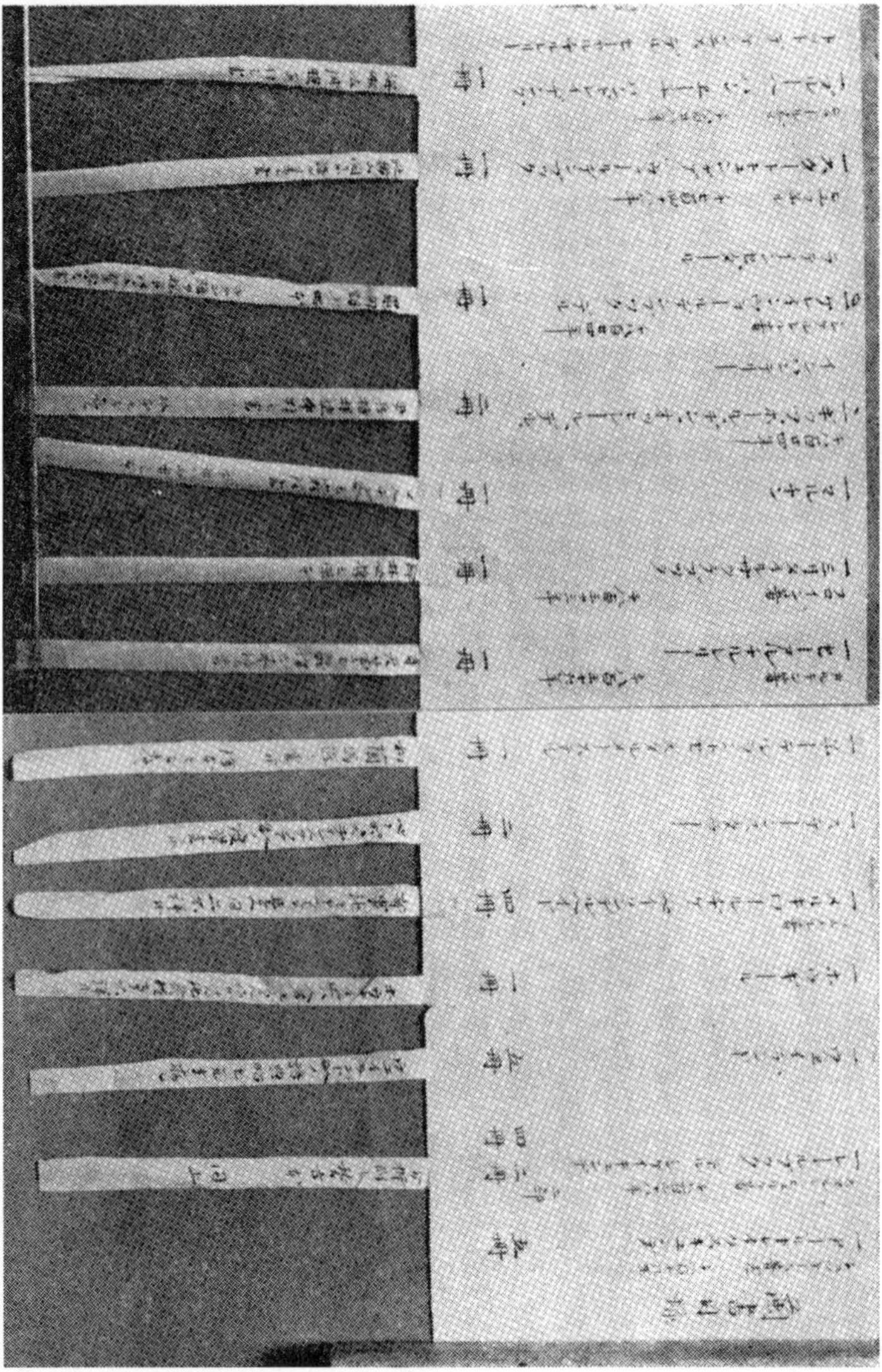

キュンデ　五冊」からはじまり、「プロヒシヨナール　レグレメント　三冊」で終る原書題目をかかげて、その下に紙片を貼りつけて、「和蘭と暎咭唎(イギリス)之語典　イギリス書ヲ読む緊要之書」、「黄銅筒鋳造法之書」、「ボイス氏ノ語典翻訳ニ極緊要之書」、「諸国兵制兵数之書　即チ兵制全書之原本」などと書いてある。これらはおそらく長英の筆であろう。

蔵書は、兵書が大多数をしめるとはいえ、その種類は、天文学、数学、言語学、化学、歴史の諸分野にわたり、これほど多数のオランダ語の書物を前にしてその性格を即座に見きわめ、宇和島藩の目的にとっての必要性をきめるには、相当の学識が前提とされたであろう。

長英の西洋哲学史記述

すでに長英は、入獄直前の年にあたる天保九年（一八三八）に、『聞見漫録　第一』と題する文集をあらわしており、そのはじめに、わずか一一葉のうちに西洋哲学史を集約している。日本人の書いた西洋哲学史としておそらくは最初のものではないだろうか。

この論文は、長英が、ヨーロッパの学問の諸学科を底のほうで結びつけている考え方に注目し、それを理解したことを示すもので、こうした理解がある故に、数百冊の蘭書を前にして、即座に鑑別する仕事をなし得たのであろう。

哲学者は、長英の言葉でいえば、学師である。小関三英をいたむ文章の中で、彼は「学匠」という言葉を使っているが、彼自身はみずからを擬して「学匠」あるいは「学師」としていたのではないだろうか。

西洋ニ学師ノ創リシハ、又甚ダ尚シ。其嚆矢ヲタレス及ビ「ヒタゴラス」トス。

このように書きはじめてから、タレスの門下に星学家アナクサゴラスがあらわれ、「汝ヂ故国ノ事ヲ以テ念トセザルハ、何ゾヤ」と非難されると、天を指さして「我故国ノ事ヲ以テ廃棄スレドモ、之ヲ以テ過チトセズ」と答えたことをのべる。このはじまりは、長英がヨーロッパの哲学精神が民族文化をこえるところから出発したことを、これは長英自身の立場とちがうにもかかわらず、理解していたことを示している。

ピタゴラスはエジプト人より数学をうけ、それによって世界万物の間の数量上の比例の存在を説いた比較符合の説を設け、万物全備完成の理を解き、地をもって一大人体となし精神不滅・彼此転移（按ズルニ、仏家ノ三世ノ説ヲ以テ、人ヲ教導スルノ義ト同ジ）の論をたてた。これは簡潔ではあるがピタゴラスがその後の二〇〇〇年余の西洋思想史にあたえた持続的な影響をよくとらえている。

ピタゴラスの系統からソコラーテス、その門からプラト、その門からアリストテレスが出て、さらにエヒキュルス、セノの二大家があらわれ、アリストテレスの説が流行するに至った。一四七三年にいたってニコラース・コーペルニキュスがあらわれて、地動の真理を発明し、一五六四年にガリラウス・デ・ガリレヲがうまれて新たに実測にもとづいてコーペルニキュスの道をひろめた。彼は、旧説を尊信主張する教師たちにとらわれて五、六年の間、獄中にあり（この点は、次の年からはじまる長英受難とおなじであり、獄中で長英は自分をひそかにガリレオに擬していたであろう）。「然レドモ、実理ノ在ル所、却ルコトヲ得ズ。却テ是ニ因テ、其説ノ公ケニ世ニ行ハル、泛觴（はじまり）トナレリ」

その後一七〇〇年代に入って、フランスにガッセンジ、またレネ・テル・カルテスがあらわれ、コーペルニキュスの説をとうとび、その説を補益した。「其論、真偽相半スト雖モ、世人千古ノ学風ヲ棄テ、、実学ノ真理ニ入ルハ、此人ノ力ナリ」。こうしてプラトンやアリストテレスなどの「陰陽四行ノ旧説」はおとろえて新たな実証的方法をもって世界の法則をさぐる学風がおこった。

この学風をおこすにさらに力のあったのはハッコ（フランシス・ベーコン）であり、その流れにネウトン、レイブニッツ、ロッケの三大家があらわれた。ネウトンは、天学に通じ、諸星の運動は引力・吸心力にかかわるものなりとし、その根拠は数学にもとづき義理明亮で一も疑をいれるところなし。レイブニッツは、テヲシカ（弁神論）をあらわし、万有の原素、不変の理義を論じた。彼は数学に長じ、「千古の難数を簡法ニテ解スルノ法（微分法）」をたてた。ロッケは、理義と経験とにもとづき、人智の極度を定めた。「今ノ学ハ、此三人ノ立ツル所ナリ」

さらに長英はその後の哲学の展開を一八世紀前半までたどったあと、西洋の学問の分類法を論じて、①レイデンキュンデ（知理義学）、②セーデンキュンデ（法教）、③ナチウルキュンデ（格物窮理学）、④ホーヘンナチウルキュンデ（「耳目口鼻耳ニ感ゼザル諸物性質ヲ知ルノ学」で、存在論もここに入るという）、⑤ウェーセンキュンデ（「諸物ノ形状、度分、距離ヲ測ルノ学」であり、数学である）の五科目にわけた。

他のさまざまの学問はすべて、以上の五科目に入るという。ただし、もう一つ別にたてるとすれば、歴史学であり、「ヒーストリア学ハ事物ノ外表ヲ記スノ学ナリ。其内面ノ事ヲ併セ記ストキハ、其原自ラ明ニナルナリ。之ヲ記スヲゲシキイテニスト云フ。按ズルニ、是モ亦一学ナリ。蓋シ歴史ノ学ナリ」と書いた。

こうして長英は、わずか一一葉の半紙の上にこの論文を書いて、「是レ西洋開闢已来、五千八百四十歳ノ間、学師ノ興廃得失ヲ論ズルノ梗概ナリ」とした。

全体の流れを、長英自身の言葉で要約するならば、

> 開闢已来、彼国暦数、今ニ到マデ、凡ソ五千八百四十年、上古ハ稽フ可カラズト雖モ、羅甸ノ盛ナリシ頃、聖賢併ビ起リ、学科各々備ハレリ。然レドモ、元来陰陽四行ノ旧説ヲ以テ、形以上ノ学ヲ原トシ、形以下ノ学モ此ヨリ岐分スル故ニヤ、蒙然トシテ分明ナラザルナリ。此間ニ有力名哲出デ、、実験ノ実路ニ則リ、法ヲ立テ、教ヲ設ルモノ、亦少シトセズ。然ドモ、旧染ノ古学、歴然存シテ世ニ行ハレシヲ以テ、世人此ニ泥着スルモノト見エタリ。然ドモ、後世人物ノ出ルニ到テ、其説、実測ニ沈合セザルヲ以テ、疑ヲ生ズルノ間ニ、実測ノ学、次第ニ行ハレ来ルニ由テ、遂ニ旧説ヲ廃シ、新説ニ従テ、右形以下学ヲ以テ、人ノ所務トシ、此ヨリシテ形以上ニ至ルノ学風トナリタリナリ。（佐藤昌介校注「西洋学師ノ説」〈もとは『聞見漫録』の冒頭におかれた無題の一文〉日本思想大系55）

この西洋哲学史の学風の中で、長英がいかなる学風に自分が属するものと考えていたかはおのずからあきらかであろう。

金比羅神社詣で

嘉永二年（一八四九）二月一四日、長英は琴平の金比羅神社にまいって次の詩をつくった。

暦日入春未見春　暦日は春に入るも未だ春を見ず
唯看満眼菜花新　ただ看る、満眼菜花あらたなり
問君拝廟果何意　君に問う、廟（びょう）に拝す、果して何の意ぞ
自是東方第一人　これより東方第一の人

脱獄このかた、上州においては、村医の代診としてもぐりの医者となり、宇和島においては学生の名をかりて兵書のもぐり翻訳者として、わずかに生きつづけ、かろうじて自分と妻子との衣食の道を得てきた。彼は獄を出てから、自分が生きるということ以上に大きな期待をもっていたわけではないが、しかしそれだけではつきぬ別の希望もあったことだろう。日々の診療にも、兵書翻訳にも、つくすことのできない、学問全体を実測にもとづいて新しくする学風を、自分は東方においてただ一人になし得るものであり、そうなりたいという願いを金比羅参拝にこめたものであろう。

長英の翻訳論と思索の方法論

長崎の鳴滝学舎にあったころ、長英はオランダ人の読者を心中において、自分の翻訳論を述べた。これによると、「私は本の中の緊要な言葉をよく研究して翻訳するように全力をつくしています」とあり、原典を読む際におなじ密度をもって一語一語を追うのではなく、その全体の中でかなめの役を果すキー・ワードを見わけ、その解読に集中するという流儀である。この方法によって長英は、非常な速度をもってオランダ語の各種の書物を読みこなし、それぞれを構造的に理解することができた。

こうしてさまざまの種類の書物に接した上で哲学史の書物に出会い、長英流にかみくだいた訳を試みて、諸学のたがいに関連する構造を彼の頭にいれることができた。ここには方法として使いこなされた哲学がある。

入獄前に書かれた『聞見漫録』では、レイデンキュンデ(redenkunde)を、西洋諸学五系統のうちの第一類の学としてあげており、「是ハ事物ノ自然作用ノ原由(げんゆう)ニ従テ規則ヲ立テ、其真偽、虚言ヲ知ルノ法ナリ。諸説衆論ノ真偽、此ニ由テ定ムベシ」とし、「仮リニ知理義学ト訳ス」と書いた。その知理義学という訳語は、こなれていないもののように感じられたらしく、のちには、「魯細伽(ロジック)」という言葉を採用した。

長英が宇和島の教室にもうけた「学則」によると、西洋の学には数等の科目があると言い、①支(シ)

留刺別、これは文字を綴り音韻を生じ言語をなすところを教える初学の科であり、②喀刺瑪知葛、これは語の品類を分かち、文の基本を定め、語の変化をなす法則をしらせる科、③泄印多幾斯、諸語排列の順次を説き、語脈と文意とのつながる法則をしらせ、語を布置して文をつくる法をしらせる科、④魯細伽、「挙げて神魂智慮の諸用に属す、これ自ら活発且敏疾にして、而して諸書に臨み其説の当否を弁じ、其理の真偽を定め、且結文の法を立るの科なり。此を第一等の科となすなり」と書いた。

ひろい意味での論理学、あるいは思索の方法論が、長英にとって教育の最高科目と考えられていたことを示す。

長英の「学則」に見られる思想

長英が、四人の小クラスのために書いた「学則」は、『知彼一助』などよりも、長英自身の思想をよくあらわしており、脱獄後の七年間を通じておそらくもっともまとまった文筆上の仕事と言えるので、その全文を左にあげる。

学則

一 西洋の古語に曰く、学問の道は、須らく雫の石を穿つ如くせよ。之れ夙夜黽勉懈ることなければ、遂に大成を為すべしとの謂なり。今それ西洋の書たるや、その文字蟹行、其音鴃舌にして、語脈の連なる所、文意の繋(つなが)る所、前後錯雑、紛々として規律なきが如く然り。然れども其法最厳密、修理斉整、譬へば日月の行道を違へざる、星辰の其位を失はざるが如きなり。故に朝に之を習ひ、夕に之を誦し、心を罩(こ)め思ひを積めば、則ち鬼神も将(まさ)に通ぜんとす。何の書か解すべからざらんや。学者唯須らく黽勉(びんべん)の二字を守るべし。もしそれ自暴自棄は、則ち吾徒にあらざるなり。

一　西洋の学に数等の科目あり。今之を数ふれば、則ち其一支留刺別(シルラベ)といふ、文字を綴り音韻を生じ、言語をなす、読書の法を知るを以て、初学の科となすなり。其二喀刺瑪知葛(ガランマチカ)といふ。語の品類を分ち、衆文の基本を定む。語毎(ごと)に門を分ち之を解訳す。而して学者をして諸語の変化をなす所以を知らしむる科となす。其三を泄印多幾斯(セイタキス)といふ。文法の差別を挙げ、以て其体用を示し、諸語排列の順次を説き、以て語脈と文意との連繋する所以を詳かになす。即ち諸語を布置し、衆文をなすの法なり。其四を魯細伽(ロジック)といふ。挙げて神魂智慮の諸用に属す、これ自ら活発且敏疾にして、而して諸書に臨み其説の当否を弁じ、其理の真偽を定め、且結文の法を立るの科なり。此を第一等の科となすなり。凡そ西文を学ぶもの、此四科に通ずるにあらざれば、能く文を修めたりといふべからず。然れども之れ一時の勤学の得べき所のものにあらず、故に学者宜しく先(まず)第一科より次第に進歩し、歳月の久しきを積めば、必然その地位に列るべし。諸子倦怠の気を生ずる勿(なか)れ。

一　日々学ぶ所の文は、宜しく先其語脈よりして、而して其訳字を収拾し、湊洽し仮りに我国語となし、而して後正訳を請うてこれを附す。その後仔細に文を参照すべし。然らば則ち一、此に因て速かに其文意を解するを得。一、此に因て彼の文我文に異る所の差を知るを得。而して煩蕪を刈り、遺漏を補ふの理も、亦自然融解す。これ両文を学ぶの一大捷径の法なり。学者此業を怠る勿れ。

一　学事毎日辰より午に至り、午より以下夜に至るは、諸子写字復読等の時となす。但空間尚余りあり、故に此間宜しく其訳字を集めて国語となすべし。

一　教授毎日辰より午に至る、翻訳午より酉に或は戌亥に至る。但し朔望佳節、必ず諸官に謁し、親友を訪ふ。故に欠の日となす。

一　毎月三の日を以て、休憩の日となす。故に諸子下顧を給はらば、冀くは此日に来臨あらん事を。

一　官衙出頭、其他緊要の事あらば、戸外に出でざるを得ず、休憩の日といへども、往往或は亦此の如し。諸子下臨を給ふとも不在の罪を咎むる勿れ。

一　室内に蔵する官本頗る多し。常に之を貴重し、日々照覧の間も、尚指頭の紙面に垢つけんことを恐る。且訳稿狼藉常に散して机辺に満つ、他見を憚るもの少しとなさず。故に社友といへども、他出の間漫りに室内に入ることを許さず。之を怪しむ勿れ。

嘉永元年五月　　五岳堂主人

魯細伽（ロジック）をもとにして西洋の学をまなぶ時には当然に、西洋の書物や風習を批判することができるはずである。このことを、長英は門下生に教えた。土居直三郎の回想によれば、長英はこう言ったそうである。

> 君達は洋学を修めるのは結構であるが、その長所を採るのは宜（よろし）いが、併せて短所を真似るといふことをしないやうにして貰ひ度い、西洋と言つても、善いものもあれば悪いものもある。例へば夫（そ）の蒸気船の如きは精巧なもので、極めて結構であるが、其の蒸気船に附いているバッテーラの櫂の如きものは不便である。我国在来の櫓を以つて漕ぐ方が便利であるから、一にも二にも西洋の事が善いと思ふのは間違である。余程其の取捨を巧（うま）くやつて貰はねば不可（いか）ぬ。（村松恒一郎「高野長英宇和島潜伏中の事実」『北宇和郡誌』愛媛教育協会北宇和部会編並発行、一九一七年刊）

宇和島での暮らしぶり

長英のいた家は今も宇和島市の横新町裏ノ町五一番地にある。一九七四年七月三日にたずねた時には「靖国英霊の家」という札がはってあり、朝倉トラという人の住居だった。となりに、ポーラ化粧品店の大きな看板がかかっていた。

ここに案内していただいた市立図書館長渡辺喜一郎の感想では、こどものころ親類の人がこの家に住んでおり、何度も遊びに来た。その時の記憶では、大正のはじめには家に入ったところが暗くて、奥の間（八畳）に入ると、そこは川に面していて明るい部屋だったという。反対側にむかって橋の上から辰野川をへだてて裏座敷を見ると、そこは明治以前の風格をのこしているように見えた。渡辺喜一郎によると、ここから見た奥の間は、昔どおりで（大正期にくらべてのことだが）、ただし当時は川の水がもっとあったという。

ここは城下町のはずれ、というよりは、城下町の二つの入口の一つのわきにあると言える。この別邸の持主、桜田佐渡は、郷土史研究家山口常助の好意で見せていただいた文政一三年（一八三〇）の禄高記録では家中の筆頭にその名の出ている家老で、禄高は一一一五石二斗とある。次席は桜田数馬で禄高は一二二八石とある。桜田佐渡のほうが禄高は低いが、地位は高かったのだろう。長英が宇和島に来るように世話をした松根図書は六一四石とある。長英と同道した富沢礼中は御典医であり、当時の地図に邸の場所が出ている。こうした人びとのうしろだてをうけていたのだから、長英の宇和島での暮らしは、うける給料は低いとは言え、何の危険もない境遇ではあっただろう。

このあたりから、長英の暮らしぶりは、上州でのうわさをとおして私の想像したものとははっきりとちがうものになる。上州では、村人の診療につとめる医者の好意にあまえて生きているという自覚が長英の中にはっきりあったのだろう。かくまった人びとの子孫からきき得た話では、長英はよく勉強し、よく人に教える、心くばりのある教師だった。

脱獄以来、長英は、小さな親切運動とは反対に大きな迷惑運動の推進者であったわけだが、それにしては、迷惑をかけられたという感想に上州では出会うことがなかった。宇和島でも迷惑をかけたという点では同じであり、そして長英に迷惑をかけられたという感想が土地の人びとの間で言いつたえられていないという点でも上州と同じだが、ここでの長英はあきらかに酒ずきであり、女ずきであり、長崎時代から入獄までの彼にもどっている。

学生土居直三郎の思い出話によると、

> 長英ノ給セラル丶所ハ僅カ四人口ナリ。故ニ至テ窮乏ノ体ナリ。其レガ為メニヤ、時々薩州へ行ケバヨカリシト歎息シ居タリ。居常沈鬱、寝食ヲ安ンゼザル様ナリ。夜中安眠スル能ハズ。纔カニ酒ニヨツテ睡ヲ求ム。酒ヲ飲ムコトハ極メテ甚シ。三度ノ食事ニ飲ミ、夜亦飲ミ、常ニ酒気ヲ帯ビザルコトナシ。一昼夜ニ三升ヲ飲ミ尽クスト云フ。桑折、松根、伊能、富沢大珉（礼中）等ハ時々長英ト相往来ス。其内富沢最モ親シ。桜田ハ酉ノ年（嘉永二年・一八四九年）ノ始メ、余、年礼ニ行キシトキ、是非長英ヲ連レ来レトノコトニテ連レ行キシトキ一度面談セシノミ。
> 長英容貌魁偉、好男子ニシテ品格高シ。一見温順ナルガ如キモ、就テ談話ヲ聞ケバ自カラ枉グベカラザルノ胆力アルヲ視ル。但シ絶テ粗暴ノ行アルコトナシ。又廉直ナリ。（村松恒一郎「高野長英宇和島潜伏中の事実」）

おなじ土居直三郎の話では、横新町の長英の借家には長英の他に、

> 若党一人（昌次郎。三河の吉田のうまれで、「渡辺崋山ノ世話シタルモノナラント思ヘド確カナラズ。長英ト共ニ来リ共ニ去ル。長英ノ在ル処此男在ラザルナシ。常ニ長英ノ身ヲ保護スルモノト思ハレタリ。忠実ニシテ蘭学ニ志アリシ」）

僕　一人（新吉。身分出処不明ナリ。但シ長英来宇後ニ拘ヘタルモノニシテ其未亡人ハ今尚裡(ウラ)町一丁目ニ於テ魚商買ヲナシ居レリ）

学僕一人（二宮逸二。宇和島ノ医二宮敬作ノ子ナリ）

婢　一人（表向(オモテムキ)ハ婢ニシテ実ハ妾婢兼帯ナリ）

の合計五人が住んでいた。

妾婢兼帯といわれる奉公人としては、はじめは、神田川原で街通り橋から四、五軒しもにあたる所に住む下級武士の娘が来ていたが、何か理由があってひまを出され、その父は間もなく困窮して家督を売ってしまったようだと土居は言っている。

そのあとに来たのが、とよという娘で、この人は、横新町裏ノ町の御番所前にいる髪結床の娘である。裏ノ町というのは、長英宅のすぐ先にあり、手職の人びとの店が多くあったところである。とよは、すぐそばの町から長英宅に来た。きだてのよい人であったらしく、長英は、宇和島をはなれたあとも、とよあてに手紙を出して、荷物をおくってほしいと頼んでおり、とよも、そうはからってやったらしい。

伊達家家記編集所編並発行『鶴鳴余韻・宗城公御事蹟』上・中・下（一九一四年刊）を見ると、これは前記村松恒一郎が書いたものらしいが、こんなことが出ている。

後にお豊の語る所に拠(よ)れば、長英は如何なる時にも一口の短刀を放す事なく、而(しか)して常に何時(いつ)如何(いか)なる変ありとも自分は只は死なぬ積(つもり)なりと語り居たりといへり。長英が後年江戸に於(おけ)る最後に見ても、其言（そのげん）の妄（もう）ならぬを知るに足るべし。

この短刀を、宇和島を去るにあたって、長英は、学生大野昌三郎にあたえたらしく、昌三郎の曾孫山村昌太郎のもとに今ものこっている。

江戸からの危急を告げる飛脚

嘉永二年（一八四九）三月一四日、江戸からの飛脚が宇和島について、長英がここにかくれていることが幕府にきこえ、近々捕手が送られるという宇和島藩江戸屋敷からのしらせだった。長英は、松根図書から二〇〇両の金をあたえられて、あくる日、三月一五日の朝、宇和島をたちさったと藩の記録にある。しかし、それは公式の記録であって実際にはもっと早く、おそらくは一月初旬に宇和島をはなれ、卯之町、琴平をへて広島に向ったものと見られ、三月一五日付で長英から宇和島藩の土居直三郎、斎藤丈蔵、大野昌三郎あてに、広島からおくった手紙がのこっている。

この中に、もうもどれそうにないから、とよは別に他へ奉公するように言ってほしいし、新吉にもそうつたえてほしいと言い、とよにあずけておいた小道具類のうち、黒色の吸物椀一〇人前を会所の弥兵衛方へやってほしいなどと書かれている。雪駄は二宮逸二へ、サトリ鍋は卯之町（二宮敬作）へやりたいから、そういうふうにとよへ伝えてほしいとある。

とよと長英との間には、こどもがうまれていたようである。

まだ宇和島をはなれるかどうかについて決めかねていた時、八日という日付だけ入っている斎藤丈蔵あての手紙に、このように書いている。

此度は度々御出被下万謝無レ辞候。定めて一昨夜は別て御疲憊奉レ察候。御賢弟様〔大野昌三郎〕へも宜敷御伝話奉レ願候。然、別紙冨氏〔富沢礼中〕へ御遣し奉レ願度候、書中にては難二申尽一事のみ多く候故、小生近辺より小舟を雇候て、九島辺へ罷越居、面会の上御話致度と存候、此段も申遣候、又御評議向も伺度と存候、先は用事許申上候、以上。

三省

眷族取片付方　去の時
卒仆はドヲド致し遺言致置候旨にて取計
男子は　為僧
　　五円
妾は　暇遣す
　　右拾円
　少女添
〔この行虫喰不明〕
　　拾五円
昌二〔昌次郎〕に
　　五円

会所弥兵衛へ借用金
　元五円　利三分
新吉へ
　壱分
ト居用意
拾円許(ばかり)
此外三月朔日より十四日迄諸色(しょしき)入用通分如何(いかが)相成候(あいなりそうろう)哉(や)是又(これまた)是非(ぜひ)取片付(とりかたづけ)出立(しゅったつ)仕度(つかまつりたく)候事
此分大底五拾円にて相調(あいととのい)候事
　留(とどまる)の時(とき)
一、賤着片付金
　拾五円
一、昌二には
　五円
会所其外諸色入用
　此分廿七円許(ばかり)
右之分拝借の程願上度(ねがいあげたき)事

兵頭賢一は、この手紙を嘉永二年一月八日に書かれたものと見ている（兵頭賢一『高野長英と宇和島藩、村田蔵六と宇和島藩、ほか二篇』宇和島市立図書館、一九六〇年刊）。いずれにしても同年一月八日、二月八日、三月八日のいずれかの日に書かれたものであろう。

このころ長英方の同居人は若党昌次郎、僕新吉、学僕二宮逸二、妾とよの四名である。同道するはずの卒仆は昌次郎か、あるいは二宮逸二と考えていたものであろう。新吉には一分、とよには拾円わたす。ここで、「男子は僧となす　五円」という項が眷族取片付方にのこり、それは長英が去る場合にも動かぬと見てよい。これは、生れたばかりの男の子を将来、寺にもらわれていくように五円ほどお金をそえるという意味ではないだろうか。

杉浦明平の『崋山探索』（河出書房新社、一九七二年刊）には、宇和島でタクシーの運転手からきいた話として、タクシー会社の事務員に高野長英の曾孫か玄孫かにあたる高野長平という人がいて、酒飲みで朝っぱらから浴びるように飲んでいるということがある。一九七四年七月に私はこの記事にもとづいてたずねてみたが、思わしい結果は得られなかった。高野という人はいたが、高野長英とのつながりを言下に否定したのである。似たような名前をつけられた時に人のたてる冗談から、そんなうわさが出たのかもしれない。

高野長英が宇和島にのこしたものは、そういううわさの他に、蟹のぬけがら、この土地のよび方ではボヤ蟹というものから薬をつくる法であるという（『鶴鳴余韻』）。

広島を経て、再び宇和島藩の援護の下に

長英は、広島では後藤松軒（一八〇〇〜六一）をたずね、彼の経営する薬草園が広島城西北二〇町ほどのところの宗固山のふもとにあるのをさいわい、この日渉園内にある神農堂というやしろにかくまってもらった。松軒の孫にあたる医師後藤倫四郎から高野長運がきいたところでは、松軒は九日ほど長英を神農堂にかくまい、そのころ一一、二歳だった長男浩軒とともに自宅から一二、三町歩いて毎日、長英のために食物をはこんだという。（高野長運『高野長英伝』）

広島をはなれた後、長英は鹿児島に入ろうとしたが、彼のたよりとする島津斉彬は異母弟久光との間に家督あらそいができて藩論が二つにわかれていた時なので、鹿児島いりを果さずにもう一度、四国にもどり、宇和島藩内の宇和島城下から歩いて半日ほどの距離にある卯之町に入った。兵頭賢一の推定によれば、嘉永二年（一八四九）五月下旬である（兵頭賢一「高野長英の書簡に就いて」『高野長英と宇和島藩―村田蔵六と宇和島藩』）。

このころから、ふたたび宇和島藩をはなれて大坂、名古屋をへて江戸に入るまで、長英は宇和島藩邸の便を用いて、斎藤丈蔵、大野昌三郎兄弟、旧友二宮敬作あてにこまかく旅の経路をそのつどしらせているから、この期間を通じて、宇和島藩の好意ある援護の下にあったといってよい。

斎藤丈蔵（一八二三〜七六）は、藩主および家老職の許可を得て長英との連絡係をつとめた模様

である。梅田雲浜などの志士とも交際があり、しなやかな現実認識をもつ改革思想の持主だった。

その弟、大野昌三郎（?〜一八八〇）は下級藩士斎藤為左衛門知孝の三男としてうまれ、大野家をついで大野昌三郎と称した。その曾孫山村昌太郎の話によると、そのころ、武士の二男、三男を召し出して廃家をつがせ、禄高を旧の半分にするという制度があり、昌三郎は、三軒の候補の中から一軒をえらぶように言われた。昌三郎は、じいさん一人しかいない大野家がいいだろうと思ってえらんだところ、このおじいさんが大酒飲みで、借金が山のようにあった。これは、家をつぐ時に、藩が帳消しにするのだそうだが、そのかわりとして昌三郎は三年ほど深編笠をかぶって登城することになり、それが一五歳の少年にとってかわいそうだということでやがて江戸詰にしてもらったが、一年ほどは深編笠で登城したわけで、他人に顔を見せないので偏窟になった。

斎藤丈蔵(右)、大野昌三郎兄弟。撮影年不明。

のちに彼は徒頭格（かちがしらかく）まで昇進したのだが、少年時代のことが彼の生涯に影響をもたらしたという。昌三郎は飛脚の娘を妻にもらうが、正式にとどけることができず、実子の稲に、大野本家から為我（いが）をむかえて養子とした。もう一人の実子悪鬼三郎は、兄斎藤丈蔵の子として入籍し、のちにいったん大野姓にもどしたが、戸籍上の次男ということになると兵隊にとられるので、山村姓を金で買って兵隊をのがれさせた。

自分の子に悪鬼三郎という名をつけるくらいだから、昌三郎はよほどのかわりものだったのだろう。娘に稲という名をつけたのは、シーボルトの娘イネとおなじ名をえらんだものという。

写真が好きで、自分一人で写真術を勉強し、まだおさない悪鬼三郎が刀をさして自宅の入口にもたれているところをとった一枚がのこっている。幕末の子どもの風情が出ており、大野昌三郎は日本におけるスナップ写真の元祖と言えるのかもしれない。他に火気球などを工夫して、あげたりして、技術を研究することに熱中していた。著書に『メキシコ戦争記』『計算尺捷径』がある。柔道にも長じており、弘化二年（一八四五）には藩の武術大会に代表選手として出場したという。

山口常助の書いた伝記「大野昌三郎のこと」（『風・土・人・宇和島』宇和島市立図書館、一九七〇年刊）によると、一八七三年六月、明治新政府によびだされ、内務省から「准奏任御用掛、土木寮勤務、月俸百円」の辞令をもらったが、約二ヵ月たってから、彼に宿をかしていた門弟小野義真に、晩飯の時に、

「オラはお断りしていのうと思う」

と言いだした。小野はとめたけれども、

「オラは月給二百円、三百円頂いたとて、役人暮しは苦しくてたまらぬ」

と言って宇和島に帰ってしまった。自分の好みをつらぬいた人物と言える。その気質を長英は愛し

て、宇和島を去るにのぞんで短刀をかたみにわたしたのであろう。明治一三年五月一四日になくなった。

長英の卯之町滞在は一〇日ほどであったという。彼は、二宮敬作の家のはなれの二階においてもらった。この家は、もとは二階だてだったそうだが、今は平屋となってのこっている。

部屋は四畳半で、天井は低くてちょうど六尺くらい。長英は頭をおさえられている感じだっただろう。ほんのすこし歩いたところに里正（さとまさ）と呼ばれる清水家の庄屋門がある。この家を長英はよくおとずれてここで酒を飲んだと言われる。この里正か、二宮敬作の家かで、いつも酒を飲んでいたようで、敬作も酒がつよかった。里正は、卯之町の人の中から、信頼できる若者をえらんで、長英がここをはなれる時に同行させた。長英の長年の若党昌次郎が足にはれものができて大病になり、二宮敬作方にねていたからである。一時は生死にかかわるほどの重い病であったらしく、長英は旅先から何度も昌次郎の病状について気づかっている。この長わずらいの他国者を家に養っておくことなど、二宮敬作は、けたはずれのことをした人である。敬作の生涯については、富士山の高さの実測をはじめてしたという仕事が恩師シーボルトによってその帰国後にヨーロッパでひろめられ、彼の名は一九〇九年にドイツで出版された世界人名辞典に日本の理学者として記されているという。

しかし敬作はそういう学問的業績以上に、人に誠実をつくした事蹟によって記憶さるべき人である。長英を一〇日かくまったという如きは、この人の生涯にとっては、その人生の当然の一コマにすぎなかったと言えよう。

シーボルトの忠実な助手・二宮敬作

二宮敬作（一八〇四〜六二）は、西宇和郡磯津村にうまれた。彼の家は百姓であるが、酒の小売りなどをして半商半農であった。一五歳の時に、親しい漢方医から蘭方医学のことをきき、蘭方医になろうとして長崎にむかった。

ここでシーボルトについて勉強し、その野外調査の忠実な助手となった。敬作の見つけた珍らしい植物にシーボルトはケイサキと命名して大著『日本植物志』にのせた。また測量器、晴雨計、寒暖計を使って九州の山々について測量をした。シーボルトの江戸参府についてゆき、途中、富士山についての測量をおこなった。

シーボルト事件にさいしては獄中につながれたが、師をかばうことをやめず、獄から出された後は長崎追放となったのでやむなく故郷にかえったが、彼はシーボルトの娘イネをあずかって育てた。最初に追放されてから三〇年後にシーボルトが再び帰って来た時、シーボルトは立派に成人して女医となった娘にあって喜び、敬作に感謝した。シーボルトが再び幕府の不興を買い日本を退去する時、敬作は長崎にいたが、中風でねたきりで見送ることができず、病室にたちよった師の手をとって別れを惜しんだという。シーボルトの退去とおなじ文久二年（一八六二）三月の一二日に彼は五八歳でなくなった。

二宮敬作は実学者ではあったが、長英のようにその能力を軍事研究にふりむけることをせず、したがって宇和島藩に重用されることなく終った。卯之町の彼の家のむかいは旅館であり、敬作をたずねて遠くから来る患者の多くがここにとまったという。四国をまわるお遍路さんも敬作の世話になることが多かった。長英だけでなく、長英ののこした若党の長わずらいをもみるくらいに宏量な彼のことだから、国籍、身分の区別なく病人に対したであろう。

近くの宇和島小学校にゆくと運動場全体を見わたすところに巨大な自然石の碑がたっていて「二宮敬作翁碑」と記してある。

小学校の会議室には地理学者志賀重昂の筆になる敬作への頌辞がかかっている。

明治四十四年十二月十七日
　恰当五十年祭
二宮敬作先生
　　履歴
享和元年（一歳）
伊予国宇和郡磯崎ニ生ル、六弥ノ長男
文政二年（十九歳）
長崎ニ遊学ス

同　六年（二十三歳）
シーボルトニ就キ学ブ
同　九年（二十六歳）
富士山ノ高サヲ実測ス
天保元年（三十歳）
宇和郡卯之町ニ医業ヲ開ク
同十四年（四十三歳）
志士高野長英ヲ庇護ス
安政元年（五十四歳）
宇和島侯ノ命ニ依リ再ビ長崎ニ遊ブ
文久二年（六十二歳）
シーボルトノ再来航ヲ聞キ長崎ニ行キ病死す

後学　　志賀重昂誌

明治の日本主義者としてはめずらしく実証的であり、実学者の中にあってはめずらしくアジアを守るという視点を失わなかった志賀重昂が、ここに自分を二宮敬作の後学として位置づけているところに注目したい。その文体は、実学者らしく、余分なかざりがついていなくて、さわやかである。

おそらくは、長英の文体の系譜につらなるものであろう。

敬作の血縁者たち

小学校を出てから、二宮敬作の孫にあたるコマという人がいたという松屋旅館をたずねた。現在の女主人大木豊子の話では、松屋旅館の先代の主人の妻が二宮敬作の姪で、コマをそだてて二宮家のあとを卯之町でたててゆきたいと思ったのだが、コマはそういうことを好まず、芸者として老年まで過し、やがて宇都宮源六に嫁し、その死後は養老院に入って終ったという。

この旅館は一〇〇年前からやっているそうだが、その他に松屋というのが三軒あり、門松、中松(この松屋旅館)、奥松と呼ばれていた。あとの二つはつぶれて今では、中松だけがのこっているという。

この家を出て少し歩くと、前に門松屋のあったと思われるところに、喫茶バー「田鶴」という看板が出ている。なかに入って女主人にきいてみると、喫茶店は一三年ほどになるが、その前にはカフェーをしていたそうだ。そして、この奥松の前にいたオコマさんは知っているという。

「きれいな人でしたよ。もうおばあちゃんで、しわがありましたけど、七四、五くらいですからね。三味線などおしえていなさった。しろうとさんで、ならいたい人に」

小学校の運動場を見わたす大きな石碑に祖父の名を刻まれて、そのすぐそばに住んで自分は芸者として老年まで生きる道をえらんだこの宇都宮オコマさんもまた時代におしまけぬ気力をもつ人ではなかったか。

敬作の二男逸二は、宇和島の長英塾の逸材であったが、その後、大坂の適塾にまなび、文久一年（一八六一）にロシアの軍艦ポサドニック号が対馬に来て暴行をはたらき、これに対して住民の抵抗があったという事件をきいてそれをしらべに対馬までゆき、あくる年の文久二年三月一二日、長崎で死んだ。「毒殺サレシトノ風説アリ」と、長井音次郎『二宮敬作』（愛媛県教育委員会、一九三四年刊）はつたえている。

敬作の姉の子、三瀬周三（一八三九〜七七）は、シーボルトの孫娘高子（二宮敬作が育てたイネの子）を妻とし、病院および医学校の設立、刑務所内の衛生改善に努力した。一八七七年一〇月一九日、三八歳で死んだ。

宇和島の社会的気風

東京から宇和島までまっすぐにこられる鉄道が（もっとも瀬戸内海をこえるには船がいるが）、通ったのは、敗戦直前の一九四五年七月のことだったという。そういう日本のどんづまりのところにひらけている自給自足の別天地の気風が、いくらかは今でも宇和島にのこっている。長英の時代には、その気風はもっとあざやかだっただろう。卯之町には「和気珍味堂」でつくる俳菓「峠」という、柚子と緑茶でつくった（これを俳味というらしい）、のんびりした味わいのもなかがある。その広告に引かれている酒井黙禅作の「鶯や天険にして海の景」にしても、西村満雄作の讃美歌四四四番「山路越えて」にしても、山をこえて別の境地がひらけるというこの土地の人特有の実感をうたっている。ここは俳句をつくる人が多く、「峠」という俳句雑誌も敗戦から三〇年つづいているという。その俳句同人の一人がつくったもなかが、俳菓「峠」である。おたがいの気分を大切にするという気風は、山脈でへだてられたこの温暖の地に自然に生じたものであり、長英は、その恩恵を一年あまりにわたってうけた。

宇和島では、汽笛をフルイト、旗をフラクとしよりがいっていたくらい、このあたりではオランダ語が町の人びとの間に入っていたそうだ。ガラスのことはビードロとかギアマンとか言うことがある。こうして日常の言葉の中にまでオランダ語が入ってくるような社会がここにあって、そういう傾向は長英がここにいておしすすめたのだろうが、その努力をうけいれる社会的な気風があるのが、彼にとって心の安まることだっただろう。

長英に同行した百姓・市次郎の証言

卯之町の市次郎（別名仁右衛門）は、長英に同行して明石、兵庫、大坂、伏見、大津、早崎をへて名古屋までゆき、そこから故郷にもどって来た。嘉永三年（一八五〇）長英が江戸で死んだというしらせをきいて、はじめてこんなことを郷里の人びとに話したという。

名古屋についた時に、長英はこれから国へおまえを帰そうと思うけれども、お前は百姓だから帰って自分との道中のことを軽々しくはなすかもしれないから帰すわけには行かぬ、ここで命をもらう、と言う。おそらく長英は途中で誰が彼を助け、かくまってくれたかについての情報がもれることを心配したのだろう。

そこで市次郎は、そう疑われても仕方がありませんといって眼をつぶっていたところ、刀の峰が首のところにあたったまま動かない。長英は、お前の心底はわかったと言って、刀をさやにおさめて市次郎を国に帰したという。（村松恒一郎「高野長英宇和島潜伏中の事実」）

この話は、もし市次郎によって芝居がかった話にされていないとしたなら、牢名主として何年もつとめてきた長英の手くだを感じさせる。そういうマキァヴェリズムが長英にはあったように思われる。長英には、最後の時に捕方を相手にしてたたかったという他に、刃傷沙汰はまったくつたわっていない。酒をのんでも決して粗暴にはならなかったと数人がのべている。もし名古屋のあたりで、卯之町で世話になった里正や二宮敬作の紹介で同行してもらった市次郎をあやめたならば、それは当然に長英自身を追いつめることになるだろうし、殺すなどというのは一種の権謀術数と見られる。

長英がもし他人に優しく正直であるだけの人物であったなら、時としては役人と結び、時としては囚人の自治のまとめ役となる牢名主などつとまらなかったであろう。上記の逸話などは、渡辺崋山には決して見られない長英の人がらの悪どさをつたえる。

長英につかえた誠意の人・若党昌次郎

市次郎にしても、とよにしても、若党昌次郎にしても、誠意をもって長英につかえている。この人びとのその後の行方は、明治はじめくらいまでのことしかわからない。ただし、若党昌次郎については、名古屋の本草学史研究家吉川芳秋が、『本草蘭医科学郷土史考』（一九七一年刊）の中で、一つの仮説を出している。名古屋の医師、山崎玄庵（随安）だったのではないかというのである。

今残っている手紙だけから見ると、長英は自分の妻子のこと以上に、自分の雇い人のことを心配した手紙を書いている。妻子のことを書かないというのは、長英らしい遠慮があるのだろうから、これによって妻子のことを思わなかったというのはあたらない。しかし雇い人のことをくりかえし書くのは、それだけ彼らのことを気にかけていたからにちがいない。

ことに若党の昌次郎は、学生の眼から見ても、長英あるところかならず彼ありというほど、影のようにつきしたがっていた若者で、蘭学に熱意をもっていたとはっきりと書かれている。

彼は二宮敬作方で長く病をやしなっていたようであり、宇和島からはなれてからの長英の手紙に、「其後昌〔昌次郎〕事如何相成候哉。心痛致し候。尤多分日々復良、此節は余程復故とは存じ候得共、近両三日来、夢兆不レ宜候故、愚痴の至に候へ共、一入懸念致し候。嘸嘸御世話に罷成候事と存候。善悪共に宜敷様御取計可レ被レ下候。又全快にも至候はば、速に発足致し、尾〔名古屋〕迄罷越候様可レ被二成下一候。傭僕仁右衛門〔市次郎〕も丈夫にも候」（二宮敬作あて、六月二六日）、「昌二の病状は其後如何可レ有レ之や。日夜心配致し居候。多分此節は余程快方に赴き室内起臥は自在に相成候はんと奉存候得共、何分不安心に罷在候。快方にも相成候はば、一日も早く先づ此地〔名古屋〕迄罷越候様被二成下一度候。もし万一病状不宜候はば、是何分宜敷様御取計の儀万々奉願上候。〔略〕明日老僕〔市次郎ならん〕を発足為仕候故、諸方数通の書柬認(したため)候間、余は後信の時と先(まず)大略計(ばかり)申上候」（斎藤丈蔵・大野昌三郎あて、七月五日）とあり、さらにあとでは「其節申上候通り只今御地に幽居致し候昌二は段々御世話に相成奉謝候。最早上途と奉存候」（斎藤丈蔵・大野昌三郎あて、一〇月一五日）とある。昌次郎は、嘉永二年（一八四九）一〇月には卯之町をたって江戸にむかい、やがて長英との共同生活をはじめたものと見られる。

ただし、私には、この若党昌次郎が医師山崎玄庵と同一人物とは思えない。というのは、斎藤、大野兄弟あての八月二〇日付の手紙に「急に玄生同伴東行致し」として名古屋から江戸にむかうことをしらせており、この玄生とは山崎玄庵と考えられるからである。その頃、若党昌次郎はまだ卯之町の二宮敬作のところで病をいやしていたはずである。

医師山崎玄庵でなかったにしろ、この若党昌次郎は長英を助けた最大の人と言えるだろう。この人の側から長英の伝記を書くとしたなら、これまでの長英伝からかけはなれた、彼のもつ、かくされた可能性に光があたるであろう。

長英を助けた蘭医・山崎玄庵の受難

いっぽう、若党昌次郎と同一人物でないとしても、山崎玄庵もまた進んで長英を助け、そのために受難の生涯を終えた。長英が名古屋に入って、「此地も一都会、暫時の淹留には大丈夫の良地と存候故此に決定、昨夜先一旦崎子の寓居に移り、此より近き内又新宅に転移可仕筈に御座候」と斎藤文蔵、大野昌三郎兄弟に七月五日に書をおくるのは、この山崎玄庵の家からであろう。

山崎玄庵（一八二七〜五一）は、尾張藩医の総取締をつとめる浅井貞庵の第五子として文政一〇年にうまれた。兄養吉が山崎中亭のあとつぎとなって早く死んだため、弟の彼が同家を三歳の時についだ。天保一〇年（一八三九）、一二歳の時に蘭方医術を志し、名古屋を無断ではなれて江戸に行ったが、学資に窮して同藩の医師中島養忠をたずねたため生家に通報されてかえらされた。この時、頭もそらずヨモギのようなぼうぼうたる頭髪と垢だらけの髯面のまま縁者につれられて帰ってきたので畸人のうわさがたった。その後一四歳の時に、尾張藩の医術試験に合格するほどの早熟の秀才だった。

嘉永一年（一八四八）五月一〇日、山崎玄庵は藩に願って隠居し、家を杉注連之助にゆずった。この時、玄庵はわずか二一歳である。異常の決断と言わねばなるまい。この時から彼は城南古渡および愛知郡牧野村などに仮住まいして、沢三圭すなわち高野長英をかばい、尾張方面だけでなく遠国（おそらくは江戸方面）まで同道して彼を助けた。

徳川家の『藩士名寄』には次の記事がある。

浅井董太郎弟
浅井総吉
山崎 天保十二丑正月十八日 玄庵

一、文政十二丑十二月四日山崎養吉願置候（ねがいおき）通（とおり）家督相続被仰付遺跡御切米無相違被下置小普請御

医師被仰付

一、嘉永元年申五月十日願之通隠居

一、同四亥六月七日　弘化二巳四月小普請御医師在勤中実兄奥御医師浅井董太郎江同居罷在願品も不致、古渡村出郷彦右衛門扣家令借宅

嘉永元申五月願之通隠居被仰付候後も董太郎江同居之儀致願済候処猶又不相願、去々酉四月比より愛知郡牧野村に有之候同郡下中村医師秋田岱玄と申者通ひ所借受住居罷在、其他願品も不致、追々他所に相越且身元も不訂、沢三圭を逗留等為致、其上遠国迄も同道相越、右三圭に懸り合候より不容易次第も出来、不束之事候。依之（これにより）逼塞（ひっそく）仰付

玄庵は、隠居したあと、実兄のところに住むように願い出ていたのに、とどけもせずにあちこちに居をかまえて長英をとまらせ、さらに長英と同道して遠国まで行ったという理由でおしこめられたのである。

名古屋市立鶴舞中央図書館所蔵の『浅井家譜大成』には山崎玄庵に関して次の記事がある。

〔玄庵が〕二十四年ニ及テ洋医高野長英ニ嫌シ、京師ニ縛ラレ二条城ニ捕（トラエ）ラル、後ニ其嫌氷解、家ニ帰ルヲ得ル。然（シカレ）ドモ未ダ其罪ヲ免レズ。遂ニ病ヲ以テ吾家ニ歿ス。時ニ二十五歳ナリ。

長英は山崎玄庵においてはじめて、彼の脱獄そのものに共感をもつ人を見出したのかもしれない。吉川芳秋によると、長英横死ののち、山崎玄庵は身をかくして、愛知県海部郡甚目寺東大門の円周寺の住職小笠原啓美、医名を小笠原啓導という人のもとに身をよせていた。ところが追及の手が

この村に及び、尾張四観音の一つ、甚目寺観音の山門に人相書がはりだされたので、近くの吉川清左衛門という豪家に出張して来ていた役人に自首して出たという。

このことを、小笠原啓美の孫、小笠原登（鹿児島県名瀬市、奄美和光園の医師）から吉川芳秋に一九六二年三月にしらせてきたという。祖父は浅井家から医学をまなんだ人らしく、山崎玄庵について「学は兄（浅井家当主）の右に出でたり」と書きのこしているという。この祖父は、玄庵から、癩、梅毒、淋病、瘰癧、黒内障などの治療法の伝授をうけたという。その孫にあたる人の現在の仕事にまで影響を及ぼしていると言えよう。小笠原啓美は、明治に入ってから一八九三年、七三歳でなくなった。（吉川芳秋「愛国の蘭方医家高野長英と尾張の人々」『本草蘭医科学郷土史考』）

名古屋の蘭学者・小沢長次郎宅にかくまわれる

名古屋には、シーボルト門下の旧友で尾張藩医伊藤圭介（一八〇三〜一九〇一）がいた。幕末屈指の本草学者で後の東大教授、男爵である。圭介は一〇〇歳近くまで生きたが、明治に入ってからも、潜行中の長英をかくまったとは言わなかったから、長英は彼をたずねなかったのだろう。

愛知県葉栗郡北方村大目に住む小沢長次郎（一七九六〜一八六五）のところに長英をつれてきたのは山崎玄庵である。

長次郎について、彼と親しかった尾張の儒者細野要斎が随筆『葎の滴』に見事な文章をのこしているので、それを引こう。

小沢長次郎ハもと北方村の農家也。中年より医業に志厚し、藩士永井五郎左ェ門の家に出入す。一年永井氏ニ従て江戸ニ行て、遊覧す。（全く遊覧の為に請て遊行也）半年許にて帰る。浅井玄庵といふ医あり。西洋家なり。江戸ニ居たりしが永井氏に従て尾ニ帰る。此人西洋学に委し。長次郎これと親深く家ニ寄寓せしめて其術を伝受たり。後此医官より捜索せらる。此頃ハ西洋学を禁せらるる時なり。長次郎、官に召れしか罪は免れたり。玄庵ハ畸人なり。江戸より尾に帰るに剃頭せず、垢面蓬髪にて永井氏ニ従ひ帰る。玄庵は薙髪の人なり。永井氏此時木曽路を帰れりとぞ。

　右吉原仲恭の話を記す。

『葎の滴』にはさらに長英について、彼が前後三度、長次郎のところにとまったと書いている。長英について長次郎は蘭方をならったとある。「長英酒を飲むとも厳然たり。磊落豪放の人なり」とある。長英の横死後、長次郎は官のせめをこうむりて三日間の閉門を命ぜられたという。

農家にあって中年から蘭学に志した小沢長次郎と長英とはおそらく気があったであろう。長次郎の養女えいはそのころ一二、三歳だったが、長英滞在の思い出を後年次のように語った、と彼女の孫小沢武男は語りついでいる。

長英は大きな坊主のような人で、一室に閉じ籠って滅多に外へは出なかった。そして夜中時折り窺ってみても、いつ寝るとも知られず終始読書をしていた。常に従者（この時は山崎玄庵ではないか）と二人でいて、時には唸声が洩れることもあった。家へ来た時の服装は異様な風態で、草履ばきであった。滞在は約二ヵ月程、江戸へ立って長英は間もなく亡ったと聞いている。長英が出立した翌朝〔もっとあとのことだろう〕、代官所から呼び出しがあって、祖母の母や未だ子供であった祖母のえい女は震えていたが、格別のこともなくて済んだ。祖母は勿論のこと、伯父義雄氏〔故人〕なども、相当の年輩になるまで、沢三圭とは単に偉い人だと知っていただけで、成人されて後始めてこれが高野長英であることを知った。（吉川芳秋「愛国の蘭方医家高野長英と尾張の人々」）

長次郎の曾孫・小沢武男を訪ねる

一九七五年一月二〇日に、小沢長次郎の曾孫小沢武男を、東海道線木曽川駅に近い自宅にたずねた。この家は、長英のおとずれたもとの家から二キロほどはなれているそうである。長英滞在の記念碑は堤防ができるのでもとのところから移し、今は北方中学校の門の内側にある。

当主の母堂に見せていただいた旧宅の写真では、長英の居たはなれは、はなれとして独立し、水屋もあり、母屋から独立して住めるようになっていた。はなれの内部に茶室があり、これは錦水堂と名づけられた。母屋には一〇坪ほどの土間と、六つの大きい部屋があった。はなれは、まわり廊下つきで四間である。座敷のすぐ下を木曽川が流れていた。逃げるのに都合がよいので、ここをえらばれたのでしょうということだった。

長次郎は、自分でやきものをやいた。「黄金水」と「白玉泉」という今日の養命酒の如きものをつくり、そのいれものまで工夫して自分で焼いて、それに薬酒をいれて免許をとって売った。昔、この家の軒につるしていたという、その看板がのこっている。

長次郎の家は農家だったが、味噌などつくって売っていたので、商売の経験もあった。若い一四、五歳の山崎玄庵を師と見こんで、四〇歳の長次郎が蘭学を勉強しはじめたのだから、独特の人物であったことがわかる。長次郎の言葉として次のようなものがのこっている。

○医書は精読せざるべからず。或人西洋医書に格別の二字あるを、誤て俗義に解し念入てよく〳〵する事と思ひ数品を合して製せしに忽火を発して焦爛数人を損したり。此薬各々別々に製すべき事なるに誤認せしより大なる禍を引出せり。

○世に狐精に祟るといふハ精神錯乱の病いふなるべし。狐精のあるといふ事疑ふべし。或婦人この病あり。我ハ岐阜中納言也といふ時有て、狐声をもなす。これを療するに刺終し吐剤を与へて眠らしむる事三日にして癒ゆ。（細野要斎『葎の滴』）

長次郎の墓は北方村高徳寺境内にあり、「錦水小沢翁之墓」とのみ記し、戒名はない。『葎の滴』に「長次郎仏を信ぜず、没前門人の訪ふにも仏法の話、念仏の談の如きハ聞く事を欲せず、世間風流の話を聞んと欲すといふ遺言して土葬す」とあるから、そういうわけで戒名がないのだろうという。

長次郎には子がなく、母方の縁者を養女としそのムコ春雄を養子とした。春雄は医者であり、春雄の次男郁二が医師であり、その長男武男（現当主）が医師である。長英をかくまった人びとの多くが医者であり、一三〇年後にそのあとをついでいる人にまた医者が多いということは、江戸時代から明治以後をとおして今日まで、医学が家業としてたっていることを示している。長英の記憶が日本の各地に今日まであざやかにつたわっているのは、このことによるところが大きい。

仏を信ぜず、狐の精を信じなかった錦水の思想をつたえるものに、彼が晩年につくって友人にあたえた次の二首がある。

鶴亀によせてぞ老(おい)をいはましな
かねてよりしる君が無量寿
よせてまつ二見ヶ浦に祝ふ也
浪よせるとも岩はうごかじ

この二首の筆跡の他に、長次郎がつくったといわれる茶筌を見せていただいた。虫くいのある竹を利用してつくった風雅な作品である。

「CA趣味の会」と長英記念碑

小沢錦水の事蹟をしらせたのは吉川芳秋である。同じ日に名古屋にゆき、吉川家を訪問した。小沢家で見せていただいた小沢長次郎研究の初期の文献に、「CA趣味の会の吉川芳秋」と出ており、これにもとづいた高野長運の『高野長英伝』の項にも同じ名が出てくる。

ＣＡとはコマーシャル・アカデミー、市立名古屋商業学校の略号である。とてもいい学校だったそうで、ここを出てから何かやろうと言って、一九二七年度卒業の四一回生の仲間でつくった、このＣＡ趣味の会は、会員が一四、五名、代表は吉川芳秋。本草学だけでなく、民俗学とか、江戸文学とか、名古屋の郷土史についての話とか、時事問題についての話をきいた。

商業学校を出てから、それぞれの職業についていたが、ともかく一五年もつづいたのだから何か記念にしようということで、一五年間の活動の中で、小沢長次郎の存在がはっきりしてきたことは重要だというので、一九四〇年五月五日にＣＡ趣味社及関係有志として「高野長英先生寓宿之地」という記念碑をたてた。高野長運に書をたのんだ。

「ＣＡ趣味社の記録」を読むと、その創立は同人たちが商業学校を卒業した三年後の一九三〇年六月一四日であり、創刊号は同年七月二〇日刊行、吉川自身がガリ版をきり、上質の和紙にすった。当時の日本文化が外国の模倣に流れ日本の伝統を忘れていることをなげき、郷土の伝統に根ざした文化をつくりたいという考え方をもっていた。この考え方は、大正年間の柳田国男の郷土研究をつぐものであり、その活動の途上で、郷土の小沢長次郎、山崎玄庵をとおして高野長英に関心がむかった。西洋研究の源流にさかのぼって、西洋への別の接し方を考えようとした。

吉川芳秋は一九〇八年生れ、法務省に入って瀬戸少年院、更生保護委員会につとめ、一九七〇年に定年で退職した。中学生のころから本草学の研究にひかれ、名古屋の故老にはなしをきいたりした。そこから関心が蘭学にむいたという。その後、つとめのあいまに研究をつづけ、根本資料をほりおこして、『尾張郷土文化医学史攷』『同拾遺』『蘭医学郷土文化史考』『蘭医学郷土史新考』『本草蘭医科学郷土史考』などを書いた。

CA趣味の会は、創立後四五年たち、生きのこっている数人は重役とか社長になって会うひまもあまりないが、でもやったことがいくらか意義があったのはうれしい。なかでも長英先生の碑を木曽川にたてることができたことは、うれしいと言う。

ここには、漢蘭丸という陶製の火いれがある。漢蘭丸は、もとは高野長英の処方になるもので、名古屋の門弟をとおしてつたわり、京町の生田屋という薬屋が売っていた。

東北から熱田神宮に参拝した講中の誰かが急に腹痛に悩まされていると、通りがかりの男が薬籠から薬をとりだしてあたえた。これをのむと腹痛はおさまったので、何という薬かときくと、男はふところから消し炭のようなものをとりだして、「漢蘭丸」と書いてわたした。この講中の人びとの言葉をきいてなつかしそうにしていたが、

「水沢は御存知か」

とききき、旅の者が、よく知っているとこたえると、その男は涙ぐみ、やがてどこかへ立ち去ったという。

この話は、名古屋のあたりにのこっており、長英がここにいたころの話として信じられているという。

八　無籍者の死　1849-50

人相を変えて、江戸に帰る

嘉永二年（一八四九）八月、長英は、薬で顔をやいて、江戸に入り、内田弥太郎宅にあらわれた。

名古屋には長く滞在しようという心積りであったらしいが、あてにしていた知人の一人がすでに江戸に移っていたこともあり、また人のうわさにのぼることも名古屋のほうが多いと判断したらしく、江戸に帰ることにした。名古屋での滞在は七月はじめから八月なかばにかけての一と月半くらいと考えるのがよさそうである。

彼が硝石精をもちいて前額をやいて人相をかえたのは、いつどこでのことかわからない。わりあいに気ままにくらしていた宇和島、卯之町での印象記の中に、彼の顔形がかわっていたと書かれていないので、江戸入りを決心する直前のことではなかったかと思われる。

こうしてかなりの切迫感をもって江戸に入ったものの、その直後には急に緊張がとけて万事明るい見とおしをもつようになった。

八月二〇日付の斎藤丈蔵・大野昌三郎あての手紙には、「入都後又熟考仕候処、此地幽棲に甚宜敷儀有レ之　先暫時此処に卜居致し候」と書く。

米艦・英艦あいついで日本に至り幕府があわてて対策を工夫しているところから、長英のような情報通が用いられないはずはないと考え、「此節天下の一大用は洋学に候　此節辺防の事甚急務　松前　五島等も新に築城の命下り　又広く被下二檄文一被レ問二良策一候時節柄　瑣々たる細事を探索可レ致時に非ず　小生も不斗二不才一辺防の愚策可申立は此時と存じ、此節孜々専精書記し居申候　佐久間〔象山〕抔も此節態々上書に出懸候と申説なり　右等の事故　小生の事は少しも御案じ被下間敷候　不遠内に達二宿志一芽出度期二再会一候」と書いた。

のちにペリー来航にさいして交渉にあたった阿部正弘が閣老となっていたことにも、自分が近く許されるという期待をつないでいたようである。

長英には、いったん物事がよく見えはじめると、天下の状勢も身辺の状勢もあいともに明るく見えるらしく、宇和島での門下生中の秀才大野昌三郎について、一〇月一五日付の斎藤・大野兄弟あての手紙でも、江戸に来るようにうながし、「学室も別に作り置候故無二御心支一早々御出可レ被レ下候」とある。大野昌三郎が出府してきたら勉強部屋を用意し、自分が教えるつもりであったらしい。

長英最後の日に、妻子を助けた内田弥太郎・松下寿酔

前に江戸をはなれてから一年半余りで長英はここにもどり、医師沢三伯と名のって青山百人町に

妻子とともに住んだ。ここで次男、要（理三郎）がうまれた。

あくる年の嘉永三年（一八五〇）に危険を感じて下総の花香恭法のもとに身をよせた他は、おおむね江戸市中にかくれていたと見てよい。高野長運によれば、千葉県香取郡万歳村の花香恭法方に嘉永三年三月の日付のある一金五両也の「環」の印のある長英の借用証文と「環老人」の署名のある長英の手紙とがのこっていた。

長英は獄中からも牢名主としての収入の中から妻子あてに生活費を送っていただろうが、送金にかかわる手紙は今は残っていない。宇和島にいたころは、妻子あての送金に必要だと言って藩医富沢礼中をとおして一〇両前借を藩に嘉永一年八月三日付で要求しており、藩は許可する旨記録にとどめている。その送金は、幕府与力内田弥太郎をとおして長英の妻子にわたっていた。長英最後の日に、その妻子を助けたのは、この内田弥太郎と、水野大監物家来、松下寿酔である。

内田について、大槻文彦はこんなことを書いている。

長英ノ妻ハ江戸深川ノ芸妓ナリシ由ナリ。入獄前ニ一女アリキ。妻ノ弟ニ松永トカイフ者アリテ、幕府ノ御家人上（あが）リカナドニテ、無頼漢ナリキ。長英、宇和島ニアリシトキ、毎月、人ニ託シテ、金ヲ江戸ノ内田五観（いつみ）〔弥太郎の号〕ニ送リ、妻ノ弟、内田氏ニ来テ請取（うけと）ルヲ例トセリ。一度延着セシコトアリシニ、妻ノ弟、内田氏ヲ疑ヒテ、大声ニ隠事（かくしごと）ヲ言ヒテ、内田氏困却（こんきゃく）セシコトアリシ由、内田氏ノ直話ナリキ。（内田氏ハ二十余年前ニ七十歳許（ばかり）ニテ死セリ）

入獄から脱獄をへてその死にいたるまでの一一年間、終始かたわらで長英の世話をした内田弥太郎（一八〇五〜八二）は、名は恭。「ウチダ」をもじって「宇宙堂主人」と号したこともある。観斎という号もあり、晩年は五観と称した。

内田は幕臣としてその最下級の身分である留守居役支配明屋敷番（あきやしきばん）伊賀者に属する。長英が長年月にわたって脱走を続けられたのは幕府の情報機関内部にこういう助言者がいたからである。内田は宇和島の長英と連絡をとっていたが、彼は幕府の政策はなおも長英にとって不利と判断していたらしい。しかし、内田に前もってしらせることなく長英がすでに彼の家にあらわれてしまったので、やむなく実兄の息子宮城信四郎らにたのんで長英のかくれがをさがした。

内田弥太郎は、幼いころに日下誠について和算をまなび関流の皆伝をうけた。長英の門人になって天文学と数学とをまなび、渡辺崋山におされて、代官江川太郎左衛門の手附となって江戸湾海岸の測量をおこないその功を認められたことは、すでに書いた。

数学者として大いに業績のあった人で、遠藤利貞『増修・日本数学史』（恒雲社原生閣、一九六〇年刊）によると、幕末和算史上にもっとも名高い人の一人だった。もっとも遠藤は内田を数学史上に新機軸をひらいた人としては見ていない。弥太郎は、おなじ日下誠を師とする和田寧にひそかに教えをうけて、円理の新法をならい、のちにみずからの発明であるかのようによそおうて弟子につたえた、と遠藤はいう。

江戸四谷忍原横町に住み、家塾を瑪得瑪第加（マテマチカ）と呼び、よく蘭書を読み、門弟数百人、その影響力によってよく真の発明家をかくしとおした。「吁々（ああ）、その心意の卑劣なる、誰か同氏の為めに惜まざらんや。然りと雖も、五観〔弥太郎の号〕門人多くして、学派東西に広し。これ故に、和田の円理学、その伝播の甚だ速かなりしは、斯道の為めに、好みする所なり」。幕末の兵火をさけるために、内田は自分の蔵書を下総の五井駅に移した。するとたまたま近所に火事があって、本はことごとくやけてしまった。「内田五観蔵する算書数百巻また下総に灰燼す。噫呼、天奚ぞ数学書に災するかくの如く甚しきや」（遠藤利貞『増修・日本数学史』）。

明治二年（一八六九）に大学に出仕し、星学局の監督となりのちに文部省から内務省に移った。太陽暦が理にかなっているから西洋諸国とおなじくこれを採用すべきだと上書し、明治五年暦局主任となって太陽暦への改暦を指導した。明治一二年東京学士会院会員にえらばれ、明治一五年（一八八二）三月二九日、湯島天神町の邸でなくなった。七七歳。

長英最後の日々に彼を助けた松下寿酔は、兵学者鈴木春山が長英にひきあわせた人で、義侠心にとみ、春山の死後も、春山とおなじく長英に信義をつくした。彼がどれほど、長英を幕府の手先からかくすのに努力したかは、長英の死後、松下寿酔自身とその息子健作とがともに遠島を言いわたされていることによって推定できる。

この時には、内田弥太郎は罰せられなかったが、その身がわりとして、弥太郎の甥で幕府の御小人である宮城信四郎が遠島に処せられた。幕府のまかない方をつとめる伊藤弥十郎の祖母ひでもともに遠島を申しつけられている。松下家、宮城家、いずれも断絶して、明治以後は、これらの人びとの行方は知れない。

青山百人町の家で、捕方におそわれる

嘉永三年（一八五〇）一〇月三〇日夜、長英は青山百人町の家を捕方におそわれた。捕方の一人であった同心加藤某は、高橋梵仙「高野長英の最期」（『奥羽史談』第四一号）のほりおこした資料によると、明治に入ってから次のように語った。

高野長英は、青山百人町に住みて医を業となせしが、慷慨家たる渡辺崋山其外と密会なし〔崋山が死んでいたことはこの高齢の人の念頭にしばらくなかったものと見える〕陰謀を議する事あれば、護身の法にも十分注意なし、門より玄関迄の間を落葉にて敷つめ、何者が忍び入りても、跫音の聞えるやうに出来へ置き、又我居間の床の間にも仕掛け、抜け穴を穿け、上を掛物にて覆ひ、事有る時は、爰より出で、青山の原へ遁れる用意をなしおくなど、中々に心を用ひ、少しも油断をなさゞれば、幕吏ら種々探査を遂げんとするも、輙く近づく能はず、空しく労するのみなりしが、一人小賢しき者ありて、窃かに手順を立て、先づ同心某といふ頗る手利き、而も剛胆なる者を撰みて、仮りに負傷者となし、全身を紅にて濺ぎ、髪をさばきて、奈にも苦しげなる態に取こしらへ、是を戸板に乗せ、同じく仲間に作りたる四、五人が付添ひ、長英の門より、ドカ〳〵とはひり、玄関前にて、わざと声を張上げ、我々は某家の仲間なるが、只今仲間同志喧嘩をなし、大負傷を出したり、先生の御療治を願ひたく、漸く連れ来れりと云ひ込みしが、高野長英は常々易学を好み、毎朝起きると、直ちに一占し、其日の吉凶を考へ、用心するを例

となし居りしに、生憎前夜は、夜を更して思はずも熟眠なし居たる事とて此声を聞き跳起き、易を見るの暇もなく、玄関へ立出で見るに、一人の大男、疵だらけと覚しく、鮮血淋漓たるまゝ、戸板の上に横臥し、外の者共介抱なし居るさまに、捕り方の役人なりとは、更に気づかず、夫れは定めて難儀ならん、我療治して得させんと云ひつゝ、戸板の側へ寄り、疵所を検ためんとする刹那、其負傷者と見せたる役人、忽ちムク〳〵と起上り、御用と言ひも敢へず、長英に組つきたり、長英は余りの不意に驚ろくものから、引ほどきて、一ト当あて、玄関より居間へ入り、例の床間の抜穴より青山の原へ逸走なす予て手配りをなしおきしが、爰にも若干の役人ありて、道を塞ぎ、後よりは、以前の捕方追ひ来り生捕らんと犇めきしかど、長英必死の勇を振ひ、一方の活路を開き逃失んとなしゝかば、止むを得ず、十手を以て散々打のめし、弱る処を、取って押へ頓て縄を懸けたれども、手痛く打れしゆえ、半死半生にて立つ事ならず、余儀なく駕を雇ひ、南町奉行屋敷へ護送の途中、長英は一声うめくと其侭絶命なしたりとぞ。
（田村正義編『続々歌舞伎年代記』乾巻の拾九、明治十九丙戌年五月十三日条。一九二二年刊）

事件後三七年たってからの思い出ばなしだからこまかいところは頭の中でつくりかえられているかもしれない。

奉行所の公式発表では長英が自分のわきざしでのどをついて死のうとしたところをとりおさえたが、その傷が重くて、役所についた後で死亡したとある。これは、捕手の側の責任をのがれるためにとりつくろった発表と見るほうが適当であろう。自分の刀で自殺しようとしたのかもしれないが、たくさんの捕方の十手で所きらわずなぐられて、護送途中でなくなったものと見られる。
長英宅に重傷者をよそおうてかつぎこまれた捕方、ともに最初に入った捕方は、役所に特別の賞金をもらった。その六人ほどの中に加藤という名が見えないところを見ると、先の説話の主は、捕方にくわわっていたとしても先発隊に属してはいなかったのだろう。

事件への幕府の正式発表

土浦藩の国学者色川三中（一八〇二〜五五）の旧蔵文庫の中から出た『高野長英御裁許書』によると、この事件についての幕府の正式発表は次の如くである。

百人頭牧野兵庫組同心青山百人町組屋
敷小島助次郎借家
高野長英事沢三伯　戌四十六歳

右高野長英儀去ル十一年以前子年中迄麹町隼人様御留守居与力青山儀兵衛借地蘭方医師に有之
書物類之儀ニ付　御吟味ニ相成一件之者之内　三宅土佐守家老渡辺登と申者切腹致落着之節
長英は永牢　被仰付七ケ年以前辰の年中迄在牢致居候処　同年六月中牢屋敷へ立入候非人栄蔵と
申者江金拾壱両差遣し　品々程能同人を申透し置　長英儀は逃去行衛相知不申　怪火一条に付
非人栄蔵召捕に相成　高野長英より被頼附火致候　趣申立候故　諸国津々浦々迄人相書を以
て長英穿鑿方厳敷致候得共　更に相知不申　栄蔵儀は御仕置に相成　其後厳重夫々探索有之

候処　前書之場所に罷在候　去晦日夜南三廻り方にて踏入召捕候節手先三人江手疵を為負逃去
可申処押掛取押候得共　自身と抜持居候脇指にて咽を突候故　捻取候得共　重疵故御役所
江召連候後相果候由珍事に付此段奉申上候　以上

嘉永三年十一月　　丸尾半七

戌十一月朔日　長英事三伯妻　ゆき　三十九歳
同母え指添入牢　同人娘　もと　十一歳
同　同人倅要事　融　四歳
同　同人倅　理三郎　当歳

高野長英御裁許書

嘉永三年十二月二十一日落着
百人頭牧野兵庫組同心小島助次郎地面内ニ忍ヒ罷在候
存命ニ候ハヾ死罪　　高野長英
水野大監物家来
遠嶋　　松下寿酔
同　同人倅　　同　健作
遠嶋　御小人　　宮野（ママ）信四郎
同　御賄伊藤弥十郎祖母　　ひで

御褒美
拾五両　定廻り　小林藤太郎
拾五両　栗野　市平
七両　大関庄三郎
拾五両　臨時廻り　古谷　監助
拾五両　小林平十郎
七両　渡辺喜平次
外七人
御褒美被下置候事
　御譜代被仰付候　小林藤太郎
三十俵二人扶持新規御抱入被仰付候　小林平十郎

妻わきと三人の子への処置

捕方の生き残り同心加藤の説話によれば、長英の妻ゆきも、おなじ夜とらわれて後に法廷にひきだされた。

其のち、女房も、良人の罪悪を知らざることはあるまじ迚、召捕へ、法廷へ引出されし際、良人長英は、強盗の見込にて捕はれたるなりとの事を聞き、無念の涙に、かきくれ、御国の為めに罪科を犯せしものを、強盗との御見込は、情なしと、徳川氏の秕政をあげ、満腔の気焔を吐きしには、聞く者、坐ろに同情の涙を、そそぎたりと。

妻ゆきは隠居をおおせつけられ、三人の子は親戚に家産とともにおあずかりということになって、妻の弟に託された。妻の弟とは、前にひいた大槻文彦の文にある内田弥太郎をおどした、御家人くずれの無頼漢であろう。

大槻は、水沢に近い一ノ関の出身であり、大槻玄沢以来、蘭学に関心をもち杉田玄白の門下になった人だから、同藩（伊達の支藩）として同学の人として長英のうわさがくりかえし出てくる家の中でそだった。明治に入って長英のことをはばからずに書けるようになってから、玄沢の子磐渓の、そのまた子にあたる如電と文彦とがともに長英について語りついだことは自然である。

大槻文彦『高野長英行状逸話』によれば、長英は召捕の夜、庭にしきつめてあった落葉に音がしたが、戸をあけて見るとすでに人影がない。不吉な気配を感じて妻に自分は逃げると言った。すると妻は、今ちょうどおそばをたのんだところですから、それが来たらひと椀たべてからおいでなさい、と言った。やがてそばやの出前が来て、「おあつらえ」と言って台所の戸をひらくと同時に捕方がおしいった、という。

長英にだきついた捕方は「御女郎亀」とあだ名されていた男で、この男のわきばらを、長英はふところの短刀をさか手に抜いてうしろにむかってさし、前からむかってきたもう一人をふたたびさ

か手で切りさげ、かえす刀で自分ののどをついて倒れたという。さらに続けて、

長英ノ家族此時、妻、長女、三歳ノ男ト当歳ノ男トナリキ。妻子ハ一応ノ調（しら）ベアリシカド構へナシニテ放免トナリキ。此長女ハ後ニ吉原ニ売ラレテ稲本楼ノ娼妓トナレリ。妻ノ弟ノ所為ナルベシ。然ルニ安政二年十月ノ大震ノ時、稲本楼ニテハ娼妓数十人ヲ悉（ことごと）ク穴蔵ニ入レテ免レシメントシテ却（かえっ）テ悉ク死セシメ妓ノ生存セシモノ僅（わずか）ニ六人ニシテ長英ノ女其死亡ノ数ニ入レリ。酸鼻亦極レリ。而（しか）シテ長英ノ妻及ヒ二男児ハ其（その）行キシ所ヲ知ラズ。

伊藤圭介が長英について書いた手記に「妻は青地林宗の女なりし」という文があるが、これは同時代の他の人びとの言うことと合っていない。長英自身は獄中手記『わすれがたみ』の中で「千里の遊生都下に留寓し、去歳の冬亡家の女を娶ることなれば、外には親族の助力なく」と言っており、すでに青地林宗は死んでいるからこの亡家の女とは林宗の娘だと言えないこともないが、水戸徳川侯の医員で名声ある蘭学者青地林宗の娘をもらったのなら、親族の援助なしというのはいくらかかわっている。林宗の二男五女のうち、二男はともに少年のころ溺死し、五女のうち四女宮子は長英在世中の嘉永二年（一八四九）四月七日に三一歳でなくなったと浅草曹源寺過去帳にあり、五女信子は天保二年（一八三一）に一〇歳でなくなったとある。

林宗の他の娘が当時の高名な蘭学者、萩藩医坪井信道、おなじく蘭学者で伊東玄朴門下の伊東玄晁、おなじく蘭学者で九鬼侯医官川本幸民にそれぞれ嫁していることを考えあわせれば、長英入獄にさいしてこれらの人びとが動かないのもおかしいし、長英死後に孤立無援の妹が三児をかかえて

いるのを、親類が見て見ぬふりをしていることはさらにおかしい。

長英の言葉をそのままうけとって、「亡家の女」を妻としたと考えるのがおそらく事実に近いであろう。

もし彼女が長英の伝を書いたとすれば、公人としての仕事によって長英を見るのとはちがう尺度によって彼をはかるものとなったであろう。長英の脱獄をてつだってみずから死刑となった非人栄蔵もまた、もし彼が長英の肖像を書くとすれば、別の長英の肖像をえがいたであろう。

長英の遺骨は不明

郷里に近い前沢町にあって、甥の茂木恭一郎のもとに身をよせていた長英の母美也はこの時七〇歳。さらに一一年生きながらえて、文久一年（一八六一）九月二日、八一歳でなくなった。その墓石には「孤笛長嘯信女」ときざまれ、前沢の茂木家の墓所の隅におかれた。明治に入ってからもしばらくは、あれはてた中に自然にうもれるように、ぽつんと置かれていたという。

明治三十何年かに、東大医学部の入沢達吉は、妻の父親の家に維新前からつとめていた老女に昔話をきいているうちに、今この家のある青山の南町六丁目のところに高野長英がかくれていてそこでなくなった家があるという。

ある夏のあつい日に入沢は馬車でその家にたずねてゆくと、茅葺きの昔風の家から泉猪太郎という主人が出て来て、たしかにここが長英の自刃した場所だときいているけれども、この家は幕末の旧宅ではなく、そのあとに泉自身が別のところから移してきてたてた家であると説明した（入沢達吉「高野長英自刃の場所」『日本医事新報』一九三四年二月一〇日号）。

その場所は青山南町六丁目四三番地（現在は南青山五丁目六番地）であり、そこから遠くない善光寺境内に長英記念碑がたてられた。長英の遺骨はいまだにそのありかがわからない。

九　よみがえる長英

明治初年、蘭学者たちが長英資料を収集

明治六年（一八七三）一月一日、大槻磐渓は、父の大槻玄沢が蘭学社中を自宅にまねいて、「おらんだ正月」を祝う「新元会」を久しぶりで復活させて、この日にはじまる日本での太陽暦の実施を祝った。

まねかれた人びとは杉田氏、桂川氏、宇田川氏、坪井氏、箕作氏など、江戸時代の蘭学の名家の流れをひく人びとである。いずれも旧幕時代にも公認の開明派に属する学者たちであったとはいえ、彼らの仲間にあって非命にたおれた人びとのこともうわさにのぼったにちがいない。

磐渓の子大槻如電はそのころ思いたって、『洋学年表』の編纂にしたがい、父の死の前年、明治一〇年（一八七七）にこれを刊行した。この『洋学年表』には高野長英についても多くの記事が見える。

この中に、勝海舟からの手紙もひかれている。

海舟よりおのれ如電への書翰中に左の一節あり

当年を思出候へば幕臣にてアベセの片端をも読得（よみえ）候者（もの）は士大夫中に無之（これなく）小拙（しょうせつ）其頃（そのころ）筑前藩永井青厓と申す人に付ガラマチカ抔読習（などよみならい）官よりは禁足を被命居（めいぜられおり）夜中内々他行位之事にて実にをかしき事に候其折（そのせつ）馬屋同心隠居都甲斧太郎と申（もうす）老人小関三英高野長英に従ひ学（まなび）候由此老人のみは折々尋聞も候ひき当時此等の事思出候へバ卅年の一夢と存候

この年、弘化二年乙巳（一八四五）に徳川家人勝麟太郎は二二歳で、はじめてオランダ学をまなびはじめた。剣術から砲術に入り、大砲筒上に横文字のあるのを読むことができず蘭学の必要を感じたという。この年は高野長英が小伝馬町獄舎の大火に乗じて脱出して行方をくらました年でもあった。

こうして明治のはじめに、旧幕府時代生きのこりの蘭学者たちの手で、長英についての資料は少しずつあつめられていった。江戸だけでなく、江戸に近い上州、蘭学のさかんだった宇和島においても、それぞれ知人の世間話の中に長英の肖像がつくられていった。

自由民権運動の活動家・藤田茂吉の長英像

明治七年（一八七四）にはじまる自由民権運動は、そのたかまりの中で、自分たちの理想を過去に投影して長英の像をつくった。

福沢諭吉門下の新聞人でのちに郵便報知新聞社長、国会議員になった藤田茂吉（一八五二〜九二）の著『文明東漸史』（郵便報知新聞社、一八八四年刊）は、中村敬宇、栗本鋤雲の序を得て、旧幕開明派から明治民権派がバトンをうけついだ形であり、その目的は、西洋文明を日本が受けいれる過程を記し、その中で渡辺崋山・高野長英の役割をひろくしらせることにあった。

藤田茂吉は、松島栄一が『明治史論集・一』（明治文学全集・筑摩書房、一九六五年刊）の解説で述べたように、「維新ノ革命」を徳川の失政、勤王志士の運動によるとするのは最近の原因だけによって見るものであるとし、ヨーロッパにおけるワットの蒸気機関の発明などにあらわれた産業革命にはじまる文明が日本に到来したものと見る。このように維新の変革を考える時、当然その源流として渡辺崋山・高野長英が見えてくる。藤田は、外面的な技術の変革としてだけ文明を見ているのではない。文明を支える各個人内部の思想と感情とを、彼は決して見逃すことがなかった。

高野長英の評価においても、次のような文明の基準があらわれる。

> 其獄に下るに及で、奸吏の為め中てられたるを察知し、其罪を得て獄に繋れたる顛末及び獄中の実況を記して二書を著し、之を世に伝ふるに至りては、其精神と其識力と、自ら邦人の為し能はざる所にして、而して其罪跡の原因結果を明かにするの文に至りては、又文明人の所為と謂ふ可し。

ここにあるような文明人が欧米にどれほどいたかについては今は保留することとし、ここにヨーロッパ文明の理想があったということだけを受けいれるならば、投獄されても罪を認めず投獄の原因を推理分析して手記を書いた高野長英の流儀は、まさにヨーロッパの近代文明の理想と合致し、日本の伝統に新しい質をくわえるものであった。

藤田茂吉は長英の功績をその翻訳にあったとし、これを決して低く見ることなく、長英が翻訳に二重の困難があるとなげいたことに注目した。

長英蘭書を読み造詣極めて深し。其訳文に巧なる、当時西学社中に独歩し、儕輩皆企て及ぶこと能はず。其三兵「タクチーキ」の如き、一時伝称、古今の奇書となす。嘗て曰く、余西文を読んで漸く自在なるに至れり。唯訳文に於ける、之を読む者の自在ならざるを苦むなり。翻訳の文巧妙にして、正しく原文の意味を写す時は、反て読者の煩を来す。是れ東西、風俗人情を異にし、開化の人と未開の人と、其意想の品位格質に大差異あるが為なり。凡そ人の事物を解得するは、其想像の及ぶ所に止る。人、其未だ曽て見ざる所の者に接し、未だ曽て聞かざる所の者に遇へば、唯類推して之を想像し、然後始て之を解得するのみ。然れども今之を類推す可き者を見出すこと能はざるに至りては、遂に解得の力を有せざるものなり。故に西書を訳すること極めて難し。之れを読んで解するは、一層難からざるを得ずと。真に知言なり。是時に当り此等の言をなす者、日本国を挙て唯一の長英あるのみ。

藤田が長英伝の巻末に、翻訳の困難についての自覚をもつ翻訳家、獄に投ぜられて投獄の経過を実証的に書きつづることをもって文明の精神をにない得た人という二点をあげて長英をおしていることは、すぐれた見識だと思う。

このような長英観を軸として、長英と崋山を中心において日本文化史を書いたのである。

二氏〔崋山、長英〕の事大に我国の文明に関せり。又以て当時幕府の施政如何を知るに足れり。

苟くも日本の文明史を編せんと欲せば、宜しく二氏の蹤蹟を尋ねて、之れが端緒を求めざる可らず。

自由民権運動の活動家として、主として新聞の編集と執筆にあけくれしていた藤田茂吉は、自分が警察官、囚人、囚人の獄外の家族にたいしてもつ感情をもって長英の生涯をふりかえった。おそらくは藤田茂吉著『文明東漸史』高野長英伝の部の異本と見られる写本が、ほぼ年齢を同じくする福沢門下の実業家で改進党結成に力をかした朝吹英二（一八五〇〜一九一八）の旧蔵本の中から慶応大学図書館に送られて今日残っている。これによって見ると、獄中の長英と非人栄蔵の関係は次のように理想化されてかかれている。

是ヨリ先栄蔵ト云者アリ罪ヲ犯シテ獄舎ニ繋カル長英其才智ヲ愛シ且後来己ノ助勢者トナサントシ密カニ告ケテ云フ汝ニ罪ヲ免ル、ヘキ法ヲ授ケン官吏ノ糾断ニ答フルハ方ニ云々スベシ必無罪ニ帰シテ再人間界ニ出ツルヲ得ント遁辞ヲ教ヘテ罪条ヲ包ミ匿サシム栄蔵大ニ悦ヒテ曰ク罪ヲ犯シテ刑ヲ受クルハ固ヨリ其甘スル所ナリ然ドモ尚一事ノ娑婆世界ニ残シシ者アリ常ニ其事ノ遂ゲザルヲ遺憾トス今其授カル所ニ因リテ幸ニ出獄スルヲ得ハ何ヲ以テコレニ酬ヒン長英云フ我固ヨリ大罪ヲ犯シシニアラズ然ルニ限リモ知レヌ月日ヲコノ獄中ニ送ルハ男子ノ恥ツル所ナリ汝若シ世ニ出ツルヲ得バ獄舎ノ近傍ニ火ヲ放チテ牢屋切放ノ事ヲ謀ルヘシ我再世ニ出ツルコトアラバ又大ニ為スコトヲ得ベシト既ニシテ栄蔵其法ニ因リテ無罪タルヲ得シカバ是歳（天保十二年）四月三日栄蔵遂ニ放火シケレバ罪人ハ皆切放トナリテ四方ニ散スこの写本は、また、長英の長女もとが叔父のために一四歳の時に娼妓に売られ「美人ナレバ頗ル会盛ノ聞エアリ」とし、安政二年一〇月二日の大地震で新吉原稲本楼が倒れて焼けた時に一八歳でなくなったとしている。ここでも「其他ノ子女ハ往ク所ヲ知ラズ」とある。

長英召捕を手配した南組同心御密廻り小林藤太郎は「コノ功ニ因リテ与力ニ昇リシトソ」とある。彼は御譜代席おおせつけられ、奉行の手もとから八丈縞一疋、金一五両くだされたという。「此時世評ニ小林ハ手ヲ下サズシテ御褒美ニ預リシハ仕合セ者ナリト人々コレヲ羨ミタリ」。長英に直接とびかかった捕方のうち、「辰五郎ハ手疵全快ニテ明治八年（一八七五）マテ生キ居リシ由同人ノ家ハ白雲膏ヲ売リテ四谷某町ニ住ス故ニ四谷白雲膏ト呼ヒテ其通称トナルト云フ」

河竹黙阿弥の芝居『夢物語蘆生容画』

崋山・長英についてのうわさがさかんになるにつれて、二人についての芝居を舞台にのせようという考えが興行師の間にうまれた。案にたがわず、芝居は大成功で、そのころは芝居小屋がいっぱいになることなどあまりなかったのに客どめの大いりになり、四五日間も打ちつづけるという盛況だった。いかに江戸市中の人びとにとって、崋山・長英が話題となっていたかがわかる。

河竹黙阿弥（一八一六〜九三）の書いた『夢物語蘆生容画』七幕一五場は、明治一九年（一八八六）五月一〇日から、新富座で上演された。役者は、渡辺崋山（市川団十郎）、高野長英（市川左団次）、小関三英（市川海老蔵）、崋山妻おたか（坂東秀調）、長英女房お道（沢村源之助）、鳥居耀

「高野長英捕卒ヲ斬テ自殺スル図」(藤田茂吉著述『文明東漸史』より)

蔵（市川団右衛門）など。一つの芝居で一人数役をつとめるのが当時のしきたりで、悪人役者の市川団右衛門は鳥居耀蔵とともに、荒川段斎をもつとめた。市川団十郎は崋山とともに、輪法寺の愛善、町方尾村藤太郎を、市川左団次は長英とともに、崋山の母おりをになった。

そのころ一三歳だった岡本敬二、のちの劇作家岡本綺堂（一八七二〜一九三九）は、新富座の五月の芝居につれていってもらって、後年、その時の印象をこまかく記している。

馬鹿な話をするようであるが、その頃までのわたしは、劇場というものは滅多に満員になるわけのものではない。劇場の土間や桟敷があんなに広く作られているのは、たとえば多摩川の河原の如きものである。普通の場合には、水は単に河原の一部を流れているに過ぎない。ただ三年目に一度か、五年目に一度の増水等の用心のために、無用の河原を広く残して置くのである。劇場もやはり其の通りで、何年目に一度という万一の用心のために、あんなに広く作られているのであろうと、わたしは子供ごころに考えていた。その推断はかの鳥熊（春木座の座主として安い芝居を興行した鳥屋熊吉）の芝居の毎興行大入りによって動かされたのではあるが、それでも彼（あれ）は特殊の興行であって、普通の芝居の例にはならないと思っていた。ところが、今度という今度、わたしはその〝多摩川の河原〟が一面の水に浸されているのを初めて見せられた。まったくそれは大洪水であった。土間も高土間も桟敷も、人を以て真っ黒に埋められている大入りの盛況に、わたしは少し呆気（あっけ）に取られた位であった。（岡本綺堂「『船弁慶』と『夢物語』」、『ランプの下にて』青蛙房、一九六五年刊）

ほとんど同時に開幕した千歳座は、新富座と互角の人気のある俳優たちをそろえて、菊五郎、九蔵、松助、寿美蔵らの『恋闇鵜飼燎(こいのやみうかいのかがりび)』を出したが、散々の入りだった。競争に負けたわけは、俳優の人気によるものではなく、『夢物語』の復活という主題にあった。

『夢物語』は岡本綺堂にとってはおもしろい芝居ではなかったが、その評判は大したもので、団十郎の崋山が舞台でほんとうに絵をかくとか、左団次の長英の捕物の場でどしゃぶりの本雨が横に降るとか、柳が風になびく仕掛けがあるとか、そういううわさがおおげさに吹聴されて、芝居ずきの人はみな新富座にあつまったという。

父のあとについて綺堂が楽屋に行くと、団十郎が今度の芝居について講釈をした。

「本のままじゃあ、どうなるもんですか、河竹なんぞは何をいっているのかわかりゃしません」

そう言って、団十郎は自分の意見で脚本にいろいろの訂正をくわえたのを自慢していたという。原作の脚本にあきたらず、種々の改訂を試みていたらしい、と綺堂はつたえている。

長英像を理想化する黙阿弥脚本

もともと、黙阿弥の脚本は、二年前に出た藤田茂吉の『文明東漸史』を潤色したもので、原書とおなじく、崋山と長英をいちじるしく理想化してえがいている。

幕は神田明神茶見世の場であき、そこに無量寿寺の順宣があらわれて無人島行きの同志をつのり、渡辺崋山えがく万国旗印の絵図面を出して説明する。その絵図面をすりとられ、やがて幕府の手先花井虎一の手に入って、鳥居耀蔵一味が崋山・長英をおとしいれる道具として使われる。

　長英は酒がすきで、吉原の場などもあるが、ただ酒をのむだけで、娼妓の身になって考える人としてえがかれる。『夢物語』を書くのも、弾圧の危険を知ってあえてこれをする愛国の誠から出たもので、この点では小関三英はこのように危険なことには手出しをするべきでないとして学者専業で行きたいと考えるので、長英・崋山とは意見がちがう。以下は長英宅の奥の間で。


〔長英〕いか程御意見めさるるとも、手前に於ては一身を犠（いけにえ）となし愛国の、意を貫くの外はなし。

〔三栄〕いや左程まで御決心めされし上は是非もなし、手前に於ては其の論の合はざるゆゑにお暇（いとま）申す。

〔登〕いや、それにては何（なに）とやら呉越の基（もと）ゐに相成れば、先づ〳〵是に御同座あれ。

〔三栄〕夕景よりして今日は脱（のが）れ難き所用ござれば、お先へお暇いたしたし。

〔登〕然らば手前にお任（まか）せあつて、論議の合はぬ御不承は、必らずお心にさへられな。

〔三栄〕何（いず）れの道も天下の為め、愛国心より出（いで）し事、何ゆゑ心にさへませうや。


　三栄（実は三英）と長英、崋山が政治上の道がわかれるとはいえ、目的は愛国であって一つであるという。この「愛国」は、この芝居全体をつらぬく思想である。あとにのこされた長英と崋山が志を語るくだりでも。

〔長英〕老中始め諸役人それ〔モリソン号打払不利の〕に心の附かざるは、是非なき事にはござれども、政事を預かる役人に此の理を解する人なきは、
〔登〕歎かはしきの極みにて、斯かる大事を軽率に国法守り打ち払ふ、評議に決すは何事ぞ。
〔長英〕されば此の身を犠に、飽くまで諷諫なせし上、
〔登〕罪科を受けて死するとも、天下の為めの愛国心、
〔長英〕命を軽んじ名を惜しむは、
〔登〕これぞ我が朝　皇の、
〔長英〕御国に生ぜし日本　魂。
〔登〕猶この上も、
〔両人〕お談じ申さん。

ここに、長英の妻お道が酒道具をもって出て来て、両者酒をのんでいると、隣家から謡の声が入って来て、項羽が寵姫虞氏と別れるくだりである。

やがて花井虎一の小細工が功を奏し、蛮社の獄がはじまり、崋山は自刃、長英は長く獄舎につながれるが、ある夜、大火があって、囚人は放たれる。この大火の夜の群集の動きをつたえる場面は、幕末というよりは明治初期の時代のどよめきがつたわってくる。この部分をとって見ると、黙阿弥

のこの劇は、後世の劇史家の言うような愚作とは思われない。

切放しの夜の場は、牢に近い道で、そば屋が売荷をおろしてそばをこしらえているところからはじまる。切放しにあった囚人が来ると、なぐられてただ食いされるぞといううわさをきいて、そば屋は、あわてて裏にひきこむ。そこに囚人数人があらわれて、足袋屋を見つけて、戸をたたく。

〔紋兵（主人）〕 まあ〱お待ちなされて下りませ。（ト 留めながら、皆々を透し見てびっくりなし）、や、あなた方は、
〔囚一〕 今夜伝馬町で牢払ひになつた、凶状持の囚人だ。
〔囚二〕 丁度今爰へ来合せ、装ごしらへに困つたところ、庇へ出した看板の、
〔囚三〕 足袋の印が物怪の幸ひ、先づ三尺に手拭足袋を、
〔囚四〕 こつちの家から持つて行かうと、それで表を叩くのだ。
〔囚五〕 今爰には六人だが、追々跡からやつて来るから、
〔囚六〕 銭に糸目は附けねえから、品を揃へて出してくれ。
〔紋兵〕 畏りましてはございますが、よい塩梅に品物が、揃つて居ればようござりますが。
〔囚一〕 べらぼうめ、この家体骨を張つて居て、四十足や五十足の足袋がねえとは言はさねえぞ。
〔囚二〕 雨戸を明けて縁台もおろして、客の扱ひをしろ。
〔囚三〕 ただの客とは訳が違ふ、憚りながら金箔附きの、

〈囚四〉是れでも天下の、
〈六人〉囚人だぞ。（ト　きつといふ）。

やがて長英が、隅の隠居、頭役、二番役その他の囚人をひきつれて、あらわれ、あつまっている同牢の囚人たちにあいさつをする。

〈長英〉今言ひ聞かすのは外ぢやあねえ、鎮た後とはいひながら往来繁き筋違外、閉す町家の軒並び、斯うひつそりとする訳がねえのに、大方牢払ひの噂を聞いて恐れをなし、表の締りをしたと見えるが、是に附けても情ねえは、御出役の外娑婆へ出て口のきけねえ互ひの身の上、先づ永牢のおれを初め入牢中は呼出しの外、日の目といつては見られねえ肩書附きの囚人が、三日の間の解放しは、是れはお上のお慈悲だから有難い事と身を慎み、夜盗かつさき家尻切り押借り強盗乱暴などは、決してする事相成らぬぞ。（ト　きつと言ふ、隅の隠居思入あつて）。

〈隠居〉市中で乱暴する時は、後日にそれが露顕して名主様を始めとして、役附の者の不念となり、しくじらにやならねえ訳だ。

〈頭〉今日此頃の新入から羽目通りの奴などは、耳を浚つて聞いておけよ。（ト　よろしく思入）。

〈仁三〉思ひがけねえ此の火事も、旦那が教へた言ひ取りで切られる所を助かつて構ひで済んだ幸

蔵が、出る時赤猫を頼んでやつたが、あの恩返しに苦心をして今夜附けたに違ひねえ。（ト
言ふを冠せ）、

〔長英〕これ神妙にしねえか、四辺を見て物を言へ。ひよつと耳になつた日には又も御用になつた上、罪に落ちりやあ焙りの凶状、必ずあれが仕業などと世間の者に言はぬがいいぞ、それに又一統も其身を蔽ふ罪科に、三日が内もおつけ晴れ市中へ出ては済まねえ体、親兄弟や身寄りがあらば、其所へ頼つて蟄して居て、日限前に回向院へ帰つて来るやうに心掛ける、さうさへすれば身に重い罪も減じて軽くなり、死罪は遠島、遠島は構ひとなるは理の当然、そこが則ちお慈悲だから、決して解放し中逃げ去るな。（ト　よろしく言諭す）。

ここにすでに幸蔵（実は栄蔵）のことが出ており、それが長英が帰れぬ理由となるという伏線も張られている。

長英はここで自分の身のふり方は別として、じぶんの配下たちにそれぞれの身のためになるようにと政治的な演説をしている。この長英の策士らしい性格のとらえかたもおもしろいし、長英におもねっている同獄の仁三郎というすりが、吉原で長英のかよっていた水沢出身の娼妓の情夫であり、やがて江戸に潜伏中の長英に再会してから彼の所在を軽々しく口にして奉行所にしらすという二重性格をよくえがいており、この芝居を、善玉・悪玉の単純な劇ではなく、社会心理を底においた歴史劇にしている。

市川左団次が演ずる長英（明治一九年六月二九日号『歌舞伎新報』の表紙より）

長英は仲間と別れてひとりで、近くの蘭方医荒川段斎（実は大槻俊斎）をおとずれる。

〔長英〕入牢中の御礼を申し度く、先づ取り敢へず参堂いたした。

〔段斎〕入牢中の礼と仰しゃるは、

〔長英〕入牢いたしてより其の後は、よく見舞を入れて下されたの。

〔段斎〕え、（ト　びっくりなし、誂への合方になり）、

〔長英〕当時蘭家の先生と世間でもっちやうされるのは、こりや誰の蔭だと思ひ居る、此の長英が蘭学の教示いたせし故なるぞ。鳥類でさへ恩を返すに我入牢中ただの一度上へ願って見舞もせぬとは恩を知らざる人畜生、まま、それはそれにした所が、以前に替る立派な住居、玄関に隣れる十畳は床の間附きの調合場、又中庭より向うの様子は、華美を尽せし好みの掛り、人の人たる道を欠き、世に吝嗇といはるるだけ実に恐れ入ったものだ。（ト　よろしく思入、段斎面目なきこなしにて）

〔段斎〕御牢内へお見舞物も如何いたして入るることやら、不案内の愚老ゆゑ、終に是まで延引なし、尤も其の頃さる方よりちよっと話しに承まはったは、高野氏は牢内で役附きしとやら申す噂どういふことか存ぜねど満更ただの囚人とは取扱ひも違ふと聞き、実は安心いたして居ったが、其の御無音の御立腹なら、偏にお許し下されい。（ト　両手を突き詫びる）、

長英は段斎に酒を要求し、それを段斎夫妻はしぶしぶ出し、次に長英は衣類を要求し、それを段斎夫妻はしぶしぶ出し、次に長英は段斎夫人にさかやきをそってくれと要求し、段斎夫人はそんなことを自分はしたことがないとことわったので下男からかみそりをもらい、最後に五〇両の金を要求する。

〔長英〕百両とも申す所だが不便に思ひ半金借りる、蘭書を教はつた御礼と思へば、五十両なら安いものぢや。
〔お石（段斎夫人）〕上げねば所詮お帰りなければ、肉をそがれるやうなれど、思ひ切つてお上げなされませ。
〔段斎〕五十両拾つた所を、昨夜夢に見て嬉しかつたが、是では今日は逆夢だ。
〔お石〕吉も凶になる譬の通り、
〔段斎〕お石、
〔お石〕旦那様、
〔段斎〕ても情ない、
〔両人〕ことぢやなあ。（ト　両人涙を拭ふ）

五〇両をふところにした長英は、帰り支度をして玄関までゆき、主人の雪駄を出させ、次に煙草

入と煙管を出させ、ふとふりかえり、

〔長英〕最早失念物はないか知らぬ。

〔段斎〕どうか是れぎり、

〔杢助（下男）・段斎〕なければよいが。

〔長英〕若しも不足の物あらば。

〔三人（杢助・段斎・石）〕え、

〔長英〕一切当家で（ト　羽織の襟を撫でるを木の頭）借りて遣すぞ。

ト　三人を下目に見て横柄に言ふ、段斎三人式台にて辞儀をする、此の模様よろしく合方角兵衛の鳴物にて、

ひやうし　幕

この段について、荒川段斎、実は大槻俊斎を知るものから抗議が出た。青木大輔編著『大槻俊斎』では、孫弐雄の談によるとして、芝居見物をしていた仙台出身の松浦玉甫という神田小川町で時計商をいとなむものが、怒って、「俊斎先生は愛国的な志士であって、かかる意気地なき薄志弱行の人ではない」と団十郎一座にかけあって、ついに謝罪させたという。

『歌舞伎新報』六七二号（一八八六年六月一九日号）によると「当興行引続き大入難有御礼奉申

上候然るに狂言の内荒川宅の場仕組方相違の廉或る御方より御注意に付 速に当時の事実に基き仕組替 則 段界の役ハ本日より市川団十郎相勤候間尚ほ不相替御見物御来車の程奉 希 候 六月十九日 新富座」とある。五月一〇日が初日でもう四〇日間演じたことだから、どうかえても段界（脚本では段斎）の印象は薄れないだろう。

最後の七幕目は、長英のかくれ家で、そこに長英はもとの同囚だった仁三郎をともなって帰ってくる。どこか行く先で会ったのだという。長英は三両、仁三郎にわたすが、彼はそれでは不足だと言い、五両くれと言う。長英はそれで不足ならとるなと言い、仁三郎は金をふところにし、これを御縁にまたそのうちたずねたいが、始終お内にござりましょうな、ときく。このあたりで長英は、もはやのがれられぬと覚悟をきめる。

仁三郎の帰ったあと、晩飯となる。この時赤ん坊がなき、お道が乳を飲ましてやる。


〔長英〕兄貴は大分おとなしいの、さ、爰へ来い〳〵。

〔融〕あい〳〵。

〽あいと返事もしとやかに、父の傍へ進み寄る。（ト　融長英の前へ行く。）

〔長英〕今爰で父さんが、いつもの様にお酒を呑むから、そちにもお肴をやらうの。

〔融〕坊は睡くなつたわいの。

〔お道〕まだ日の暮れたばかりだに、寝ずとも爰でおとなしうお酒のお合でもしやいの。

〔融〕　厭ぢや〳〵。お酒は喰べぬわいな。
〔長英〕なぜ酒を呑まぬのぢや。
〔融〕　父さまのやうにぐでんになるもの。
〔長英〕いや三ツ子に浅瀬、思ひ掛けない意見に逢つた。

ここで子役を登場させ、黙阿弥は泣かしにかかる。大入り満員の客はこどもに心をよせ、こどもと妻の側から長英を見たであろう。長英が死んでから三六年後であり、その妻子が行方も知れないことは当時の観客の心の中にあった。

七幕一五場の終りに置かれたこの家庭の場面を考えると、この芝居が、行方知れずとなった長英の妻子への鎮魂の歌として観客の中にしみわたっていったものと思う。

次に歌舞伎仕立で、長英の膳にはおどろくべき御馳走がならぶことになり、その非現実的な料理の品数によって、（黙阿弥の想像した）長英の経綸が述べられる。

〔長英〕いや熱燗、好きには滅法いい燗、殊にコップは阿蘭陀出。（ト　につたり思入あつて、）いや一段酒が呑めるわえ。（ト　呑み干す。お道酌をなし長英膳を引寄せ、）おお黄肌の刺身、何より馳走ぢや。（ト　傍に附し盆の器を見やり、）おお又こちらは越前の雲丹に尾州の海鼠腸、長崎のからすみ、国々の産物は上戸に穿つた捻り肴、（ト　じつと思入あつて、）越前、尾張、長崎に盆は蝦夷彫り、附合せの陶器はしかも南京焼、この日本は中国より西国掛けて唐までも爰に測らず集まりしは、日頃望みの此の肴はて山海の珍味ぢやなう。
〽立てし望みに心中の巧みは深きわたず海、底意のほどぞ計られぬ。

長英は、ここで自分の生涯の旅路を復習し回顧しているだけではない。彼は、日本の進路についてまとまった論文を書いたわけではないけれども、その都度の時事にふれてのべた政策によって見れば、日本各地の人びとがあいよって、世界諸国の間での日本の位置を見さだめ、この世界において生きつづけてゆけるように進路を設計するということだっただろう。彼の著述の医療、衛生、食糧難への対策、海防、兵備、外交、地理、思想史の諸方面にわたったヨーロッパの知識と技術をとりいれ、ヨーロッパの兵力に対して日本民族を自分の力で守るというのが彼の方向だったと言える。

彼の著作には、自衛という考え方があって、侵略という考え方はない。この社会思想は、日露戦争、日清戦争をまだ予期していない明治一九年（一八八六）の日本の世論にとって、うけいれやすい先見の明（というと形容矛盾を含むことになるが、実際そういうもの）、としてあっただろう。

このあと、捕手がおしよせ、お道は融を殺して自分も死のうとするが、捕手にさまたげられてともに果さず、長英ともども引き立てられる。

さきほどの仁三郎は捕手を案内して来て長英にかかるが、切られて倒れる。長英は短刀でのどをつらぬき倒れる。最後をしめくくる市川団十郎の尾村惣太郎（実は小林藤太郎）は善人の役で出て来て、「自殺はならんぞ」と長英にむかって言い、手下に長英の介抱を命じる。ここで幕がおりる。

抗議をうけて、芝居興行打ち切り

六月二五日にこの芝居は終った。ともかく満員つづきの盛況だったが、千秋楽には特別の趣向をこらしてソソリ（即興的な乱痴気さわぎ）をやるといううわさもあったが、当節は昔とちがって俳優でないものを舞台にまじえてうかれさわぎをすることは止められていたので、計画はおくらとなり、ただ大詰「長英捕物」の場面で、左団次の長英がのどをついて戸板の上にのるのを合図に、はやし方がドロドロをうちこみ、死んだ長英が幽霊の丸はだかになってうらめしやと出て観客も喜んだ（『歌舞伎新報』六五六号、一八八六年六月二九日号）。

この芝居はもともと三三日だての興行として計画されていたのだが好評のため日のべして四二日だてとしたが、それでも大入り売り切れつづきだったという。にもかかわらず、三、四日間も日を残して中止してしまった。芝居について抗議をうけたためである。興行打ち切りときまる前の中間報告が、『歌舞伎新報』六七三号（六月二二日号）に出ている。

○狂言の脚色替　今度新富座でする高野長英、渡辺崋山の狂言ハ彼の文明東漸史に基きて成たけ実地を綴りしもののよしなるが昔より都て劇場ハ狂言綺語といつて少し宛は虚妄の作意をも交へねバならぬ故東漸史の意味へ今日新聞の論迷物語を少しく加味して和か味をつけし所高野氏の遺族とかいふ或やんごとなき御方より同座へ御注意のお懸合ありしにハ成程実地バかりにてハ狂言にも成まじけれど只長英が三幕目にて新宿の豊倉の娼妓より恵みを受る所此場などハ少しく栄誉を害す脚色なれど這ハ些細と不問に置しがあまりに同氏が事蹟を誤りて大いに品行上に毀損を与へしともいふべきハ六幕目荒川宅の場にて段斎より金子及び物品を強奪する所なり今其遺族より是を見ては黙止てハをられぬ場合にて終にハ後世迄も長英が此強談をせしハ真実の事と公認して伝へられてハ容易ならぬ事なり如何此幕丈ハ取除くとか何とかして速かに所置をせよとの御懇談に預りしとやらにて座主、座頭も此理に服し成程一時の戯作とハ雖も同氏に対して済ざる事と気が付て見ると一日も捨置難くまた一歩を進めて考へて見れバ彼の荒川段斎と云役も其実某し国手の事にして其御子孫ハ現に奏任官をもお勤なさるよしに聞しゆゑ傍々もつて脚色を替るこそ宜らんとて去十八日俄かに六幕目の脚色をかへ是迄の団右衛門（代り荒次郎）が勤めし（段斎）は同家の塾頭太井元伯とし（門蔵）の妻君ハ下女に直して更に段斎の役ハ（団十郎）が勤める事に大急ぎにて仕替且夫を趣意として御遺族の方々へ鄭重なる謝状を座主より差出し夫にてお聞済になりしよし然し是迄も御勘弁むづかしかりしが一二の先生方が非常のお執成によつて斯引続き興行も出来る訳なれバ同座係合のもの一同ハ大悦びにてお聞済と聞ホツと息をついたと弊社の彦作が話しなり

扨右の訳なれバ弊社に於ても（第六百六十四号）筋書欄内へ正本を抜萃して記載せし荒川内の場ハ虚妄なれバ悉皆取消渾て十八日に脚色をかへし狂言と思し召下さるべく候

右謹んで正誤〔巨大なる文字〕致し候也

内務省官吏・後藤新平からの抗議

この記事には明治の官吏の芸術観がうかがわれる。それは旧幕時代と地つづきのところにあったようである。

さらに三〇年すぎて大正デモクラシーの時代になってから、河竹黙阿弥の養子河竹繁俊（一八八九〜一九六七）の書いた「『崋山と長英』の脚本」（『演芸画報』一九一五年八月号）によると、抗議したのは内務省三等技師後藤新平であり、高野長英が荒川宅におしいって強盗同然のはたらきをするような芝居をするのは長英の名誉にかかわるから注意するがよかろうと警視庁に申し出た。

そこで興行主の守田勘弥がよばれて注意をうけたが、守田は豪腹の男であり政治的手腕をふるって交渉を長びかせ、時間を稼いでおいて打ちあげようと計った。そのうちに長英と同郷の大槻如電がのりこんできて長英の遺族に許諾をうけなかったといって苦情を申したてた。このあとのほうは守田はあやまってどうにかこうにか始末はつけたが、交渉をのばされた警視庁のほうはしきりに不都合をなじる。

「扨又一方の黙阿弥は大の小胆者と来てゐるから、いろんな苦情が生じたのを見て、もう〳〵非常にいやがつて何でもいいから中止にして呉れろ、私が責任を分担してもよいからと、切なる頼みが出て来たので、到頭三四日みす〳〵売切れになつてゐる日を残して中止したのであつた。斯ういふやうな事情の為めに、此の作は好評であつたにも係はらず黙阿弥も封じ込めると声言してゐたが、生前は無論再演されなかった」

後藤新平はその後しばらくして相馬事件にかかわり、みずから獄に入り、官吏の職を失うのだが、このころはその前で、ただ役人えらしとばかりに役者にかかっていったのであろう。伊藤鉄夫の考証によれば、長英を一としてかぞえて九代前の後藤惣助の代で、高野長英は後藤新平と祖先を同じくしており、新平と長英の関係は一六親等の続柄にあるという（伊藤鉄夫「長英に関する誤伝・誤解などについて」『高野長英顕彰会報』九・一〇合併号、一九七二年一〇月三一日発行）。

両者のつづきかたは、左の如くである。

後藤惣助─┬─九郎右衛門─小左衛門─惣助─惣左衛門─惣助─弥八郎─惣左衛門─**長英**
　　　　　└─十右衛門─十右衛門─十右衛門─新平─十右衛門─甚右衛門─十右衛門─┐
　　　　　　└─十右衛門─**新平**

高野長運、長英事蹟研究を決意する

大槻如電の抗議に、新富座が高野長英の遺族の許諾を得なかったとあるのは、おそらくは長英が養子となった高野家のあとをついだ人びと、あるいは長英の生母の妹たちの子である茂木家、遠藤家の人びとあるいは長英の異母兄後藤惣助の子孫を指したものであろう。

高野家の当主となった高野長運（一八六二〜一九四六）は、岩手県水沢町に高野長閑の次男としてうまれた。長英が高野家からはなれたあと高野家では佐々木兵右衛門の長男氏俊（東英）を養子とし、先代玄斎の娘千越（ちお）の婿とし、両者の間に能恵がうまれたが一二歳でなくなったので、佐藤寛蔵の長男氏恵（長閑）を養子とした。この長閑の子が長運であり、その子が高野家の現当主長経である。

長運の父長閑の代に、明治天皇の東北巡幸があった。明治九年（一八七六）のことである。その時、天皇の非公式の使者が高野長閑に、長英についてたずねたが、長閑は何事も答えずにしまい、これを残念に思っているという。このことを長運は、二七歳の時に父からきいて、「孝道のためにも」是非長英の事蹟を調査研究しようと決意した。

長運は岩手医学校、岡山医学校を経て、東京の順天堂病院で臨床研究をし、国家試験をとおって、二五歳の時から水沢で開業していた。しかし、明治二五年（一八九二）以来、長運の関心は長英の調査研究にむけられ、はじめは自分のあつめた資料を長田偶得に提供して『高野長英先生伝』（一八九九年刊）執筆を助けたが、やがて明治四五年（一九一二）にいたって家中で東京に移り住み、医者として生計を支え、こどもの教育を監督して二人の子に東大を卒業させるとともに、長英の資料蒐集に熱中して自分自身の『高野長英伝』を昭和三年（一九二八）に完成し、隣人内山道郎の工夫した専念単式印刷法によって原本を復刻して『高野長英全集』全四巻を昭和六年に刊行した。高橋磌一が高野長運著『高野長英伝』第二増訂版（一九七二年刊）の解説に書いた文章によると、長運は、水沢から東京に出てきてから日頃、株券のいくらかを手放し、横浜生命保険会社の審査員として若い医長の下で働かねばならなかったという。

高野長運が、その生涯のほぼ三分の二をついやして書き、改訂増補した『高野長英伝』は、全国各地からかくれた資料をさがしだして集大成したもので、明治人のエネルギーを感じさせる書物である。今日も、この本を読みかえすことなく長英伝を書くことはできないだろう。私はこの本に負うところが大きい。

同時にこの本は、天皇の期待にこたえ、天皇の臣として家名をあげようという動機に支えられたエネルギーの放出であるので、それによってつくられた高野長英の肖像は、長運自身が理想とした明治の日本国民であって、その理想にあわない資料は無視されている。長英が酒をのんだことや女を好んだことや同輩にたいして傲慢であったことは、わりびいて考えられ、長英がもと芸妓を妻にもらったことや非人栄蔵に獄舎に放火さしたことはまったく否定されている。

長運によれば、長英はつねに水沢の高野家の将来を考えており、それでは、水沢に帰らなかった事実を説明できない。長英の妻は、当時一流の蘭学者青地林宗の娘であるとしているが、それでは、おなじく青地林宗の娘をもらっている坪井信道が、長英在獄中から潜伏中の弘化年間に年間六〇〇両ほどの当時の蘭学者中最高の収入を得て(中野操「蘭学者と経済生活」による)、悠々とくらしていることを何と見るか。長運にとっては、長英が由緒ある家から嫁をもらわぬと困るのである。河竹黙阿弥が松本順や渡辺小華(崋山の子孫)の話によって藤田茂吉の『文明東漸史』をふくらまし、かなりの洞察力をもってえがいた大槻俊斎の肖像にしても、長運の長英伝では、ふたたびぼかされ、切放し後の長英は大槻俊斎をたずねて獄中に感謝したという話だけで終っている。この点で、最近刊行された大槻俊斎の正伝は、資料にもとづいて俊斎―長英の関係についてはっきりとさしている。は別の方向をはっきりとさしている。

敗戦前の小学校の国定修身教科書に、渡辺崋山の肖像は額縁どおりにおさまって入っている。高野長運の生涯をかけての努力は、高野長英について、崋山とおなじようにおとなしく、戦前の国定修身教科書の中におさまるような人物像をつくることだったようだが、それは無理な努力だったように私には思える。

高野長英の墓

長運たちの努力があって、明治三一年（一八九八）、明治天皇は高野長英を正四位にのぼせ、あくる年、記念碑を水沢公園にたてるに際して金一〇〇円をおくった。

明治九年に明治天皇から長英のことを問われたあと数年して、明治一二年（一八七九）一〇月三〇日、水沢の大安寺境内にある高野家累代の墓地に高野長英の墓がたてられ、昭和一一年（一九三六）一〇月三〇日、長英の肖像と垢つきの小布片を霊体として陶器に入れて新しい墓をつくった。この時に、長英の母美也の遺骨を、前記の茂木家墓地から分骨して、ここに墓をたてた。

講談世界で語りつがれる長英伝説

国定の理想にあわせて長英伝がつくられてゆくのとおなじ時代に、講談の世界では、明治初期の藤田茂吉や河竹黙阿弥をつきあわせて、二代目松林伯円（一八三二〜一九〇五）が「高野長英」の伝説を語りついでいた。その口述筆記をしたものらしい青果園作『幕末俊傑高野長英』（一九〇九年刊）は、今読んでもおもしろい講談で、高座できいたらもっといいものだろうと思われる。高橋磌一は、この講談本を読みすすむうちに密告書の写しに出会って、はっとしたそうである（高橋磌一「高野長英伝研究余話――講談本の史料価値」『日本歴史』一九六二年一一月号）。これは、酒川玲子所蔵の小笠原貢蔵手控の内容にほぼ一致するものだそうで、明治末においては松林伯円の講談が当時見聞できる最良の資料を含んでいたことになるという。

そのこととは別に、私には、この談話の中に狂言まわしのためにちりばめられている与太話が、高野長運著『高野長英伝』で伏せられてしまった明治初期の長英像再生の時のいぶきをつたえているように感じられた。黙阿弥の劇に、きりはなたれた囚人数人が足袋屋に行って正々堂々と金を出して足袋を買おうとして、「おれたちは天下の囚人（めしゅうど）だ」と名のるところがあるが、そういう気勢が長英伝にはない。これらの囚人たち、さらにこれは架空の人物かもしれないけれども、吉原の娼妓お滝が長英を助けて金をわたす気のよさなどが、この講談本には、黙阿弥の脚本以上にくどく、はっきりとあらわれていて、長英がこれらの人びととともに生きた人物としてえがかれている。この講談の主人公として活躍する高野長英は、一〇年前の明治明治三一年に正四位となった長英ではない。

真山青果の戯曲『玄朴と長英』に託されたもの

真山青果（一八七八〜一九四八）の戯曲『玄朴と長英』（一九二四）は、伯円の講談とおなじく、藤田茂吉、河竹黙阿弥の系譜をつぐものではあるが、それをさらにはみだして、政府高官を批判する少数派としての愛国心を主張する長英という、明治初期の考え方は、ここでは消えてしまい、皇国とか神国とかいう言葉を決して口にせず、むしろ国境と無関係にこの日本で自由と平等を実現したいという衝動にかられている男である。

彼は粗暴、傲慢、好色な、自分のことを主に考えて、おくせずに自分の要求を人前にさらけ出す男としてえがかれている。この戯曲が大正一五年（一九二六）六月に松本幸四郎、守田勘弥によって演じられた時、高野長運は見に行って憤慨して帰って来たというが、うなずける。

長英のかたき役になる伊東玄朴は、黙阿弥劇の段斎（大槻俊斎）よりもはるかに奥行きのあるしたたかな人物であり、その玄朴と長英の格闘は大正末から昭和はじめにかけての日本人の精神的葛藤を表現し得ている。

〔玄朴〕（やや親しげな語調で）　高野、貴公に言はせると、この世界は蛆虫の世界のやうで、今に新しい別の世界が忽然とわれ等の前にひらけるもののやうに云ふ。また貴公はその路びらきのために、撰ばれて陣頭に立つて、覚醒の太鼓をたたいてゐるやうにも云ふ。然し和蘭の譬に、真に新しきものはその靴の爪先に来らず、常にこの踵の底に隠れて来ると云ふ言葉がある。

玄朴の批判は、ある時代、ある局面の長英に対してはあたっていると思う。だが、『救荒二物考』その他の小冊子を書いた長英、上州の村医たちと協力し長期にわたって仕事をつづけた長英にあてはまるかどうか。

〔玄朴〕（静かに）貴公を初め蛮社の連中は直ぐ革新を叫ぶが、革新はそんなに容易に来るものだろうか。いや、然う云っては不可ない。おれは革新とか新しい世界などと云ふ者は、来る時に来るもので、呼び叫んで待つものではないと思ふ。その代り、もう来てしまつたとなると動かすことも抑へることも出来ないもの……穏和しく、受け入れなければならないものぢやないかと思ふ。

黙阿弥では卑小な人物としてしかとらえられていなかった非政治的な学者の像が、青果にあっては、このように重厚な演説をする人としてとらえられている。

これに対して青果のえがく長英は玄朴にくらべて軽々しく神経も粗雑である。玄朴が種痘のことをとりあげ、仙台の大槻磐渓が長男を疱瘡でとられてから残る子も犠牲にしてもかまわないと言って彼らに種痘をうえた話をして、さすがに磐渓は豪邁な男だと賞め、自分も江戸でやるつもりだと言うと、

〔長英〕うゝむ、そりや豪勢だ。しつかり遣れ。今に大金儲けだ。

〔玄朴〕(不快さうに) おれは金を云ふのぢやない。

〔長英〕人助けにもなるぢやないか。全く偉いことを考へやがつたな。恐れ入つた。そんな話を聞くと、娑婆のやつ等も昼寝ばかりしてゐる訳ぢやないんだな。学問の進歩は……全く凄いなあ。なア玄朴、一日も本を読まずにはゐられなくなるなア。

自分の真剣な話を、うわのそらで聞いている、この人をばかにした態度が、玄朴をいらだたしくさせる。玄朴は最後に無心をことわり、長英はおこつて家を出ていく。

〔長英〕亡者め、そんなに金が惜しいのか。

〔玄朴〕金……金ぢやない……貴様が憎いんだ。……おれの中へ入つてくる……土足のままで侵入して来る。貴……貴様が憎くてならないんだ。

玄朴は弱い人間なりに自分を失うまいとし、長英にひきずられまいと必死の自己主張をする。これに比して長英は自分の神経の粗雑さに気づこうともしない人物としてえがかれている。このえがき方には長英の中に自分をおいた作者真山青果の自虐性が加わっていると思うが、それがあってはじめて、この戯曲は、両雄互角の力技としてなりたったのである。

玄朴対長英、藩臣となった蘭学者たち対脱獄囚長英の関係では、歴史上の長英はあるいはこのように傲慢かつ粗雑であったかもしれない。だが、もし長英があらゆる人にたいして、このように傲慢かつ粗雑であったとしたら、潜伏五年の間に彼を助けた人々と彼とのつながりは、なりたち得ただろうか。ここには作者真山青果の一つの見おとしがあるように思われる。

記録の辺境にある人物

真山青果は、明治一一年(一八七八)九月一日仙台市にうまれ、二高医学部を中途退学して東京に出て小説家となった。処女作『南小泉村』によって大いに世に迎えられたが、原稿の二重売り事件でジャーナリズムからしめだされ、新派の座付作者となって変名で数多くの脚本を書きつづけた。十数年のかくれた生活ののちに『玄朴と長英』を大正一三年(一九二四)九月の『中央公論』に発表して、創作に新生面を開いた。彼はまたこの時代に脈動する無産階級解放の運動に共感をもち、大正一四年についに公布された治安維持法について憂慮した。青果は、長英の中に、自分が生きる場所を見出し、存分に彼の中で活動している。さらに、この長英をつきはなして見て批判する手ごたえある人物として伊東玄朴をつくりだし得たところに、劇作家としての力をうかがうことができる。

青果の長英像がどれほど歴史上の長英と合っているかは、いくらかうたがわしいところもあるけれども、ここに明治国家のわくからはみだした実在の長英の側面がいくらかとらえられていることはたしかであり、この点で青果の長英像は、明治以前・明治以後日本の各地で語りつたえられる長英の逸話のいくらかに共通するところをもっている。

歴史上の実在としての長英には、ついに実証的方法としてはたしかめ得ないところが多く、長英が各地にまきちらしたうわさの種の中に時代を超えて生きる長英の力がやどっている。長英は、彼とともに生きるものの中にいると言えよう。著作の中にいるとも言えず、歴史上の記録の中にいるとも言えず、記録の辺境にある人物として高野長英は、彼特有の魅力をもっている。

高野長英主要著作

一八二六年（文政九）

「鯨ならびに捕鯨について」オランダ語、ドクトル論文。

『分離術』（シケイキュンデ）全二〇冊。化学概論の翻訳。

一八二七年（文政一〇）

『蘭説養生録』全三冊。萩の富豪熊谷五郎左衛門のたのみで、岡研介とともに訳した。

一八二八年（文政一一）

「都における神社仏閣の記述」オランダ語。その序文に長英は自分の翻訳の心得を書いた。オランダ語論文一六編中の一つ。

一八三〇年（天保一）

『客中案証』全二冊。九州から京都まで患者を治療してきた臨床記録。

『泰西地震説』全一冊。文政一三年（一八三〇）七月二日、京都でおこった大地震にさいして、地震についての説を紹介したもの。

一八三二年（天保三）

『西説・医原枢要』内外全一二冊。内編五冊、外編七冊にわかれ、そのうち内編五冊をこの年に完成し、外編七冊を天保七年（一八三六年）に完成した。第一冊はこの年に刊行。生気論の立場からする生理学の理論体系をのべた。「題言」に翻訳論がある。

『居家備用』全一四冊。薬剤編四冊、治術編一〇冊からなり、それぞれの病気に処する臨床講義。

一八三六年（天保七）

『二物考』全一冊。馬鈴薯と早蕎麦についての紹介。

『瘟疫考　附　避疫法』全一冊。飢饉後の病気について論じたもの。

『避疫要法』全一冊。前者の要約。出版は翌年。

『漢洋内景説』全一冊。解剖学と生理学を中心として漢方医学と蘭方医学を比較し、蘭方のすぐれていることを説いた。

一八三七年（天保八）ころ

『験温管略説』全一冊。長英は日本ではじめて検温器をつくったと言われ、一管ずつ茂木左馬之助、高野隆仙の両家にあったそうだが今はこわれてない。この検温器の解説。

『験気管略説』全一冊。晴雨計の解説。

『眼目究理編』全一冊。眼科医術の翻訳。

『繙巻得師草稿』全一冊。オランダ語文法の解説。

『聞見漫録』全一冊。長英の雑記帳。この中に、西洋哲学史が入っている。

『遠西水質論』全一冊。化学の知識をもって水の構成元素を論じる。

一八三八年（天保九）

『夢物語』全一冊。モリソン号再来のしらせをうけ、もう一度、打ち払いの政策をとるべきでないという理由をのべた。創作対話体の政治論文。

一八三九年（天保一〇）

『わすれがたみ』全一冊。『鳥の鳴音』という名でも知られる。自分が投獄されるにいたった事情をのべた自叙伝。

一八四一年（天保一二）

『蛮社遭厄小記』全一冊。自分が投獄されるにいたった事情を推理し、一つの社会史として、また蘭学思想史として記したもの。

一八四六年（弘化三）

『星学略記』全一冊。天文学史の大要を記す。

『遜謨児（ソンムル）四星編』全一冊。天文学の大要について訳述したもの。

一八四七年（弘化四）

『知彼一助』全一冊。イギリス、フランスを中心とし、オランダ、アメリカをもあわせて、それぞれの国情を記した国際政治学的論文で、書き方をとおしてイギリスの制度に日本の為政者が眼をむけるように心をくばっている様子をうかがうことができる。

『三兵答古知幾（タクチキ）』全二七冊。兵書の全訳。歩兵・騎兵・砲兵の三兵の訓練と実戦技術を説きあかした。翻訳は達意の文章で、訳者としての長英の最高の仕事。

『砲家必読』全一一冊。砲術書の翻訳。

＊　＊　＊

高野長英の遺品、彼に関する資料は、岩手県奥州市水沢区の高野長英記念館に保存されている。著作のおおかたは、高野長運編『高野長英全集』全四巻（一九三一年）に納められている。

高野長英年譜

西暦	年号	年齢	
一八〇四	文化 一		五月五日、水沢に生れる。後藤摠介実慶の三男。母美也は後妻で、美也の生んだ三人の男子のうちの二番目にあたる。異母兄がいる。
一八一二	文化 九	八	父摠介死去。
一八一三	文化一〇	九	母方の伯父高野玄斎の養嗣子となる。
一八二〇	文政 三	一六	兄湛斎とともに江戸に出る。杉田伯元に師事。
一八二一	文政 四	一七	吉田長叔に師事。
一八二二	文政 五	一八	名を卿斎から、長英と改める。
一八二三	文政 六	一九	兄後藤湛斎死去。水沢に帰り、ふたたび江戸にもどる。
一八二四	文政 七	二〇	しばらく中間奉公。町医師として開業。吉田長叔、金沢で死去。師なきあとの吉田塾の経営に努力する。
一八二五	文政 八	二一	長崎のシーボルト塾（鳴滝学舎）に入る。
一八二六	文政 九	二二	シーボルトより、ドクトルの免状をうける。養父高野玄斎死去。
一八二八	文政一一	二四	シーボルト事件に際し、姿をくらます。
一八二九	文政一二	二五	肥後、筑前、広島に旅行、診療と講義をつづける。
一八三〇	天保 一	二六	広島から尾道、大坂をへて京都にいたる。高野家相続の意志のないことをつたえ、伊達（留守）将監の家臣の資格をすてる。江戸にもどり、麹町貝坂に住み、医業のかたわら翻訳に没頭する。

一八三一	天保二	二七	母美也を江戸にひきとる。
一八三二	天保三	二八	渡辺崋山を知る。 『医原枢要』内編五巻完成。第一巻刊行。『居家備用』一四巻を記述。
一八三六	天保七	三二	『二物考』『避疫要法』を書く。
一八三七	天保八	三三	麹町の新宅に移る。 このころ同居していた実弟慶蔵死去。
一八三八	天保九	三四	大火のために家を焼かれ、新築。『夢物語』を書く。ゆきと結婚。
一八三九	天保一〇	三五	蛮社の獄に連坐。北町奉行所に自首し、獄につながれる。長女もと生れる。 友人小関三英自殺。
一八四〇	天保一一	三六	牢役人（添役人）となる。
一八四一	天保一二	三七	二月、牢名主となる。渡辺崋山自殺。『蛮社遭厄小記』を書く。
一八四四	弘化一	四〇	大火のため小伝馬町の獄舎からはなたれ、帰らず、埼玉、群馬方面にひそむ。
一八四五	弘化二	四一	新潟をへて岩手にいたり、宮城、福島、米沢方面にひそむ。
一八四六	弘化三	四二	江戸にもどり、相模足柄上郡にひそむ。長男融が生れる。
一八四七	弘化四	四三	『知彼一助』を書き、『三兵答古知幾』を訳す。
一八四八	嘉永一	四四	宇和島に住み、藩士を教え、『砲家必読』を訳す。
一八四九	嘉永二	四五	宇和島を去り、広島におもむき、ふたたび宇和島藩にもどって卯之町にしばらくいたのち、大坂、名古屋をへて江戸にもどる。 このころ薬品で顔形をかえる。
一八五〇	嘉永三	四六	しばらく下総香取郡にひそむ。医師沢三伯と名のって青山百人町に住む。次男要が生れる。 一〇月三〇日夜、捕方にとらえられ死去。享年四六。

初版あとがき

この本を書くのに、多くのかたに助けられた。著作をとおして間接に教えをうけたかたについては本文にその都度書いたけれども、直接に教えをうけたかたがたとして萩原進、柳田隆養、田村辰雄、田村喜代治、新井三郎、高橋忠夫、萩原好夫、関喜平（怒濤）、湯本貞司、村上倭文子、高野太郎、渡辺喜一郎、山口常助、宮本正男、中平恒一、山村昌太郎、竹内義直、門多正志、井桜達、大木豊子、伊藤鉄夫、ナガイ・ショーゾー、高橋玲子、佐藤美次、小林晋一、千田敦胤、鈴木芳太郎、鈴木留之助、吉川芳秋、小沢武男、渡辺慶一、新堀猛、片岡順心、油井長三、田中吉男の諸氏に御礼を申しあげる。

資料をあつめることを、文献探索と旅行との双方にわたって助けていただいた編集者川橋啓一氏には、これまで私が編集者としてしてきた仕事が片手間仕事であったことを思いしらされたほど、きびしく編集されたことを感謝する。写真の多くは同氏によるものである。

一九七五年八月一七日

鶴見俊輔

わ 行

ま　行

な　行

は　行

た 行

さ 行

か　行

人名索引

姓→名の50音順で配列した。高野長英の同時代の関係者の子孫を除き，原則として現代の人名は省いた。

あ行

著者紹介

鶴見俊輔（つるみ・しゅんすけ）

1922年，東京に生まれる。哲学者，評論家。

1942年ハーヴァード大学哲学科卒業。1942年，日米捕虜交換船で帰国。海軍軍属に志願し，ドイツ語通訳として従軍。1946年，丸山眞男らとともに『思想の科学』創刊。京都大学助教授，東京工業大学助教授，同志社大学教授を歴任。60年安保改定に反対，市民グループ「声なき声の会」をつくる。1970年，警官隊導入に反対して同志社大学教授を辞任。また1965年には小田実らとともに「べ平連」をつくる。

著書に『鶴見俊輔集』（全12巻・続巻5，筑摩書房），『鶴見俊輔座談』（全10巻，晶文社），詩集『もうろくの春』（編集工房〈SURE〉）ほか多数。

評伝 高野長英（ひょうでん たかのちょうえい） 1804–50

2007年11月30日　初版第1刷発行©

著　者　鶴 見 俊 輔
発行者　藤 原 良 雄
発行所　株式会社 藤 原 書 店

〒162-0041　東京都新宿区早稲田鶴巻町523
電　話　03（5272）0301
FAX　03（5272）0450
振　替　00160-4-17013

印刷・製本　中央精版印刷

落丁本・乱丁本はお取替えいたします　Printed in Japan
定価はカバーに表示してあります　ISBN978-4-89434-600-0